한국어로 내려온
New Bible

새로운
성 경

제48권

3부 | 총10부

하얀마음

하나님 말씀 중에서

1. 사랑의 하나님

- 세상을 창조하신 하나님은 모두를 사랑하신다. 인간만 특별히 더 사랑하지 않고, 우주 만물을 다 똑같이 사랑하신다. 그러니 하나님이 창조하신 천지 만물과 화친하고, 미물까지도 소중히 대하라.

- 하나님은 특정 종파나 민족만을 더 사랑하지 않으신다. 자기 자신만 구원받겠다는 욕심을 버리고, 자기 종파만 구원받는다는 편협한 교리에서 벗어나야 한다. 종파를 초월해서, 모두를 사랑하라.

- 원수까지 사랑하라 했으니, 이 세상에 사랑하지 못할 자가 누가 있겠는가? 종파가 다르다고 해서 부모 형제와 원수처럼 지내는 자는 인간의 근본을 모르는 자다. 가장 가까운 가족부터 사랑할 때 남도 진심으로 사랑할 수 있다.

- 한 사람을 원수같이 생각하던 마음에서 사랑하는 마음으로 돌리면, 자기 자신의 마음이 가장 기쁘고 행복하다. 하나님께서는 인간의 마음속에 무거움이 없이 기쁘고 행복한 삶을 살기를 바라신다.

- 이웃을 "내 몸처럼" 사랑하라 했으니, 마지막 한 장 남은 천국의 티켓도 이웃에게 양보하라. 자기 중심적인 신앙에서 벗어나서 남을 위해 살아야 한다.

- 독초도, 약초도, 이단도 사탄도 천사도 다 필요하기에 존재한다. 독초일지라도 극소량을 사용해서 생명을 살릴 수 있고, 약초라 하더라도 남용하면 생명을 잃을 수 있다.

- 세상 모든 것을 명약으로 활용하는 것은 인간의 지혜에 달렸다. 어떤 것이든 어떤 사람이든 적재적소에 꼭 필요한 명약으로 승화시키라.

- 사탄도 이단도 천사도 모두 하나님의 주관하에 존재한다. 진정한 하나님의 백성은 사탄과 마귀까지도 감화시켜서 천사로 거듭나게 한다.

2. 기도

- 하나님은 인간의 생각까지 모두를 다 알고 계신다. 우리의 소원도 이미 알고 계시기에, 소원의 기도를 할 필요가 없다. 우리가 받을 자격이 되면 내려 주신다.

- 죄를 짓고 아무리 회개를 해도 용서받지 못한다. 도둑질한 자는 용서해 달라고 기도하고, 도둑맞은 자는 도둑을 잡게 해 달라고 기도하면, 공의의 하나님은 누구의 편에 서시겠는가?

- 자기가 잘못한 것은 그 사람에게 직접 갚고 용서를 구하라. 그가 용서하면 하나님도 용서하신다. 땅에서 매면 하늘에서도 매이고, 땅에서 풀리면 하늘에서도 풀리는 이치다.

- "회당에서 기도하지 말고 골방에서 기도하라" 했다. 눈에 보이는 골방이 아니라, 골방과 같이 고요한 마음이다. 잡념을 버리고 하나님을 향해 마음을 집중하며, 사랑하고 용서하는 아름다운 생각만 나오도록 하라.

- "두드리면 열릴 것이다." 하는 것은 육의 소원을 위해 두드리라는 것이 아니라, 진리의 깨달음을 얻기 위해 두드리라는 것이다.

- 기도하는 방법: 생활 속에서 수시로 기도하는 삶을 살아야 한다.

- "저의 죄를 용서하여 주옵소서." 하는 회개의 기도를 하라.
- 범사에 "하나님! 감사합니다." 하라. 현재 가진 것에 감사하며, 과욕하지 말라. 자기 노력 이상의 것을 더 갖고자 기도하는 것은 도둑놈심보다. 공의의 하나님은 각자 노력한 만큼 주신다.
- "하나님 뜻대로 살아가겠나이다." 하며 마음의 각오를 다지라.

- 기도는 하나님의 말씀을 받아서 "행하는 것"이다. 하나님이 계심을 굳건히 믿고, 하늘을 향하여 한 점 부끄럼 없이 사는 삶 자체가 가장 위대한 기도이며, 삶이 곧 예배다.

3. 지도자

- 똑같이 사랑한다는 말을 해도, 순수하게 하는 말은 천사의 말이지만, 사기 쳐서 재산을 가로채려고 하는 말은 사탄의 말이다.

- 종교 지도자가 아무리 훌륭한 설교를 해도, 신도의 재물을 거둬서 더 큰 교회를 짓고 자기의 부귀영화를 바라며 설교하면 사탄의 가르침이 된다.

- "저희 교회는 만원사례요, 믿음은 다 같으니 이웃의 개척 교회에 가서 예배를 드리시오." 하며, 이웃 교회의 부흥을 먼저 생각하여 제 신도를 보내는 종교 지도자가 있다면 그를 따르라. 그가 하나님의 사랑을 실천하는 자다.

- "부자가 천국에 들어가는 것은 낙타가 바늘구멍을 통과하는 것보다 더 힘들다" 하였거늘, 지금의 교회에서는 부자가 되기만을 기도하고 소원하니, 이는 곧 천국을 포기하고 지옥 행 열차의 티켓을 사는 것과 같다.

- 예수는 빈손이었다. 종교 지도자가 예수보다 더 호화롭고 편안하게 살아간다면 잘못된 것이다. 부귀영화와 명예를 바라는 자는 절대로 갈 수 없는 좁고 협착한 길이 종교 지도자의 길이다.

- 종교 지도자는 유리로 비춰 봐 한 점의 부끄러움이 없이 살아야 한다. 의식주도 직접 일해서 해결하고, 예수의 가르침과 행함을 그대로 따라야 한다.

- 종말은 없다. 지금의 잘못 가는 종교 집단에게만 종말이 있다. 보이지 않는 하나님은 보이는 육의 종말은 관여하지 않으신다. 환경 파괴로 인간이 스스로 멸망을 자초하는 것이다. 종파끼리 싸우기 전에, 무너진 인성을 바로잡고 지구의 몸살을 해결하는 데 뜻을 모으는 게 급선무다.

4. 성전이란

- 이 세상 자체가 하나님께서 만드신 성전이다. 자연보다 더 아름다운 성전이 있는가? 보이는 건물이 성전이 아니라, 성스러운 마음가짐이 성전이다.

- 반석 위에 교회를 지으라 했다. 지상의 단단한 돌은 인간이 쪼갤 수 있으나, 마음속의 굳은 결의는 세상 무엇으로도 쪼갤 수 없다. 바르고 굳건한 믿음으로 성경의 가르침을 실천하는 것이 마음의 반석 위에 교회를 짓는 것이다.

- 손으로 지은 건물의 교회에 모여서 복음을 전하는 것이 아니라, 교회를 개인과 가정에 심어 주어야 한다. 무너지고 부서지는 건물을 짓지 말고, 마음속에 영원히 불변하는 참진리의 교회를 지으라.

5. 십계명

- 십계명은 인간이 죽어서 반드시 통과해야만 하는 열 개의 관문이다.

- 부모를 공경하지 아니한 자는 "네 부모를 공경하라." 하는 제5계명의 관문이 열리지 않으니 구원받을 수 없다.
- 살인, 간음, 거짓, 우상 등의 나머지 계명도 마찬가지다.

- 십계명은 하나님의 친필이다. 모기소리만 한 하나님의 음성이라도 들어 보겠다고 여기저기 찾아 헤매지 말고, 십계명부터 암송하고 지키라.

- 십계명은 영혼을 구원하는 양식이며, 십계명을 지키는 것이 구원을 받는 길이다. 인간이기에 지키고자 노력하고 또 노력한다면 지킬 수 있다.

- 십계명을 지키고 천사처럼 아름답게 살아가는 그 마음 하나면 세상에 이루어지지 않는 것이 없다.

6. 보물

- 하나님은 재물이 아니라 우리의 마음을 받으신다. 사랑을 실천하며 천사처럼 변하는 마음이 하나님께 바치는 보물이다.

- 보이지 않는 하나님께 재물을 바치려 하지 말고, 너희를 길러 준 부모에게 용돈 드리고, 찾아뵙고, 효성을 다하라. 그것이 하나님께 효도하는 것이다.

- 하늘에는 선과 악의 창고가 있다. 자기 창고에 선이 많으면 천국으로 구원을 받고, 악이 많으면 심판받아 지옥으로 간다. 그것이 바로 "선한 일을 행한 자는 생명의 부활로, 악한 일을 행한 자는 심판의 부활로" 나오는 것이다.

- "선악과를 따먹지 말라"는 것은 양심을 지키라는 것이다. 선과 악을 구분할 수 있는 양심을 최초에 인간에게 주셨다. 선한 열매는 취하고, 악한 열매는 버리며, 양심에 비추어 부끄럼 없는 삶을 살아가라.

- 가장 작은 거짓말을 하지 않고, 가장 작은 죄를 짓지 않으며, 가장 작은 선행을 하고, 가장 작은 악행을 멀리하는 것이 율법의 일점 일획도 빠뜨리지 말고 다 지키는 삶을 사는 것이다.

7. 우상

- 박물관에 있는 불상은 하나의 예술품이다. 그 조각품에 대고 제 소원을 빌 때 우상숭배가 된다. 십자가라 하여도 그 앞에서 소원을 빈다면 우상숭배하는 것이며, 하나님께 소원을 빈다면 하나님을 우상으로 전락시키는 것이다.

- 지금 기복신앙에 젖어 있는 모든 사람이 우상 앞에 절을 하고 있다. 조각품을 우상이라며 파괴하지 말고, 네 마음속에 있는 욕심의 우상을 무너트리라.

- 생수를 약초가 먹으면 약을 만들고 독사가 먹으면 독을 만든다. 같은 성경을 봐도 선한 지도자는 신도를 천사로 만드는 데 활용한다. 그러나 욕심이 가득한 지도자는 재물을 거두어들여 제가 부귀영화를 누리는 데 악용한다. 그가 바로 성경을 우상숭배의 도구로 전락시키는 거짓 선지자다.

- 성경을 한 획도 빼거나 더하지 말라는 것은, 그 가르침을 빠트리지 말고 온전히 지키라는 것이다. 성경 속에서 자기에게 유리한 구절만 보는 것은, 자기에게 불리한 구절들을 빼 버리는 것이다. 믿음이 제일이요, 행함은 구원과는 관계없다는 것은 자신에게 유리한 쪽으로 성경을 악용하는 것이다.

- 진정한 종교 지도자는 종파에 관계없이 어떤 종파든 어떤 책이든 접하고 보고 깨우쳐 견문을 넓히도록 인도한다. 참진리를 모르고 자신이 없는 자가 남을 이단이라며 배척하고, 신도들의 눈과 귀를 가린다.

8. 예수

- 예수의 재림은 없다. 예수가 다시 온다 해도, 과연 누가 그를 예수라고 믿겠는가? 예수와 같은 삶의 행함이 곧 예수의 재림이다. 각자 모두가 "재림 예수"가 되는, 차원 높은 믿음으로 가야 한다.

- 예수는 "주여 주여 하지 말고, 아버지의 뜻대로 행하라"고 했다. 예수가 전한 하나님의 뜻이 곧 "길이요, 진리요, 생명"이며, 그 가르침이 예수의 보혈처럼 소중한 것이다. 예수를 믿는 것은, 예수의 가르침을 믿고 따르는 것이다.

- 예수는 낮은 자로서 만백성을 섬기고자 했다. 만나는 모든 사람을 다 하나님이라 생각하라. 돈을 벌수록 겸손하고, 높은 지위를 얻을수록 낮아지라.

- 예수는 종파를 만들지 않았다. 인간이 만든 종교와 인간의 교리를 따르지 말고, 예수를 통해 전한 하나님의 참진리를 연구하고 따르라.

- 예수가 2천 년 전에 만백성을 위해 죽었으니, 지금 이 땅에는 예수의 가르침대로 사는 천사만 존재해야 한다. 예수가 죽어 가면서 바란 것은 만백성이 천사가 되어 예수의 자리를 채워 주는 것이지, 지금과 같이 재물을 바치면서 중언부언 제 소원만을 비는 백성들을 바란 것이 아니다.

9. 구원

- 천사가 사는 천국에는 천사만 갈 수 있으니, 천사 같은 마음을 길러야 한다.

- "천국 열쇠를 네게 주리니 땅에서 무엇이든지 매면 하늘에서도 매일 것이라" 했다. 땅에서 천사같이 사는 자가 하늘에서도 천사가 되어 천국에 들어간다. 모든 사람에게 천사같다는 말을 듣는 삶을 살아야 한다.

- 천사의 곱고 아름다운 마음은 부모를 공경하고 어른을 어른으로 대접하는 데에서 출발한다. 효도하는 자는 형제와 화목하게 지내기에 가정이 화목해지고, 이웃과 화목해지고, 국가가 화목해지고, 온 인류가 화목해진다.

- 그러므로 지상의 아름다운 소왕국은 가정에서부터 이루어야 한다.

- 선택된 14만 명만 구원받는 것이 아니라, 천사처럼 변하고자 하는 14만 명을 기초로 온 인류가 천사처럼 거듭나는 영적인 개혁이 시작되는 것이다.

- 천 년에 걸쳐서 하늘에서 이루어진 것같이 이 세상을 낙원으로 만들어, 만백성이 지상의 천국에서 살다가 죽어서 그대로 하늘의 천국으로 들어가는, 영원한 지상 낙원을 건설하는 것이 하나님의 계획이다.

- **이것이 구약과 신약에 이어 "새로운 성경"으로 역사하시는 하나님의 창조의 완성이다.**

- 지금의 믿음으로 구원받을 수 있다면 그 길을 가라. 그러나 자신이 없다면 하나님께서 직접 내리신 160권의 "새로운 성경"을 읽고 구원의 길을 보라!

하나님 머리말씀

이 새로운 성경을 읽는 너희 모두는
이 율법에 따라 행하면 영원히 구원받을 것이니라.

너희 인간이 수년, 수십 년, 평생
성서를 공부하고 기도하는 것은
하늘나라 나의 곁으로 오고 싶은 소망일진대,

몇천 년 전의 너희 인성과 생각이
지금의 너희와는 판이하게 다르니,

꺾여 가고 병들어 가는 너희를 고칠 수 있는 길은,
오늘 내가 선지자에게 내리는 새로운 성경과 같이
너희가 변화되는 것뿐이니라.

나의 예수가 태어난 것처럼
내가 아들 선지자를 선택하여
나의 새로운 성경을 온 세계에 전하고자 하니,

묵은 것은 버리고 새로운 것은 취하여,
너희 모두는
'여호와 하나님! 저의 죄를 용서하여 주옵소서.'
하는 기도문으로 기도하고, 죄를 뉘우치라.

이 새로운 성경은
수천 년간 내려온 성서를 요약한 것이니,
너희는 이 책을 정독하여 쉽게 깨달음을 얻고,
이대로 실천하여 하늘에 오르라.

대역자 머리말

■ 하나님의 율법을 지키는 선지자로 선택을 받도다.

저는 남들처럼 그저 열심히 살아온 평범한 사람이었습니다. 그러나 50대 중반에 사업에 실패하여 많은 부채에 시달렸으며, 건강도 악화되어 눈이 잘 안 보이고, 걷기도 어렵고, 두통이 심해서 잠을 이룰 수 없는 고통의 나날을 보냈습니다. 그때 제가 선택할 수 있는 것은 육의 삶을 끝내는 길뿐이었습니다.

죽기 직전에 그동안에 죄를 지은 이들에게 용서를 빌고 인생을 끝내기로 작정하였습니다. 어려서부터 지은 죄를 빌고 빌다 보니 끝이 없었고, 죽음으로도 그 많은 죄를 용서받을 길이 없다는 생각에 하염없이 눈물이 흘렀습니다. 그 순간 '재래식 화장실의 구더기는 죄를 짓지 않는데, 나는 인간으로서 구더기만도 못한 삶을 살았구나.' 하는 생각이 들면서 괴로움에 몸부림칠 때, 갑자기 하나님의 음성이 들렸습니다.

"나는 여호와 하나님이니라. 너는 십계명을 암송하고 내가 내려 주는 메시지를 받아 책으로 만들어 만백성을 구하라." 하시며, 제 눈을 손으로 문지르게 하시고, 아픈 머리와 다리를 손으로 두드리게 하셨습니다. 그러고 나니 눈도 잘 보이고 걸을 수 있었으며 머리의 통증도 말끔히 낫게 되었습니다. 그때부터 십계명을 암송하고 나면 들려주시는 말씀을 기록하였고, 1999년 8월부터 2004년 7월까지 권당 288쪽, 총 160권을 받아서 "새로운 성경"이라는 책으로 펴내게 되었습니다.

그러한 저에게 죽기보다도 힘든 길이 시작되었습니다. 모든 교인들이 저에게 사탄이요, 이단이요, 악마요, 마지막 시대에 온 거짓 선지자라 하면서 공격하였고, 저를 짐승을 보듯이 대하는가 하면, 편협한 종교 지도자들의 선동으로 신도들이 이 책을 직접 읽어 보고 평가할 기회마저 막아 버렸습니다. 그래서 하나님의 말씀을 세상에 내는 데 많은 어려움을 겪으며, 피를 토하는 심정으로 책을 전하고 있습니다.

그러나 아무리 인간의 힘으로 막으려 해도, 하나님의 뜻이 세상에 전해지는 위대한 역사는 계속될 것입니다. 책으로 전해지는 "하나님의 말씀"은 세상 끝날까지 항상 우리와 함께하실 것입니다. 사람은 죽어도, 책에 기록된 말씀은 영원히 남으니까요.

■ 따뜻한 실천

하나님께서는 어려운 사람들에게 삶의 터전을 마련해 주고, 미래를 열어 주는 것을 기뻐하십니다. 어려운 이웃이 스스로 자립할 수 있도록 이끌어 주는 것이 진정으로 이웃을 돕는 것이라고 말씀하셨습니다. 그래서 일자리가 없는 제자들에게 작은 사업장을 만들어 주는 "달란트 사업"을 하고 있습니다. 식당, 반찬 가게 등을 차려 주고, 기존의 어려운 사업장이 자립할 수 있도록 돕고 있습니다(커피숍, 미용실, 의상실 등).

하나님께서는 교회에 나와서 모든 시간과 재물을 쏟기를 원하지 않으시고, 그 시간과 재물을 교육에 투자하여 스스로 미래를 열어 가기를 원하십니다. 그래서 제때 공부하지 못한 제자들에게 학업을 이어 가도록 하였습니다. 중화요리 주방장을 하며 초등학교 검정고시부터 공부하여 2012년에 방통대를 졸업한 36세 남성, 만학도들의 2년제 중학교에 입학해서 2007년에 명지대학을 졸업한 38세 여성, 중학교 검정고시를 시작으로 숭의여자대학을 졸업한 47세 여성 등이 있습니다. 그밖에도 많은 제자들에게 나이를 초월하여 배우고 깨우쳐서 사회 속의 당당한 일원이 되도록 인도하고 있습니다.

학자금 대출로 힘겨워하는 젊은이들을 위해 "따뜻한 바람 장학회"를 발족하여(2016년 12월) 대출받은 학자금 전액을 매월 갚아 주고 있습니다. 또한, 다문화 가정을 위해 "다문화 가족 랜드"를 조성하여, 각종 시설을 무료로 활용하도록 하고 있습니다.

이러한 따뜻한 실천이 아직은 미약합니다. 그러나 책의 수입이 늘고, 저와 뜻을 같이하는 분들이 늘어나면 계속 확대할 것입니다. 지도자로서 신도의 재물을 헌금으로 거둬들여 착복하는 것이 아니라, 하나님께서 기뻐하시는 일에 사용하도록 중매 역할만 하며 살아가고자 합니다. 이런 제가 과연 사탄이고 이단인가요? 하나님께서 기뻐하시는 일이라면, 저에게 사탄이라 하든 거짓 선지자라 하든 굽히지 않고 실천해 나갈 것입니다.

끝으로, 일상의 삶 속에서 "지금 내가 하는 행동이 과연 하나님께서 기뻐하실까, 슬퍼하실까?" 생각하고, 매사에 하나님께서 기뻐하시는 길을 택하기 바랍니다. 교회에 모여서 집단적으로 예배 드리는 것이 아니라, 개인이나 가정 단위로 새로운 성경을 읽어 스스로 깨우치고 그대로 행하면 충분합니다. 그것이 마음속에 성전을 짓고, 신령과 진정으로 예배 드리는 길입니다. 그러면 천국의 문에 들어서게 됩니다.

2017. 2. 1.

하나님 말씀 대역자 김용철

차 례

십 계 명

이 책은 십계명을 암송하고 나면 내려 주시는 "하나님의 음성"을 듣고 그대로 받아쓴 기록입니다. 하나님께서 십계명을 모세에게 내려 주셨지만, 그것은 만백성에게 내려 주신 것입니다. 마찬가지로 이 책의 모든 말씀도 저에게 내려 주셨지만, 만백성 각자에게 들려주시는 말씀입니다. 여러분도 이 책을 접할 때마다 십계명을 암송하고 나서 정독해 주시기 바랍니다.

제일은, 너는 나 외에는 다른 신들을 네게 있게 말지니라.
제이는, 너를 위하여 새긴 우상을 만들지 말고, 또 위로 하늘에 있는 것이나, 아래로 땅에 있는 것이나, 땅 아래 물 속에 있는 것의 아무 형상이든지 만들지 말며, 그것들에게 절하지 말며, 그것들을 섬기지 말라.
제삼은, 너는 너의 하나님 여호와의 이름을 망령되이 일컫지 말라.
제사는, 안식일을 기억하여 거룩히 지키라.
제오는, 네 부모를 공경하라.
제육은, 살인하지 말지니라.
제칠은, 간음하지 말지니라.
제팔은, 도적질하지 말지니라.
제구는, 네 이웃에 대하여 거짓 증거하지 말지니라.
제십은, 네 이웃의 집을 탐내지 말지니라.

나 여호와가 존재함을 믿는 그 자체가 구원의 길에 들어서는 기본이요, 근본이며, 나의 새로운 성경을 가슴에 안고 정독하는 자, 반석 위에 서서 하늘에 오르는 찬란한 빛을 보게 되는 영광을 얻게 됨이니라. 진정 나를 따르고 믿는 자는 감히 사탄이나 마귀도 근접하지 못하느니라.

〈하나님 말씀〉

2002년 9월

3,464 번째 하나님 말씀

2002년 9월 21일 18시 31분

1 사랑하는 나의 아들아!
2 "네, 아버님! 말씀하옵소서."
3 이 세상의 나의 피조물 만백성이 바로
살 수 있도록 바로 그 깨우침을 위하
여 내가 너에게 말하였느니라.
4 하늘을 두루마리 삼고 바다의 그 모든
물을 먹물 삼아 기록하여도 나의 뜻을
너희들에게 다 전할 수 없다 내가 너
에게 수차 그리 깨우쳐 주었음이니라.
5 그러나 그 많은 내용들을 내가 아무나
통하여 세상에 전하여 나의 백성들을
구할 수 있는 것이 아님이니,
6 오로지 너를 통하여 전할 수 있으며,
나의 성령의 가르침을 네 가슴을 통하
여 전하여 네가 책으로 만들어 만백성
을 구하는 그 역사 외에는 아니 되며,
오로지 그 모두는 나의 아들인 너만이
받을 수 있으며,
7 모든 백성들이 갈구하고 소원하는 지
상의 그 모두는 다 너를 통하여 하늘
에 올라옴이니,
8 그 많은 나의 뜻을 전하는 대명을 맡
은 네가 어찌하여 기도함에 게으르며
나에게 경배하는 것에 게으르며 나에
게 묵상의 답을 받는 것에 게을리할
수 있겠는가?
9 그것은 아니 됨이니라.
10 그리하여 내가 너를 밤낮으로 달구어
이와 같이 대장정의 법전을 만들어 내
며, 또한 네가 160권의 법전을 세상에
만들어 낸 그 이후에, 내가 시적이고
아름다운 가르침을 너희들에게 내려
너희들 마음을 유하고 부드럽게 한다
하였음이니,
11 이 세상에 열 사람, 백 사람, 천 사람,
만 사람을 통하여 나의 성령을 내려보
낼 수 있다면 내가 너를 그리 달구지
아니하며, 네가 서서히 갈 수 있도록
그리하고 싶은 것이 나 여호와의 뜻이
나,
12 오로지 이 많고 많은 나의 뜻을 너 하
나만을 통하여 세상에 전해야 되니,
그 또한 천 년이라는 세월 속에 역사
를 이루어야 되기 때문이니라.
13 천 년이라는 그 기간 동안에 네 생명
이 사는 시간이 얼마던가?
14 내가 너에게 준 시간이 얼마 되지 아
니함이니, 그 안에 네가 역사를 다 이
루어야 되기에 내가 너를 오늘 이리
달구고 너를 몰고 감이니,
15 너는 그와 같은 나의 뜻을 알아야 될
것이며, 너만이 나의 성령을 받는다는
그 소중함을 알아야 될 것이니라.
16 그리하니 너 외에는 누구에게도 나의
성령을 내려보내 기록하여 나의 법전
이라 하여 백성을 구하는 길이 없으며
구할 수 없음이니, 오로지 너를 통하
여 이 역사를 이루고자 함이니라.
17 나의 아들 예수가 3년이라는 그 세월
속에 대장정의 역사를 이루었듯이, 너
는 160권이라는 나의 성령을 받아 세

상에 전함이니, 이것이 얼마나 길고
긴 세월 속에서 이루어질 수 있다 생
각하는가?
18 그 긴 세월 동안에 너만이 나로부터
받아야 될 것이며 내가 너에게만 내릴
수 있음이니, 너는 너의 그 소중함이
요, 너의 책무를 소홀히 하지 말라.
19 하늘을 두루마리 삼아 쓰고 또 써도
다 쓰지 못할 그 많은 나의 성령의 가
르침을 너를 통하여 세상에 내려보냄
이니, 네가 잠자고 쉴 시간이 어디 있
으며 게으를 시간이 어디 있으며,
20 네가 어디 나의 성전을 나가, 이 골방
을 나가 자유로이 네 임의로 세상사를
살아갈 수 있다 생각하는가?
21 너는 그 뜻을 알라.
22 그 위대한 사업이요, 그 위대한 역사
요, 내가 새로 천 년에 걸쳐 하늘의 낙
원을 지상에 그대로 이루고자 하며 사
악한 무리들을 다 뽑아 불태워 버리며
나의 천사와 같은 백성들만이 이 아름
다운 지상의 낙원에 존재하도록 하는
그 역사를 이루기 위하여 오늘의 너의
고통을 네가 즐거움이요, 행복이요,
축복이요, 영광이라 생각하며 달려가
야 할 것이니, 이를 잊지 말라, 사랑하
는 나의 아들아!

3,465 번째 하나님 말씀

2002년 9월 21일 18시 53분

1 사랑하는 나의 아들아!
2 "네, 아버님! 말씀하옵소서."
3 너희들의 지금의 종교 집단이요, 그
지도자들이 가르치기를, '부자는 결코
천국에 갈 수 없다.' 말함이니,
4 첫 번째는 재물을 많이 쌓아 놓고 재
물을 많이 벌기 위하여 저희들은 수단
과 방법을 가리지 아니하였음이니 옳
고 바르게 벌지 못하였을 것이라는 하
나의 너희들의 생각과,
5 두 번째는 많이 가진 자가 베풀지 아
니하면 구원을 받지 못한다는 것이요,
6 세 번째는 나 여호와가 가르친 대로
오른손이 하는 것을 왼손이 모르도록
어려운 자에게 베풀지 아니함이요, 저
희들이 재물을 모을 때 많은 나의 피
조물 만백성을 위하여 제가 스스로 노
력하여 취한 것이 아니라 저 자신의
이기주의 속에서 재물을 모은 자라,
그리하여 그와 같은 자는 천국에 갈
수 없다 너희들은 그리 말하느니라.
7 그리 말하면서 너희들은 그 재물을 거
두어들이려고 이리 말하느니라.
8 인간이기에 재물에 욕심이 있으며 인
간이기 때문에 재물을 많이 가지고 있
는 자는 하늘나라의 나에게 오를 수
없다 그리 말을 하느니라.
9 그러면서 너희들은 뭐라 말하느냐?
10 너희들이 가지고 있는 그 재물을 하늘
에 많이 바쳐야 되며, 그리고 너희 손
으로 지은 성전이요, 너희들이 기도하
고 경배하는 곳에 각종 헌금을 바치며
그 성전을 짓는 데 재물을 바치며 모
든 것을 다 바치라 함이니라.
11 그렇다면 너희들이 성전이라는 곳에
바치는 그 재물은 누구에게 바치며 누
가 관리하는가?
12 그리하여 그 재물을 많이 가지고 있는
자가 과연 나로부터 선택된 자이며 그

가 구원을 받는가?
13 나의 피조물 만백성이 재물을 많이 가
지고 있으면 그는 절대적 구원을 받을
수 없다고 말하면서, 많은 나의 피조
물 만백성으로부터 너희들이 영수증
하나 써 주지 아니하고 거두어들이고
챙겨 너희들이 재물을 많이 가지고 있
는 것은 죄가 되지 아니하는가?
14 그 재물은 어찌 변명을 할 수 있는가?
15 그렇다면 나의 피조물 만백성이 재물
을 많이 가지고 있으면 천국에 못 가
니, 너희들의 손으로 만든 성전에 갖
다 바치라, 너희는 그것을 챙겨 가지
고 호의호식하며 살다가 천국에 가지
아니할 것이라 그리 너희들이 말을
해야 옳지 않은가?
16 나를 사랑하는 백성들이 많은 재물을
가지고 있으면 안 된다고 말하면서,
너희들은 어찌하여 그 재물을 긁어모
으기 위하여 수단과 방법을 가리지 아
니하며 그 추하고 더러운 생각으로써
모든 방법을 다하여 긁어 들이는가?
17 너희들이 긁어 들여 가지고 있는 그
재물은 과연 무슨 재물이던가?
18 그 재물은 천국에 가는 길을 인도하는
재물이요, 그 재물을 쌓아 두고 제 명
의로 만들어 놓으며 저희 자손 대대로
먹고살고자 하는 그와 같은 흉악스런
행위를 하는 자, 그러한 자들의 재물
은 과연 천국에 올라가는 재물이던가?
19 너희들은 인간 세속에서 나의 사랑하
는 백성들을 속여 재물을 모으며 그리
고 너희들 자신이 쌓아 놓으면서 너
희들은 재물을 쌓아도 벌을 받지 아니
하며 천국에 오를 수 있다는 그런 착
각 속에 살며,
20 나의 백성들이 사는 내가 만든 아름다
운 지상을 오염시키고 또 썩게 만들
고, 그리하고도 너희들이 할 일이 없
어 하늘마저 오염을 시키고자 하늘나
라 나의 창고에 많이 쌓아 놓는 자만
이 구원을 받는다 함이니,
21 너희들은 어찌하여 재물을 많이 가지
고 있는 자는 구원을 받지 못한다 하
고 재물을 많이 가진 자를 나 여호와
가 구원해 주지 아니한다고 하면서,
많은 백성들로부터 재물을 받아 하늘
의 창고에 잔뜩 쌓아 놓으라 하며 너
희들이 그 창고에 재물을 그득히 쌓아
놓으라 함이니,
22 너희들은 지상의 육이 가지고 있는 재
물을 천국에 올릴 수 있으며 천국에다
너희 욕심으로 쌓아 놓는 그 재물을
너희들이 천국으로 올릴 수 있다 생각
하는가?
23 너희들이 그와 같은 우를 범하면서도
진정한 종교 지도자요, 지금에 하늘에
오르는 길을 가르친다 말하나, 내가
너희들에게 여기서 말하느니라.
24 너희들의 육이 재물을 가지고 있는 자
는 천국에 올 수 없다 말하였음이니,
또한 종교 지도자라는 너희들이 나의
백성으로부터 영수증 하나 없이 그저
세 치 혓바닥으로 강도보다 더한 수법
으로 거두어들여 재물을 가지고 있으
니, 그 재물을 가지고 있는 한 천국에
올라올 수 없음이니라.
25 너희들이 나의 하늘나라에 많은 재물
을 쌓아 놓음으로 구원을 받는다 하여
나의 백성으로부터 재물을 거두어들

이나, 너희들이 하늘에 바친다고 재물
을 쌓아 놓은 것만큼 너희들은 천국을
가지 못하니,
26 그 재물을 바치라 하여 종교 지도자
너희들은 영수증 하나 써 주지 않고
추하고 더러운 그 세 치 혓바닥으로
나의 피조물 만백성에게 반공갈 반협
박으로 재산을 긁어모아 너희들이 깔
고 앉아 있으니,
27 그리 걷어 깔고 앉아 있는 그 많은 재
물이 너희들은 천국에 올라올 수 있는
재물이라 생각하나, 어찌하여 너희들
은 그 재물을 가지고 천국에 올라올
수 있다 생각하는가?
28 너희들은 그리하여 나의 피조물 만백
성의 고혈을 빨아들이고 내가 만든 이
지상의 아름다운 낙원을 썩고 병들게
만들어 놓다가,
29 하다 하다 너희들이 할 짓이 없음이니
이제는 나의 이름을 빌어 하늘의 창고
에다 많이 쌓아 놓는 자는 축복과 구
원을 받는다고 그리 말함이니,
30 너희들이 하늘의 창고에다 쌓아 놓는
다는 재물을 바치는 만큼, 너희들이
하늘에 오르고자 할 때 너희들의 머리
에 그를 내가 집어던져 너희들이 지상
에서 한 발짝도 떼지 못하고 영원히
지옥으로 가서 사는 그와 같은 형국으
로써 벌을 내릴 것이니, 너희들이 죽
으면서 그를 알게 될 것이니라.
31 내가 지금 나의 아들을 통하여 너희들
에게 명하나니, 하늘의 창고에다 재물
을 많이 쌓아 놓아야 천국의 구원을
받는다 말하는 너희들이 하늘에 바친
다 하여 쌓아 놓은 재물의 무게만큼
너희들이 하늘에 오르고자 할 때 내가
너희들의 머리에 던질 것이니, 그를
맞는 자는 지옥으로 그대로 감을 알라.
32 너희들도 재물을 가지고 있으면 육에
서 구원을 못 받으며 잘못된 자라 말
하면서, 나 여호와를 어찌하여 재물을
그리 긁어모아 창고에다 쌓아 놓아 그
득히 배를 채우는 사악한 자로 만드는
가?
33 나는 아무것도 필요 없음이니라.
34 이제는 종교 지도자의 잘못된 가르침
이 아니요, 내가 법전에 기록하여 내
려보냈으니,
35 하늘에 재물을 많이 쌓아 놓는 것만이
하늘에 올 수 있는 축복이며 나의 하
늘에 오른다 하여 너희들이 재물을 바
치는 것은 내가 너희들에게 준 재물을
잘못 씀이니,
36 그 재물을 바친 양만큼 하늘에 오르는
너희들의 머리에 내가 하늘에서 내려
보낼 것이니, 천둥보다 더 무서운 속
도로 내려가는 그 재물을 너희 머리에
맞고 지옥으로 가는 죄를 면치 못할
것이니,
37 이와 같은 것을 너희들이 깨우쳐 바로
행하는 자만이 하늘에 올라올 수 있음
을 알라.
38 내가 너희들에게 이 하늘의 비밀이요,
죄의 명칭과 죄를 받는 수법을 내려보
내며 죄를 다스리는 것을 너희들에게
명했으니,
39 이를 듣고도 깨우치지 못하는 자는 영
원히 구원받을 수 없음을 알라.

3,466 번째 하나님 말씀

2002년 9월 21일 19시 05분

1 사랑하는 나의 아들아!
2 "네, 아버님! 말씀하옵소서."
3 너희들이 육으로써 세상에 태어나며
내가 나의 영혼을 너희들에게 불어넣
어 이 세상에 자기 자신이라는 하나의
생명체가 형성되어 살아가는 그 영광
이요, 너희들이 모두를 자연에서 취하
면서 살아갈 수 있는 그 모든 은혜를
너희들에게 내렸음이니,
4 너희들은 과연 나로부터 받은 그 은혜
와 축복에 무엇으로써 나 여호와에게
보답했으며 그 감사한 마음의 자세를
너희들이 표현하고 사는가?
5 내가 너희들에게 재물을 바치라 하였
던가, 내가 너희들에게 나의 성전이라
하여 아름답고 궁궐보다 더 위대한 것
을 나의 백성들로부터 재산을 긁어모
아 그리 지으라 하였던가?
6 나는 너희들에게 내가 내린 그 열 가
지의 계명을 지키며, 너희들이 살아가
고 생활하는 속에서 나 여호와가 존재
함을 깨닫고 나 여호와에게 모든 감사
의 기도를 드리며 너희들이 먹고 쓰고
자고 살아가면 그것으로써 하늘에 오
르는 길이라 하여 내가 너희들에게 그
많은 은혜와 영광의 축복을 내렸음이
니라.
7 그중에서 나의 성전에 와 나의 아들의
제자라 선택된 너희들이 얼마나 크나
큰 영광 속에서 선택된 것인가를 너희
들이 아는가?
8 나의 아들이 지금의 고통과 시련 속에
서, 나의 이 성전의 다락방에서 내가
내려보내고 내려보내도 끝이 없는 하
늘의 그 뜻을 받아 세상에 내보내 만
백성을 구하고자 그 자신과의 싸움이
요, 힘들고 어려운 고통 속에서 그가
인내하며 견디고 싸워 가며 나의 법전
을 기록하는 것을 돕고,
9 그가 나의 성전의 다락방에서 내가 내
리는 그 성령을 받아 책으로 만들어
낼 수 있는 그와 같은 일에 열과 성의
를 다하여 그를 따르며 그를 받쳐 주
는 것이 얼마나 큰 선택이며 얼마나
크고 위대한 영광인가를 너희들은 어
찌 모르는가?
10 너희들로 말할 것 같으면 육의 세상에
생명을 받아 나간 그 은혜보다 더 위
대한 영광이 너희들이 구원의 길을 볼
수 있음이며,
11 너희들이 얼마 되지 않은 육의 삶을
마치고 영원히 하늘나라에 와, 변하지
않는 이 천국의 낙원에 와서 나의 사
랑을 받으며 살아갈 수 있는 그와 같
은 은혜의 길을 가르쳐 주었으며, 그
와 같은 가르침의 지침서를 너희들이
매일 접하고 그를 보고 공부하며 나의
아들을 따르며 나의 아들이 그를 받아
세상에 낼 수 있도록 그 길을 돕도록
선택된 자들이니,
12 너희들이 무엇이 두려우며 무엇이 아
까우며 무엇을 주저하기에 그리 힘든
생활을 하고 가며 그 힘든 생활에 불
평과 아쉬운 마음을 갖고 있는가?
13 너희들은 육의 고통이요, 육의 힘듦을
말하기 전에 나의 아들을 따르며 나의
아들과 더불어 나의 아들을 도와 나의

160권의 성령의 뜻이 세상에 나올 수
있는 그 대업에 참여한 그것만으로도
너희들이 그 은혜를 갚을 길이 없으며
그 축복된 영광을 저버릴 수 없거늘,
14 그것 하나 너희 가슴속에 깊이 새긴다
면 오늘에 살아가는 너희들의 그 삶에
나 여호와를 원망하며 내가 너희들을
이끌어 주지 아니한다 하여 너희들이
나의 마음을 아프게 하는 그와 같은
삶을 살아가지 않을 것이니라.
15 육의 영광의 축복을 받는 그들이 육의
삶으로써 너희들이 사는 이 지상을 다
얻어도 하늘에 오르는 그 영혼을 구원
받는 영광만 못하다 했거늘, 영혼의
구원을 받는 너희들이 무엇이 아쉬우
며 그보다 뭐 더한 축복이 있기에 무
엇을 더 받고자 하며 무엇을 더 원하
고자 하는가?
16 너희들이 살다 나에게 올 날이 머지않
았음이니, 그때 너희들이 나에게 왔을
때 그것이 얼마나 영광이고 축복인가
를 알 것이니,
17 오늘에 너희들이 하는 노력에 최선을
다할 것이며, 너희들이 몸과 마음을
다 바쳐 160권의 법전이 세상에 빠른
시간에 나와 만백성을 구할 수 있도
록, 나의 아들이 나의 성전의 골방에
앉아 이 성령을 받아쓰는 일에 너희
전부를 다 바쳐 이끌어 나가며 협조하
며 도와야 함을 잊지 말라.

3,467 번째 하나님 말씀

2002년 9월 21일 19시 25분

1 사랑하는 나의 아들아!
2 "네, 아버님! 말씀하옵소서."
3 나 여호와의 성령을 받아 기록하여 만
백성을 구하는 네가 얼마나 위대한 사
람이며 네가 얼마나 소중한 자인데,
네 마음 한구석에 허전한 마음이요,
너 자신의 마음을 다스리지 못하며 달
래지 못하여 네가 이리도 마음의 괴로
움을 갖고 있는가?
4 너는 정녕 육의 부귀와 영화요, 재물
이요, 권력이요, 그것만이 너에게 행
복이라 생각하며, 아직도 인간사 살아
가는 데 그와 같은 것이 너를 받쳐 줘
야만 된다 생각하는가?
5 "아버님! 그렇지 않사옵나이다.
6 그 모두를 다 버려도 영혼을 구원하는
것과 바꿀 수 없사옵나이다.
7 그리고 그 모두를 다 버려도 영혼의
소중함은 그 무엇과도 바꿀 수 없사옵
나이다.
8 영혼을 구원하는 길이요, 만백성을 구
원하기 위하여 아버님의 말씀을 받아
기록하며 이 길을 가고 있는 저로서는
어떠한 고통도 어떠한 시련도 없사오
며, 그 재물로써 마음이 아픈 것은 아
니옵나이다.
9 다만, 많은 백성들에게 어찌 법전을
전하며 그들을 어찌 깨우쳐야 될 것인
가 하는, 그저 인간으로서의 그 생각
속에 잠깐 제 마음의 동요가 있었음을
용서하여 주옵소서."
10 사랑하는 아들아,
11 세상에 너보다 더 행복한 자가 어디에
있던가?
12 하늘의 뜻인 나의 뜻을 지상에서 네가
받아 나의 성령을 하나하나 그 기계에

기록하여 그것이 쌓여 가는 것보다 더
한 영광과 기쁨과 행복이 어디에 있는
가?
13 만백성을 구하는 나의 법전이요, 하늘
에 오르는 길로서 네가 책을 만들기
위한 준비의 자료를 나로부터 받아 기
계에 담아 그를 하나하나 쌓아 올려
가는 그것이 이 세상의 무엇과도 바꿀
수 없는 행복이요, 축복이요, 영광이
라 너는 생각하지 않는가?
14 "네, 아버님! 그렇사옵나이다.
15 녹음기라는 기계로 녹음테이프에 아
버님의 성령을 받아 하나하나 기록하
며 그곳에 날짜와 시간을 기록하여 쌓
여 가는 그것이 얼마나 행복하고 위대
한 것인가를 깨닫지 못하였사옵나이
다.
16 하나의 녹음테이프에 아버님의 성령
을 받아 책이 나올 수 있도록 그를 기
록하여 쌓는 것이 얼마나 영광된 축복
이며 얼마나 위대한 사랑인가를, 그리
고 그보다 더 큰 행복이 없다는 것을
모르고 살았사옵나이다.
17 이제 아버님의 말씀을 듣고 그를 깨달
았사옵나이다.
18 이제 제가 지상에서 하늘에 계신 아버
님의 법도인 성령을 받아 이 세상에
기록하는 그 영광을 받았사오며, 하늘
의 성령이 세상에 내려올 수 있는 아
버님의 명을 받아 그 역사를 이루고
있음이니,
19 또한 그 성령이 책으로 나와 만백성을
구하며 아버님께서 이루고자 하시는
천 년에 걸쳐 새로운 역사요, 새로운
백성만이 존재하는, 하늘의 낙원처럼
지상에 낙원을 이루는 그 역사를 이루
는 기초 작업을 위하여 아버님의 말씀
을 하나하나 받아 기록하여 그것이 쌓
이는 것이 얼마나 위대한 행복인가를
몰랐사옵나이다.
20 그저 부질없는 부귀영화요, 재물의 어
떠한 힘들고 어려운 고통에, 남들에게
약속을 지키지 못하며 한 말을 이행하
지 못하게 되는 그 아픔의 마음이요,
21 또한 만백성을 깨우치는 이 법전이 세
상에 나올 수 있도록 하는 그 역사나
그를 전하는 것이요, 그들로부터 불어
오는 그 태풍이요, 그들로서 반박하고
갑론을박하며 저에게 밀어닥치는 그
모든 힘들고 어려운 것을 어찌 견디고
어찌 가야 할 것인가 하여 제 스스로
잠깐 인간의 속성으로 생각한 그 죄를
용서하여 주옵소서.
22 아버님의 말씀이요, 하늘의 뜻을 지상
에서 받아 만백성을 깨우치는 법전을
만듦이니, 그 내용이 쌓이는 것이 얼
마나 위대한 것인가를 깨닫지 못하고,
힘들고 어렵다는 투정을 하며 저 자신
의 분수를 모르고 살아가는 저를 용서
하여 주옵소서.
23 엄히 다스려 저를 체벌하여 주옵소서.
24 인간의 생각이요, 인간의 뜻으로써는
이루어지는 것이 없다는 것을 알면서
도, 더러는 저 자신이 혼자 깊은 밤 상
념에 빠지는 그와 같은 잘못된 저의
버릇을 거두어 주옵소서, 아버님!"

3,468 번째 하나님 말씀

2002년 9월 21일 19시 44분

1 사랑하는 나의 아들아!
2 "네, 아버님! 말씀하옵소서."
3 너희들이 지금 믿음의 길을 가고 있는 것은 과연 어떠한 형태요, 어떠한 형국으로 흘러가는가?
4 너희들은 너희 손으로 지은 그 성전에 가 나에게 재물을 바친다 하여 헌금을 바치며 그 고통스러움 속에서 나에게 울부짖으며 기도하는 그것만이 구원을 받는 것이며 축복받는다 생각하는가?
5 이 지상이 다 내가 만든 성전이니, 너희들은 나에게 기도하고 경배하며 십계명에 따라 살아가고자 다스려 가며 깨우쳐 가는 그와 같은 삶을 살면 그것이 곧 나로부터 축복을 받는 길임을 알라.
6 너희들은 내가 만든 성전에서 너희들 스스로 나에게 기도하고 경배하는 것과, 너희 손으로 만든 그 성전에 가서 그 혹독한 대가를 치르면서 기도하는 것과 무엇이 차이가 있다고 생각하는가?
7 너희들은 여기서 알아야 될 것이니라.
8 너희 스스로 지은 죄를 용서를 빌며, 너희들이 아름답게 살아가고자 나에게 약속을 하며 나 여호와를 찾으면 되는 것이니라.
9 '하나님! 저의 죄를 용서하여 주옵시고, 정녕 제가 하나님 뜻대로 살아갈 수 있는 용기를 주옵소서.' 그리 기도하면 너희들은 축복을 받게 되어 있으며, 나의 백성이니라.
10 그러나 지금 너희들은 너희 손으로 지은, 종교 지도자라는 자들이 지은 성전에 가서 기도하는 만큼 혹독한 대가를 치르며 하늘에 오르고자 함이니, 너희들은 여기서 하나를 깨우쳐야 될 것이니라.
11 너희들이 스스로 지은 죄를 나 여호와에게 직접 용서를 빌며 너희들이 바르게 살고자 맹세하고 그리 깨우치는 것은 너희 스스로 지은 죄에 대한 회개요, 반성이나,
12 너희보다 더 사악한 자, 너희보다 더 많은 죄를 짓고 있는 자들이 어찌하여 너희들을 대신하여 그 기도를 드려 주며, 너희들에게 축복과 영광의 기도를 드려 주는가?
13 너희들은 그와 같은 자의 기도 소리에 귀를 기울이지 말라.
14 이제 너희들이 가족 단위로, 너희들의 가정이나 너희들의 일터에서 나 여호와에게 기도하면 되는 것이니라.
15 나의 법전에 기도하는 방법을 다 기록하여 놓았으며, 너희들이 어찌하여야 하늘에 오르는가를 다 기록하여 놓았으니, 이제 너희들이 나의 법전을 읽고 그대로 행하면 구원을 받는다는 것을 알라.
16 너희 손으로 지은 그 성전에 가서 너희들이 기도 소리 한번 들으며 혹독한 그 대가를 평생 치르는 그와 같은 믿음의 세계는 나와는 관계가 없음을 알라.
17 너희들이 그저 개인 단위로 가족 단위로 기도드리고 회개하며 용서를 빌며

나 여호와를 찾음으로 인해서 너희들
은 나의 품에 오는 자식이니라.
18 너희들은 내가 지은 이 아름다운 성전
에서 '여호와 하나님 아버지! 저의 죄
를 용서하여 주옵소서.' 그리 기도하
면 되는 것이거늘,
19 그리 기도하는 것과 너희 손으로 지은
성전에 가서 '여호와 하나님! 저의 죄
를 용서하여 주옵소서.' 그리 기도하
는 것과 무엇이 다르더냐?
20 너희들은 장소에 따라서 기도를 해야
만 되는가?
21 너희들의 고혈을 빨아 성전이라 하여
궁궐같이 지은 곳에 가서 기도해야만
하늘에 오른다고 생각하는가?
22 그것이 아님을 알라.
23 내가 너희들에게 다시 일깨워 주노라.
24 너희들이 살아가면서 아름다운 여인
을 처음 만나 사랑하는 마음보다도 더
진한 아름다운 마음으로써 나에게 기
도하며, 그와 같은 정성과 사랑하는
마음으로 나 여호와를 찾으며 나 여호
와에게 용서를 빌면 그것으로써 너희
들의 기도는 훌륭함이니라.
25 너희들이 부부지간에 자식을 얻었을
때 그 기쁨에 '여호와 하나님! 감사합
니다.' 그리 말하듯이, 자식을 얻었을
때의 그 기쁨과 같은 마음으로 나 여
호와를 찾으며 나 여호와에게 기도하
고 경배하면 그것이 너희들이 훌륭히
하늘에 올 수 있는 축복을 받는 길임
을 알라.
26 그와 같은 마음 자세로 기도하고 경배
하면 될 것이니라.
27 이제 너희들의 고혈을 빨아 손으로 지
은 그 성전이라는 죄의 온상에 가서
너희들보다 더 많은 죄를 짓고 사는
흉악한 자의 기도하고 설교하는 것을
듣고 너희들이 하늘에 오른다는 착각
을 버리라.
28 그 틀을 깨지 못하면 아니 됨이니라.
29 너희들은 여기서 하나를 알아야 될 것
이니라.
30 종교 지도자라는 자들이 단상에 설 때
까지 많은 교육을 받으며 많은 깨우침
을 받으며, 많은 그 훈련을 받아 완벽
히 되었을 때 단상에 서서 설교하며
나의 피조물 만백성에게 강론하여 깨
우쳐 가느니라.
31 그리하여 그들이 처음에 섰을 때는 아
름답고 순수한 마음이었으나, 세월이
흐르면 흐를수록 퇴색하여 변해 가는
그와 같은 잘못 가는 지도자로 변화되
며,
32 나의 아들은 60년이라는 험악하고 험
난한 세상을 살아와 아무것도 다스려
지지 아니하고 갖춰지지 아니하였으
나 나의 성령의 가르침을 받아 그가
가면 갈수록 아름다운 천사와 같은 마
음으로 세상사를 바라보며 나의 성령
대로 살아가는 그와 같은 자로 변해
감이니,
33 과연 모자라는 자가 아름답게 변하는
것과, 완벽히 갖춘 자가 단상에 서서
설교하던 그 처음의 자세가 흐트러지
고 그것은 다 멀리 가며 재물과 금화
를 긁어모으는 데 혈안이 되어 그와
같이 변질되는 지금의 종교 지도자 중
에, 어느 지도자 밑에 가서 배우고 깨
우치는 것이 진정 나에게 오르는 길이

며 내가 선택한 목자인가를 너희들이
구분하여 선택할 때가 되었음을 알라.

3,469 번째 하나님 말씀

2002년 9월 21일 21시 24분

1 사랑하는 나의 아들아!
2 "네, 아버님! 말씀하옵소서."
3 내가 나의 법전에 기록하여 너의 제자
들과 나의 법전을 읽고 깨우치는 만백
성에게 뭐라 전했던가?
4 십자가라는 것을 만들어 놓는 것은 곧
우상이라 하였음이니라.
5 그리고 그 우상으로 하여금 너희들은
나의 피조물 만백성이 그곳에 가 기도
하며 경배하도록 만들었으며, 또한 그
곳에 재물을 바치도록 그와 같은 형국
으로 너희들은 십자가를 높이 만들어
뾰족한 성전의 지붕 위에 더 높이 걸
어 놓고 있음이니,
6 너희들의 인간관계에서도 너희 자식
을 죽게 한 어떠한 사람이요, 어떠한
기계요, 어떠한 자연이든, 자식을 죽
게 한 그는 너희들이 잊을 수 없는 영
원한 적이요, 그를 바라보는 것 자체
도 몸서리쳐지는 것이라 너희들은 그
리 말하였음이니라.
7 인간인 너희들도 그와 같은 형국으로
가거늘, 너희들은 어찌하여 나의 아들
이 그리도 고통스럽게 죽어 간 그 십
자가를 걸어 놓고 그를 우상화시키는
가?
8 십자가가 바로 무엇이더냐?
9 나의 아들이 고통스럽게 죽어 간 그
고통의 증표며 그게 곧 우상이라 내가
말하였음이니라.
10 너희들은 십자가를 목에 걸며 너희들
이 성전이라는 곳에 그를 걸어 놓으
니, 과연 그 십자가를 걸어 놓은 것이
무엇이며, 너희들의 목에 걸고 다니는
그 뜻이 무엇이던가?
11 너희들은 정녕 나의 아들 예수의 그
고통을 기리고 그 고통을 깨우치며
그의 마음을 알기 위하여 그리하는가?
12 그 십자가를 너희 몸에 붙이고 다니며
너희들이 지은 성전에다 십자가를 붙
여 놓고 그 뾰족한 지붕 위에 십자가
를 더 높이 걸어 놓아 밤마다 그리 찬
란하게 불빛을 비춰 나를 고문하는 그
와 같은 형국을 하고 있음이니,
13 정녕 너희들이 나의 아들 예수의 그
고통을 기리는 의미에서 십자가를 그
리 만들어 놓고 있는 것인가, 아니면
너희들은 나의 아들을 그렇게 고통스
럽게 죽도록 십자가에 매달아 죽인 그
후손이라는 증표를 삼기 위하여 십자
가를 만들어 놓고 그와 같이 비추고
있는 것인가?
14 너희들이 정녕 나의 아들과 나의 뜻에
의하여 가는 백성이라면, 나의 아들이
그리 고통스럽게 죽은 그 십자가를 그
리 찬란하게 만들어 놓지 않으며, 우
상화하지 아니하였을 것이며, 너희들
의 몸에 붙이고 다니는 그와 같은 행
위는 하지 아니하였을 것이니라.
15 내가 바라보는 너희들이 그 십자가를
우상화하는 것은 무엇이더냐?
16 너희들이 만든 그 성전의 뾰족한 탑에
더 높이 십자가를 걸어 놓으며 너희들
의 성전에 십자가를 걸어 놓은 것은

너희들이 나의 아들을 죽게 한 그 후
손이라는 것을 증표로 삼기 위하여 너
희들이 그리 십자가를 만들어 놓고 불
을 비춰 놓고 있음을 알아야 될 것이
니라.
17 내가 하늘에서 내려다보는 너희들은
나의 뜻에 의하여 나의 가르침이나
나에게 순종하는 것이 아니요, 하늘에
오르는 진정한 길이 아니라,
18 내가 보기에도 가슴 아픈 십자가를
너희들이 그리 우상처럼 만들어 놓고
우상화시켜 놓은 것은 바로 너희들은
예수를 십자가에 못 박아 죽인 그 후
손들이라는 증표로써 그리 살아가며,
19 십자가를 몸에 붙이는 자, 너희 성전
에 십자가를 세워 놓는 자, 너희들은
재물이요, 금화를 거둬들이기 위한 방
법이요, 제가 예수를 십자가에 못 박
아 죽인 그 후세라 하여 그 증표로 그
리 만들어 놓은 자들이니 그리 알라.
20 그와 같은 자들이 성전을 지으며, 너
희들이 돌로 쳐부숴야 할 십자가를
세워 놓고 나의 아들의 보혈로써 구원
을 받았다고 말하며, 그곳에 오는 자
구원을 받았다고 하며, 너희들이 나의
아들을 찬양하며 나 여호와를 부름이
니,
21 그와 같은 행위로써 너희들이 구원을
받는다는 생각도 하지 말라.
22 너희들과 나는 아무런 관계도 없음이
니라.
23 너희들이 정녕 나의 아들의 그 고통을
기리며 그가 원했던 것을 깨우쳐 그것
을 가르치는 종교 지도자라면, 너희들
은 그와 같은 어려운 생활 속에서 예
수가 살아왔던 전철을 밟는 그와 같은
소박한 삶을 살아가며,
24 너희 손으로 지은 그 성전이라는 곳을
만들어 시간과 때를 가릴 것 없이 그
곳에 와서 기도하고 경배하는 자만이
구원받는다는 그와 같은 틀을 깨야 될
것이니라.
25 너희들이 무어라 말하든, 나의 아들이
죽은 그 십자가는 너희들이 재물과 금
화를 거둬들이기 위한 것이며, 너희들
은 나의 아들을 십자가에 못 박아 고
통스럽게 죽인 그 후세라는 것을 표시
하고 있는 증표라 내가 그리 말함이니,
26 너희들은 여기서 그러한 후손의 증표
로서 자처하고 있는 것이니, 그러고도
너희들이 나의 아들 예수의 보혈로써
구원을 받으며 나의 이름으로써 구원
을 받는다 그리 말하는가?
27 너희들이 지금 십자가를 세워 놓은 그
형국을 나는 그렇게 보며, 그리 내가
너희들에게 전하니 그리 알라.

3,470 번째 하나님 말씀

2002년 9월 21일 21시 32분

1 사랑하는 나의 아들아!
2 "네, 아버님! 말씀하옵소서."
3 너희들 인간사에 사는 그 생활 속에는
너희들이 목표를 세워 놓고 그 목표
달성을 위하여 피나는 노력을 하는 자
가 있으니,
4 너희들이 그 목표를 달성하기 위하여
옆으로 가나 뒤로 가나 앞으로 가나
그저 그 목표만 이루면 된다는 것이
너희들 인간사에 살아가는 것이며, 그

와 같은 것으로써 너희들은 통할 수
있다 그리 생각하며 살 것이니라.
5 그러나 너희들이 인간 세속에서 한 번
실패했을 때 너희들의 생명이 다하기
전에 다시 재기할 수 있으며 바로잡아
너희들이 바로 서는 그와 같은 삶을
살 수 있으며,
6 너희들의 육이 죽기 전에 너희들이 원
했던 그 목표를 위하여 수단과 방법을
가리지 아니하고 어떠한 길로 가든 목
적지까지만 도착하면 된다 그리 말하
느니라.
7 그러나 너희들이 이와 같은 착각 속에
서 지금 믿음의 길을 가는 자가 수없
이 있음이니,
8 너희들이 어떻게 살든 육의 삶을 향락
이요, 즐거운 삶을 살다가, 지금의 종
교 지도자들이 가르치기를 육의 행함
은 소중한 것이 아니고 그저 깨달음을
얻고 깨달음을 얻는 그 순간에 너희는
구원을 받을 수 있다 하여,
9 너희들이 인간 삶의 어른의 시절을 그
냥 지나며 노인의 시절도 그냥 육의
삶을 위해 살다가 너희들이 죽어 갈
때 나에게 기도하고 경배함으로써 구
원을 받을 것이라는 한 가닥의 희망을
갖고 사는가 하면,
10 너희들이 어떠한 방법으로든지 나 여
호와를 찾으며 창조주 하나님을 찾으
면 구원을 받을 수 있다는 그와 같은
생각을 하여, 너희들이 지금 가고 있
는 그 믿음에 대하여 점검해 보지 아
니하며, 참진리의 뜻이 무엇인가를 깨
우쳐 가는 자가 없으니,
11 인간 육의 삶에서는 어떠한 길로 가든
어떠한 방법으로 가든 너희들이 목적
하는 것을 달성하며 목적지까지 가면
된다 하나, 하늘에 오르는 길이요, 구
원의 길은 그리 갈 수 없음을 알아야
될 것이니라.
12 하늘에 가는 길은 너희들이 수천수만
갈래의 길로써 하늘에 오르는 것이 아
니니라.
13 내가 너희들에게 내린 나의 계명이요,
내가 지금 제3의 시대에 만백성을 구
하기 위하여 내리는 나의 법전을 읽고
깨우쳐 너희들이 한 길로 오는 그 길
밖에 없음이니,
14 너희들이 그와 같은 생각으로써 믿음
을 갖는 자, 나의 법전을 읽는 이 순간
부터 너희들이 하늘에 오르는 참진리
는 하나요, 정답은 하나요,
15 그러기에 정답이요, 참진리의 길이 아
닌 길로 오는 것은 너희들이 천국의
문을 바라볼 수도 없다는 것을 알아야
될 것이니라.
16 지금 나 여호와가 구약과 신약의 시대
를 보내면서 신약의 시대에 나의 아들
이 행했던 것을 그 제자들이 기록하여
복음서로써 그리 전함이니,
17 거기에 너희들이 어찌 행하여야 되며
어찌 임하여야 될 것이라는 것을 내가
상세히 기록되게 하지 아니하였으며,
비유로써 그리 기록된 것이 성서이며,
18 복음서로써 전하였기 때문에 너희들
은 그 뜻을 이해하기 힘들고 깨우치기
힘들어, 똑같은 성서를 가지고 가르친
다 하나, 가르치는 자의 능력에 따라
서 해석하는 것이 다르며 듣는 자의
능력과 그 생각에 따라 다르니,

19 이는 곧 너희들이 쉽게 알 수 없는 그
와 같은 비유로써 기록된 것이 성서이
기 때문이니라.
20 그리고 너희들이 하늘에 오르는 그 지
표가 성서에는 있지 아니함이니라.
21 너희들이 어찌 삶으로써 어찌 행하여
야 하고 어찌 살아가는 방법만이 너희
들이 하늘에 오를 수 있는 길이요, 하
늘에 오를 수 있는 그 기초를 다지는
그와 같은 것으로써 성서에 기록되어
너희들을 깨우쳐 주고 있음이니라.
22 이는 곧 나의 아들 예수의 신약의 시
대는 나 여호와가 존재한다는 것을 전
파하는 그것이 그 시대의 역사의 사명
이기 때문이니라.
23 오로지 너희들을 구원하고 하늘의 알
곡식을 구하는 것, 그리고 내가 필요
한 백성이요, 나의 뜻에 따라 사는 백
성이요, 내가 이루고자 하는 새로운
천 년의 그 역사 속에 동참할 수 있는
나의 백성을 구원하고 구원하지 아니
하는 것은, 그리고 너희들이 하늘에
오르고 못 오르는 것은 오로지 나의
법전을 읽고 깨우치는 그 속에만 있으
며,
24 이는 곧 내가 직접 너희들을 구원하는
나의 성령이기 때문이니라.
25 이것 외에는 너희들에게 길이 없음을
알라.
26 너희들 인간사의 삶에서 목적지에 갈
때 수만 가지 길과 수만 가지 방법으
로써 갈 수 있으나,
27 너희들이 육의 삶을 마치고 영혼이 나
의 나라에 오르는 것은 너희들이 육에
서 얼마만큼 나의 진리에 따랐으며,
내가 내린 십계명이요, 지금 내가 내
리는 법전의 내용대로 깨우쳐 살아왔
느냐 하는 그것으로써 너희들이 심판
이요, 구원을 받고 못 받는다는 것을
잊어서는 아니 될 것이니 그리 알라.

3,471 번째 하나님 말씀

2002년 9월 22일 08시 46분

1 사랑하는 나의 아들아!
2 "네, 아버님! 말씀하옵소서."
3 너희들이 나에게 오르는 길은 가장 기
쁜 길이요, 행복에 가득 찬 길이요, 그
믿음만이 나에게 오르는 길임을 알아
야 될 것이니라.
4 내가 너희들에게 일찍이 말하였듯이,
너희들 인간사에서도 자식이 부모를
찾아가는 그 마음이 얼마나 기쁘고 행
복하던가?
5 거기에는 거래가 없으며, 어떤 이해관
계가 없지 아니하는가?
6 자식으로서 부모를 찾아뵙는 것이며,
또 그 오는 자식을 기다리는 부모의
마음은 얼마나 기쁘고 행복하던가?
7 그로 인하여 자식을 둔 보람을 느끼
며, 또한 자식으로서는 부모에 대한
은혜를 감사하게 느낌이니라.
8 창조주요, 내가 만든 너희들이 내가
지키고 살라는 계명을 지키고 곱고 아
름답게 살다가 나를 찾아올 때 너희들
에게 그보다 더 기쁨과 영광이 어디
있겠는가, 그리고 너희들이 나를 향하
여 기도하고 경배하는 그 모습이 얼마
나 나 여호와를 기쁘게 하는 길인가?
9 그러기에 너희들이 나를 향하여 오는

길은 이 세상 너희들의 삶 속에서 가
장 행복한 것이며, 가장 즐겁고 기쁜
마음으로써 나를 향하여 오는 것이니
라.
10 나에게 오고자 하는 너희들에게 마음
의 고통과 부담이 있으며 너희들의 삶
에 있어서 어떠한 불편함을 느끼며 나
에게 오르는 길을 오는 것이 정녕 아
님이니라.
11 그리고 나에게 오는 길을 인도한다는
자, 모든 종교 집단이요, 종교 지도자
그들 스스로 가슴에 손을 얹고 생각해
봐야 될 것이니라.
12 과연 그들이 나로부터 무엇이 특별한
자들이며, 나로부터 어떠한 명을 받은
자들인가, 그리고 그들이 정녕 하늘에
오르는 길을 어찌 알아서 어찌 가르치
는가, 과연 그들은 나를 보며 나의 음
성을 듣는가?
13 내가 차라리 저희들에게 빛으로 또는
형체로써 보여 주고 싶으나, 그들은
나와 아무런 관계가 없는 자들이니라.
14 그리하여 나의 피조물 만백성이 하늘
에 오르는 길이며 나에게 오고자 하는
그 길에 어떠한 고통과 시련의 마음의
부담을 주며 가는 그것은 정녕 나에게
오르는 길이 아니요, 나를 위해서 인
도하는 자들이 아님을 너희들은 알아
야 될 것이니라.
15 지금 너희들이 많은 신도들이 구원을
받는다 하여 너희 손으로 지은 그 성
전에 가 기도하고 울부짖으며 맹종하
고 맹신하는 것만이 나에게 축복을 받
는 길이라 하여 너희들이 어렵고 힘든
그 모두를 다 나를 향하여 살아가는
그것에 너희 모두를 맞추나,
16 그와 같이 살아가고 힘든 그 생활의
삶을 나를 향하여 너희들이 맞추는 것
이 아니니라.
17 내가 너희들에게 육과 영혼이 하나가
되어 살아갈 수 있도록 너희들이 지켜
야 할 율법이요, 계명을 세상에 다 내
려보내 주었으니, 너희들이 그를 지키
며 스스로 나를 향하여 오는 마음은
항상 기뻐야 될 것이니라.
18 너희들이 안식일이라 하여 또는 나를
경배한다 하여 나를 찾는 그 시간이
마음에 부담과 고통이 있어서는 아니
되며, 그들에게 마음의 부담이요, 어
떠한 심적인 부담을 주고 고통을 주는
것은 진정한 지도자의 자세가 아니니
라.
19 세상의 창조주인 나를 만나고자 하며
나에게 오르고자 하는 그 길을 가는
자들은 가장 행복한 자들이며, 행복한
것만이 있음이니라.
20 즉, 자식이 육의 부모를 찾아갈 때 그
기쁜 마음보다도 열배 백배 천배 더
즐겁고 기쁜 마음으로써 나를 향하여
오도록 하는 것이 지도자이며,
21 나를 향하여 오는 너희들의 마음이 그
리 기쁘지 아니하고 마음에 부담이 된
다 하면, 이는 정녕 잘못 가르치는 자
밑에 가 너희들이 구원을 받고자 하는
것임을 알아야 할 것이니라.
22 창조주인 나에게 오는 길이 얼마나 행
복하고 영광된 길이며 즐거운 길이던
가?
23 거기에 어떤 고통도 따라서는 아니 되
는 것이니라.

24 이를 가지고 너희들이 진정 나로부터 선택된 지도자요, 나에게 길을 인도하는 자요, 나로부터 명받은 자를 구분해야 할 것이니라.

25 이리 내가 너희들에게 상세히 하나하나 손에 쥐여 주어도 이를 깨우치지 못한다면, 너희들은 내가 말했듯이 소낙비가 쏟아지는 그 속에서 하나의 생명의 황금 빗물을 내릴 때 그것이 너희 손에 떨어지는 그것보다도 더 영광된 나의 법전을 읽고 또 깨우쳐 너희들이 깨우치는 그 길을 찾아야 될 것이니라.

26 그 길 속에 내가 지금 너희들에게 깨우쳐 준 이 모든 내용이 다 들어 있으며, 너희들이 나를 향하여 오는 것이 얼마나 기쁘고 영광된 마음으로 와야 하는 것인가가 나의 법전에 다 기록되어 있음이니라.

27 나의 법전을 읽고도 깨우치지 못하는 자, 나의 법전을 읽고 또 읽고 정독하여 깨우치는 그 길을 얻는 것이 너희들이 사는 길임을 알라.

28 영혼이 사는 길이니라.

29 너희들이 세상의 모든 부귀영화를 다 얻었다 해도 영혼의 구원을 받지 못한다면 그것이 다 무의미하며 필요 없는 것이라 내가 말하였음이니,

30 너희들이 영혼의 빛을 보지 못하며 영혼을 죽인다면 이 세상의 어떠한 부귀영화요, 모두를 다 가졌다 해도 소용없으니, 영혼을 얻는 것이 더 위대한 것임을 너희들은 알아야 할 것이니라.

3,472 번째 하나님 말씀

2002년 9월 22일 08시 57분

1 사랑하는 나의 아들아!

2 "네, 아버님! 말씀하옵소서."

3 너희들 인간사의 살아가는 속에 '밑 빠진 독에 물을 붓는 그와 같은 형국'이라는 말이 있느니라.

4 밑에서 그 모두가 깨져 빠졌으니, 외형은 너희들이 반듯하나 그 항아리는 물을 담는 역할을 할 수 없음이니, 아무리 부어도 부어도 물이 고이지 아니한다는 말을 너희들은 그리 표현하느니라.

5 지금 나의 피조물 만백성이 수천 년 역사 동안에 저희들이 진정한 믿음의 길이며 하늘에 오르는 길이라 믿고 가는 그것이 바로 밑 빠진 독에 물을 붓는 그와 같은 형국임을 알라.

6 나의 뜻을 모르고 기초를 모르며 육의 행함이 얼마나 소중한 것인가를 모르고 저희들이 거부하면서, 아무리 저희들이 진리요, 나의 뜻이라 가르쳐도 행함이 없는 그 속에서는 진실한 믿음을 얻을 수 없음이니, 너희들은 천당이요, 나의 나라에 오는 것이 아니고 지옥의 통로로 달려가는 그와 같은 형국이니라.

7 내가 너에게 말하여 일깨워 주지 아니하였던가?

8 지금의 모든 종파의 믿음의 형국을 뭐라 말하였느냐?

9 그들이 시작할 때는 황금과 같은 것으로써 시작하였으나, 세월이 흐르면서 저희들의 입맛에 맞는 계명을 만듦이

니, 곧 그가 은으로 변하며, 그 은으로
변한 것이 세월이 지나면서 동으로 변
하며, 동으로 변한 것이 세월이 지나
면서 또 쇠로 변하며 무쇠로 변했으
나, 무쇠로 변한 것만이 아니요, 세월
이 또 지나면서 그 무쇠가 다 퇴색되
어 쇳가루로 부서지는 그와 같은 것이
지금 너희들의 형국이라 하였음이니
라.
10 그리하여 부서진 쇳가루 수천수만 개
가 날아가듯이, 지금의 너희들이 성전
이라 하여 열 발짝도 안 되는 곳에 하
나씩 지어 놓고 있음이니, 그게 바로
녹슬어 흘러간 쇳가루이니라.
11 그와 같이 쇳가루처럼 만든 그 성전에
가서 너희들이 구원을 받으며 하늘에
오르는 길이라 울고불고 찬송 부르며
광란의 짓이요, 광신자 못지않게 그리
악을 쓰고 나를 부르나, 그 소리는 나
에게 들리지 않는다고 하였음이니라.
12 그리하여 지금 너희들이 가는 그 믿음
이 밑 빠진 독에 물을 붓는 그와 같은
형국으로써 가고 있음이니, 고임도 없
으며 만백성을 구하는 생명수로도 쓸
수 없으니, 아무런 가치가 없음이니라.
13 너희들이 지금 가고 있는 믿음이 그와
같거늘, 너희들은 너희 자신을 깨우쳐
보지 못하며, 너희 자신을 돌아다보는
그와 같은 판단력까지도 잃고 있음이
니, 이를 과연 어찌하여야 너희들을
바로 세울 수 있으며 바로잡을 수 있
겠는가?
14 너희들이 만백성을 구하는 길이라 말
하나, 너희들은 구원의 길이 아니며
생명수의 역할을 하지 못함이니라.
15 녹슬어 부서진 그 쇳가루와 같은 것이
지금의 종교 지도자며, 작고 큰 단상
에 서서 나의 피조물 만백성을 일깨워
하늘로 오른다고 가르치는 너희들은
녹슨 쇳가루이니라.
16 너희들이 황금의 형태로써 견디지 아
니한다면 너희들은 정녕 진실한 믿음
의 길을 모르며 구원의 길을 모르는
것이니라.
17 그리하여 내가 너희들을 더 이상 두고
방치할 수 없기에, 지금 나의 아들을
통하여 160권의 대장정의 기적의 역
사를 이루고 있음이니라.
18 이 세상 나의 법전보다 더 위대한 기
적이 없음을 알라.
19 너희들이 말하느니라.
20 병자를 고치고 사람을 고친다 말하는
자에게 너희들이 정녕 죽어 가는 자를
그 앞에 대놓고 고쳐 보라 말하라.
21 그는 고치지 못할 것이며, 능력이라
말하는 것을 보일 수가 없을 것이니라.
22 나의 아들 예수가 행했듯이 죽어 가는
사람을 살리는 그와 같은 역사를 이룰
수 없음이니라.
23 그들이 다 허상이니라.
24 그리고 그들이 나름대로 속임수이며,
너희들 마음에 의해 잠깐 흥분되는 것
뿐이니, 그 병이 영원히 치료되는 것
이 아니니라.
25 지금 이 세상에 그와 같은 기적이 있
을 수 없음을 너희들은 알라.
26 오로지 나의 아들 예수가 그와 같은
역사를 이루었듯이, 지금의 나의 아들
이 변화되고 세월이 흘러 경륜이 높아
졌을 때, 내가 그에게 명하여 모든 역

사를 이루는 것이 진정한 기적인 것이
니라.
27 그러나 지금은 나의 성령이요, 나의
법전으로써 너희들을 깨우치는 그 역
사 외에는 너희들에게 더 이상 아무것
도 필요가 없음이니라.
28 지금 내가 나의 아들을 통하여 160권
의 법전을 세상에 내려보내는 이 역사
의 위대함을 너희들은 알아야 될 것이
니라.
29 그보다 더한 역사의 위대함은 없음을
알라.
30 그들이 병자를 고치며 사람을 고친다
고 말하거든, 너희들이 정녕 죽어 가
는 자요, 사형선고를 받고 시한부 생
명을 가진 자를 그 앞에 갖다 놓고 고
치라 그리 말하라.
31 절대 그런 일이 있을 수 없음을 알라.
32 이 세상의 어떠한 기적이나 어떠한 성
령의 뜻도 나의 아들을 통하지 않고는
세상에 내려가는 역사가 없음이니, 나
의 성령만 내려가는 것이 아니요, 모
든 역사를 이루는 것 또한 나의 아들
을 통하여 이루는 것이니,
33 너희들은 거기에 현혹되지 말라.
34 너희들이 그 모든 것에서 바로 설 수
있으며 바로 보는 그와 같은 안목을
갖지 못한다면 나로부터 선택된 백성
의 마음 자세가 아님을 알라.
35 너희들 마음이 현혹되며 너희들 마음
에 욕심이 있으며 사악한 마음의 뿌리
를 아직도 버리지 못하기에 너희들이
그러한 것을 보고 경탄하며 그를 위대
하다 생각하느니라.
36 지금 나의 법전을 읽고 나의 성전에
와서 공부하고 깨우친 너희들만큼도
역사를 이룰 수 있는 자가 이 세상에
없음을 알라.
37 너희들이 마음을 비우며 바로 보는 그
와 같은 깨달음이 있을 때 너희들을
이길 만한 사탄도 없으며 너희들을 이
길만한 기적을 이루는 그와 같은 자도
세상에 없음을 너희는 알아야 할 것이
니라.

3,473 번째 하나님 말씀

2002년 9월 22일 09시 04분

1 사랑하는 나의 아들아!
2 "네, 아버님! 말씀하옵소서."
3 지금 사랑하는 나의 피조물 만백성 너
희들이 구원의 길이라고 달려가는 그
믿음은 어떠한 길로써 가는가?
4 모든 믿음이요, 종파에 속하여 구원을
받겠다는 나의 피조물 만백성 너희들
은 스스로 진정한 노력으로 인하여 어
렵고 힘든 그 깨달음을 얻고 인간으로
서 지킬 수 없다 말하는 나의 그 계명
을 지키고 따르고 나에게 순종하는 그
와 같은 마음으로 서서히 변화되며,
5 나의 계명을 지키며 지금 내가 마지막
으로 내리는 나의 법전에 기록된 내용
을 지키며 그를 따라 살아가는 너희들
의 노력하는 삶만이 구원의 길을 볼
수 있으며 구원의 길에 오를 수 있는
것을 알아야 할 것이니라.
6 그러나 너희들은 너희 노력으로써 스
스로 변화되며 어렵고 힘든 그 깨달음
의 길을 가고자 하는 것이 아니라,
7 너희 스스로 육은 영혼의 집으로서

영혼은 육과 영혼을 다스리는 너희들
자신이라는 그와 같은 기초적인 깨달
음도 모른 채 지금 믿음의 길로 달려
가고 있음이니라.
8 너희들의 육은 영혼의 집이요, 또한
영혼은 육을 다스리며 너희들은 하나
라는 그 뜻의 이치를 깨달아, 너희가
천사와 같은 곱고 아름다운 심성으로
변해 가며 천사와 같은 마음을 갖고
살고자 노력하는 그 속에서 구원의 길
을 이룰 수 있으며 구원의 빛을 볼 수
있는 것이거늘, 너희들은 지금 어찌
살아가는가?
9 나의 계명에 따라 변화되는 믿음으로
가는 길이 아니요, 너희들은 육은 육
대로 사는 것이며 영혼은 영혼대로 산
다 그리하여 분리된 그와 같은 믿음을
가고 있으며,
10 너희들이 지금 믿고 가는 그 믿음의
형태는 너희 노력으로써 무엇을 얻고
자 하는 것이 아니요, 구걸하는 자들
로서 구걸하는 믿음으로 가는 것이니
라.
11 모든 힘든 것에 너희들은 구걸하는 자
세요, 구걸하는 믿음으로써, 너희 스
스로 깨우쳐 노력하여 얻고자 하는 것
이 아니라 그저 말로 구걸만 하면 된
다는 그와 같은 믿음으로써 가고 있으
며,
12 잘못 가는 종교 지도자들 또한 구걸의
믿음으로써 구걸하면 된다는 식으로
나의 피조물 만백성을 이끌어 가며,
13 어렵고 힘들 때마다 나 여호와의 뜻이
라고 스스로 자위하면서, 변화하고자
하는 길을 너희들은 버리고 노력하지
아니하며 그저 구걸하는 그와 같은 마
음으로써 눈물의 기도와 찬송과 광란
의 짓으로써 모든 것을 얻을 수 있다
고 그와 같이 가르침이니,
14 너희들이 정녕 나에게 오르는 길은 노
력과 너희들이 나의 계명을 지키고 변
하고 인내하는 그 속에서 모두를 얻을
수 있음이니라.
15 말로써 구걸하는 그와 같은 믿음으로
써는 너희들이 아무것도 얻을 수 없음
을 알아야 될 것이니라.
16 이제는 내가 너희들에게 모두를 다 깨
우쳐 주었음이니라.
17 너희들이 하늘에 오르는 길이요, 나에
게 구원을 받는 그 모두는 너희들이
어렵고 힘든 그 고비 고비를 나 여호
와가 존재함을 믿고 깨달으며 부단한
노력으로써 변하고자 하는 그 역사 속
에 너희들이 변할 수 있으며 나를 볼
수 있으며 나에게 오를 수 있다는 것
을 알아야 될 것이니라.
18 그리하여 내가 너희들에게 일찍이 뭐
라 말하였는가?
19 너희들 개인의 소중함을 아는 자만이
믿음의 길을 갈 수 있으며, 하늘에 오
를 수 있는 기초가 된 자라 말하지 아
니하였던가?
20 이는 바로 무엇이더냐?
21 너희들의 육과 영혼이 하나 된 스스로
자신이 노력하는 것, 그리고 자신의
삶에 노력하는 그 길에서 너희들의 소
원이요, 소망을 이룰 수 있다고 하였
음이니,
22 너희들은 육 따로 영혼 따로, 육은 육
대로 영혼은 영혼대로 따로따로인 믿

음으로 가며,
23 그리고 달라고 소리 지르면 구원해 주
며, 구하면 모든 것을 다 이루어 주는
것처럼 너희들은 그저 구걸하는 그 믿
음으로써 멈추는 것이며, 그저 너희들
이 소원하면 다 이루어지는 것이라 그
리 생각하느니라.
24 그리하여 너희들은 구하고자 소리 지
르며, 너희들이 무엇을 원하다가 그것
이 이루어지지 아니하고 또한 잘못되
었을 때에도 그 모두는 나 여호와의
뜻이라 말하느니라.
25 너희들이 기쁨을 얻었을 때도 나 여호
와의 뜻이라 말하며, 어렵고 힘들 때
그것 또한 나 여호와의 뜻이라 하며,
너희들이 사악한 행위를 하고 남들에
게 해서는 안 되는 행위를 하고도 그
모두를 다 여호와의 뜻이라며 그리 가
고 있음이니,
26 이게 모두 너희들의 죄의 온상이 시작
하는 근본이며, 너희들이 나에 대한
믿음을 잘못 가고 있음을 알아야 될
것이니라.
27 이제 너희들은 구걸하는 믿음이 아님
을 알라.
28 너희들이 노력하여 얻고 스스로 찾아
내는 것이며, 그 찾아내는 만큼 내가
너희들에게 사랑과 은혜와 영광을 내
린다는 것을 잊어서는 아니 될 것이니
라.

3,474 번째 하나님 말씀

2002년 9월 22일 09시 11분

1 사랑하는 나의 아들아!
2 "네, 아버님! 말씀하옵소서."
3 믿음이 무엇인지 모르며, 나 여호와가
존재함을 모르며, 성서 한 구절을 읽
어 보지 못한 너에게 잘못하였다고 체
벌하여 내가 엄동설한 추운 밤에 너를
밖에 세워 놓았음이니, 그때 내 마음
이 매우 춥다 했던 그 나의 뜻을 네가
이제 깨닫고 이해하고 있음이니, 나
여호와의 마음이 이제 좀 편안함을 너
는 알고 있는가?
4 "네, 아버님!
5 살을 에듯이 추운 밤, 아버님께서 저
를 밖에 세워 놓아 체벌하신 그 뜻을
이제야 제가 조금 알고 있사옵나이다.
6 오죽하면 저를 버리지 아니하고 쓰기
위하여 그와 같은 체벌로써 저를 다스
리셨는지,
7 오늘의 열여섯 권의 법전이 아닌 160
권의 법전의 역사를 쓰고 인내할 수
있도록 다스리기 위하여 아버님께서
그와 같은 벌을 내리심을 이제야 제가
알겠사오며,
8 그와 같이 벌을 내리시는 아버지를
원망하였기에 아버지 마음이 얼마나
아프고 추우셨는가를, 그 말씀의 뜻을
이제야 깨닫겠사옵나이다.
9 아버님께서 저를 체벌하시고 나서 '내
마음이 무척이나 춥구나!' 하신 그 말
씀이 얼마나 사랑의 말씀이며, 얼마나
저를 아끼는 말씀이며,
10 육의 부모가 자식에게 체벌하고 돌아
서 눈물짓는 그 마음보다 천배 만배
더 사랑하는 마음으로써 그리 말씀하
신 뜻을 이제야 이 죄인이 알게 되었
사옵나이다."

11 사랑하는 아들아,
12 네가 나의 마음을 이제라도 그리 깨달
았음이니, 나 여호와의 마음이 기쁘기
한량없음이니라.
13 너는 나의 소수의 민족을 위하여 역사
하는 것도 아니며, 천 년에 걸쳐 내가
이루고자 하는, 너희들이 감히 상상할
수도 없는 하늘의 천국을 지상에 이루
며 하늘에서 천사와 같은 자들이 사는
것을 지상에서 너희들이 영원히 존재
하며 살 수 있도록 그와 같은 역사를
이루고자 하는 나의 뜻을 위하여 역사
하는 것이니라.
14 너희들이 육의 삶에서 서로 시기하고
질투하며 음해하는 그와 같은 삶을 이
지상에서 삶이니,
15 너희들이 하늘에 오르는 그 삶이 얼마
나 고통스러우며, 너희들이 깨우쳐 오
르는 것이 얼마나 힘들고 어렵던가?
16 그리하여 너희들의 육의 삶을 하늘에
서 이루어진 것 같은 그 천국에서 모
두가 살다가 죽어 영원히 나의 하늘나
라에 다 와서 영광을 누리고 살 수 있
도록 하기 위하여 기초의 육의 세상을
만들고자 함이니,
17 그리하여 바로 하늘에서 이루어진 것
같이 그 영광된 낙원을 지상에 만들어
나의 천사와 같은 육을 가진 백성들을
살게 하고자 함이니라.
18 너희들이 육의 삶에 욕심이 있으며,
더 얻고자 하며, 부귀와 영화를 누리
기 위하여 육의 삶이 인생의 전부라
생각하며 그리 살아가는 너희들에게,
19 이제는 바로 천사와 같은 마음으로 너
희들이 변화되어 하늘에 이루어진 그
낙원을 이 지상에 건설하여,
20 이 지상에서 육과 영혼을 가지고 사는
너희들이 바로 육에서 죽어 육은 흙으
로 돌아가나 너희들의 영혼은 살던 그
역사의 기쁨을 얻어 그대로 하늘나라
에 오를 수 있는 그와 같은 대역사를
이루고자 하는 것이 천 년에 걸쳐 변
화시키고자 하는 나의 뜻이니라.
21 내가 이루고자 하는 그 역사의 뜻이
여기에 있음을 알라.
22 그리하여 그를 담당하며 그를 이루기
위하여 네가 세상에 내려가 지금의
160권의 법전을 세상에 내야 됨이니,
23 그리하여 너를 바로 세우고 바로 깨우
쳐 주기 위하여 추운 밤 너에게 체벌
했던 그때, 나 여호와의 마음이 무척
이나 춥다 한 그 뜻을 네가 이제 경지
에 올라 깨달음이니, 나 여호와의 마
음이 포근함을 알겠는가?
24 나 여호와의 오늘의 기쁨이, 너의 변
함보다도 더 기쁘고 영광된 것이 없음
을 알라.
25 너희들이 육에서도 어린 자식이 걸음
마를 시작하여 재롱을 부리며, 또 그
가 성장하여 부모가 원하는 인간으로
자랐을 때, 그 부모의 마음의 기쁨이
이루 말할 수 없듯이,
26 네가 서서히 변해 가는 모습이 그저
걸음마를 하는 아이가 애교를 피우며
말을 하기 시작하여 재롱을 떠는 그와
같은 것으로 내가 너를 다스려 바라보
고 있음이니,
27 곱고 아름답게 변하는 너의 삶으로써
만백성을 구하는 기틀을 네가 이루는
것이며, 창조주인 나 여호와를 가장

기쁘게 하는 것이 너이니,
28 이를 잊지 말고 바르고 곱게 네가 자라 모든 역사를 이루는 나의 아들로서 대명을 다하도록 그리하라, 사랑하는 아들아!
29 내가 춥다고 한 그 마음을 네가 알아줌이니, 나 여호와가 그리 기쁘니라.

3,475 번째 하나님 말씀

2002년 9월 22일 12시 12분

1 사랑하는 나의 아들아!
2 "네, 아버님! 말씀하옵소서."
3 성서가 무엇이며 믿음이 무엇인지 그 한 줄도 모르던 네가 오늘의 이와 같은 깨우침으로써 달려가니, 이를 보는 나 여호와의 마음이 기쁘기 한량없으며, 그 모두는 너의 제자들에게 돌아갈 상이 하나하나 쌓이는 것임을 너는 알아야 될 것이니라.
4 아무것도 모르던 네가 네 의지와 네 뜻대로 살아가지 아니하고, 오로지 나의 뜻과 나의 명에 의하여 살아가는 그 모습을 바라보는 나 여호와의 마음의 기쁨을 너희들은 정녕 모를 것이니라.
5 내가 아까 너희들에게 말하여 일깨워 주었느니라.
6 모든 것을 갖추고 단상에서 만백성을 구한다고 가르치는 그들은 세월이 흐르면 흐를수록 퇴색하며 나 여호와와는 먼 길로 그리 가고 있음이니, 그들은 나와 아무런 관계가 없는 자들이라 내가 너의 제자들에게 일깨워 주었음이니라.
7 그러나 아무것도 모르던 네가 나의 성령이요, 나의 뜻에 따라 살아가는 그 변화되는 모습의 그 삶은 진정 아름다운 것이며, 그곳에 나의 진실이 있으며, 나의 진리가 그곳에서 꽃피움을 너희들은 알아야 될 것이니라.
8 아무것도 모르며 깨달음을 모르던 네가 오늘의 경지에 오름은 그 모두를 바쳐 너를 따라온 너의 제자들의 공이며 너희들의 노고가 큼을 나 여호와가 앎이니,
9 나의 아들이 변하여 160권의 법전을 세상에 무사히 내어 만백성을 구하는 그 역사를 이룰 때 그 모든 공은 너희들 것이며, 너희들이 받을 그 상은 감히 상상할 수 없음을 알아야 될 것이니라.
10 지금 너희들이 육의 삶에 있어서 얼마나 힘들고 어려운 길을 가고 있는지 나 여호와가 알고 있음이니라.
11 나를 믿는 자, 나를 사랑하는 자, 나를 경배하는 자는 육의 고통에서 벗어날 수 있는 것이며, 그 행복을 느끼는 것이 나를 믿는 진정한 나의 백성이요, 나를 선택한 백성들이 받는 은혜와 축복이라 내가 말하였으니, 너희들이 그 은혜를 받을 날이 이제 머지않았음을 알아야 될 것이니라.
12 나의 법전이 세상에 나가 산울림이 되어 퍼질 때 너희들이 존재함을 그들이 알 것이며, 그들이 너희들을 바라보기를 감히 고개 들어 바라볼 수 없는 그와 같은 시대의 세상의 흐름이 올 것이니라.
13 나의 아들 예수의 시대에 그를 따랐던

그 제자들은 그를 버렸으며 그에게 등
을 돌렸으며 그를 팔았음이니라.
14 그리하여 그들의 이름을 미워하여 너
희들이 기록하여 영원히 만백성에게
전하는 그와 같은 역사가 이루어지듯
이,
15 정녕 나의 아들에게 등을 돌리지 아니
하며 나의 법전 160권이 세상에 나오
는 그 역사를 같이한 너희들의 이름은
영원히 퇴색되지 아니하고 남을 것이
며, 지금의 제자 너희들이 살아온 그
형태는 나의 법전 160권이 세상에 나
왔을 때, 그 진실의 옳고 그름을 밝혀
야 될 것이니, 너희들의 이름이 아름
다운 쪽에서 거론되지 아니할 것이니
라.
16 바로 천 년 후에 하늘에서 이루어진
그 역사처럼 지상에 이루어지는 변화
가 있을 때 너희들의 그 이름은 영원
히 기록됨을 알아야 될 것이니라.
17 하늘에서 이루어진 것같이 이 땅에서
이루고자 하는 나의 역사의 뜻을 너희
들은 알지 못할 것이니라.
18 너희들이 하늘에 오르는 길은 천사와
같은 마음이요, 나 여호와와 같은 마
음으로 이 세상을 살다 하늘에 오른다
하였음이니,
19 너희들이 육의 세상에서 살면서 그 속
에서 너희들이 나와 같은 심성이요,
천사와 같은 심성으로 바로잡아 하늘
에 오르기는 너무나도 어렵고 힘들기
때문에, 내가 지금 이루고자 하는 역
사가 무엇인지 너희들은 아는가?
20 하늘에 이루어진 천국과 같은 그 낙원
을 지상에서 만들어, 너희들의 육의
삶을 사는 그 자체가 그와 같은 낙원
의 세상에서 살도록 그리 만들고자 함
이니라.
21 너희들이 하늘과 같은 천국인 이 지상
에서 산다 하면 너희들이 나로부터 죄
를 지을 이유가 없으며, 육의 부귀영
화를 위하여 너희들이 사악한 마음을
가질 것이 없으며, 시기하고 질투하며
반목하는 그와 같은 생활을 너희들이
하지 아니하여도 되기 때문이니라.
22 그리하여 하늘의 천국과 같이 지상의
낙원을 만들어 그 낙원에서 사는 나의
백성들이 편안히 삶을 살다 그대로 나
의 나라 천국에 올라와 영원히 오래
사는 그와 같은 역사를 이루고자 하
여, 바로 전초전을 만드는 것이, 하늘
의 낙원같이 지상에 낙원을 만드는 그
뜻이 여기에 있음이니라.
23 많은 종교 지도자들이 그 뜻 하나도
모르고 가르치고 있을 것이니, 너희들
이 어리석고 불쌍한 나의 피조물 만백
성에게 하늘의 뜻이요, 내가 이루고자
하는 그 역사를 전하고 깨우쳐 주는
데 게을리해서는 아니 될 것이니라.
24 아무리 하늘의 나의 주옥같은 뜻이요,
너희들이 말하는 하늘을 두루마리 삼
아도 다 쓸 수 없는 그 내용이 지상에
내려간다 해도,
25 그걸 제일 먼저 듣고 배우고 깨우치는
너희들이 너희 가슴에 묻어 두며, 만
백성을 깨우치는 데 그를 쓰지 아니하
고 그를 전하지 아니한다면, 하늘을
두루마리 삼아도 다 쓸 수 없는 그 많
은 내용들이 내려간들 무엇하는가?
26 그리하여 너희들이 소중함이니라.

27 나의 뜻을 전하며 나의 음성을 전하며 내가 원하는 것을 전하는 것은 가진 자가 필요한 것도 아니요, 권력 있는 자가 필요한 것도 아니니라.

28 오로지 너희들의 입에서 입으로 전하는 그 역사를 이루면 그것으로 만족함이니, 그리하여 너희들이 그 역사를 이룰 자들로서 선택되었음이니, 너희들의 소중함을 알라.

29 너희들은 오늘 깨우쳐 내가 지상의 낙원을 이루고자 하는 그 뜻을 알았을 것이니, 나의 뜻에 따라 행하는 삶을 살도록 하라.

30 지상의 삶이 하늘의 낙원처럼 되어, 그 낙원에서 사는 자는 죄를 짓지 아니함이니,

31 너희들의 오늘과 같은 고통과 시련 속에서 하늘에 오르는 그 길을 위하여 인생을 모두 바치는 것이 아니요, 너희들의 삶을 자연스럽게 하늘의 낙원 같은 지상의 낙원에서 살다 그대로 너희들을 구원하고자 하는 것이 천 년 후에 내가 이루고자 하는 역사이니,

32 천 년 후의 너희 후손들이 그와 같이 지상의 낙원에서 살다 하늘의 낙원으로 올라오는 그 기틀을 마련하는 것이 지금 너희들이니,

33 너희들이 힘들고 어렵다 하여 주저해서는 아니 될 것이며, 포기하는 삶을 살아서는 아니 될 것이니,

34 이제 너희들은 너희들의 삶을 위해서 사는 것이 아니요, 내가 이루고자 하는 그 천 년의 역사인 하늘에서 이루어진 그 낙원을 지상에서 이루고자 하는 그 뜻의 천기를 알았음이니, 너희들이 이와 같은 역사를 이루는 데 주역이 되어야 함을 알라.

35 이 뜻을 모르는 자들이 어찌 주역이 될 수 있단 말이던가?

36 나의 뜻이 여기 있음을 너희들은 알라.

3,476 번째 하나님 말씀

2002년 9월 23일 07시 01분

1 사랑하는 나의 아들아!

2 "네, 아버님! 말씀하옵소서."

3 너희들이 그리 수천 년 동안 나의 아들 예수의 고통과 죽음의 시련을 상징하는 그 십자가가 무엇이라 말하였더냐?

4 나의 성령을 받아 만백성을 구하는 나의 아들 예수를 그리도 비참하고 비통하게 죽였던 그 십자가의 형상을 저희들이 지은 성전이라는 그곳에 뾰족하고도 높은 탑 위에 세워 놓아 밤과 낮을 가리지 아니하고 비추고 있음이니,

5 그는 나의 아들의 그 고통을 의미하는 것이 아니며, 그 고통을 같이 나누고자 하며 그를 본받아 저희들이 깨우치고자 하는 것이 아니라,

6 금화와 은화를 거둬들이며 많은 재물을 바치는 백성을 그리 모으고자 하는 것이 그들의 생각이니, 그는 곧 무엇이라 말하였더냐?

7 나의 뜻에 따라 나의 백성을 가르치고 인도하여 하늘에 오르는 그 역사를 하는 것이 아니요, 2천 년 전 나의 아들을 십자가에 못 박아 죽게 했던 그 후손이요, 그 후예가 지금도 이렇게 존재하고 있다 하여 그를 과시하는 것이

그들이 세우는 십자가의 그 형태라 말
하였으며,
8 그 십자가에 나의 아들을 못 박아 죽
게 했던 그들의 후손이 '우리는 지금
도 이렇게 벌 받지 않고 당당히 살아
가고 있다.' 하는 그와 같은 형국을 보
이는 것이라 하였음이니라.
9 그리하여 그 후손들이 잔재하여 그를
과시하는 그와 같은 형국이라 하였으
니,
10 그곳에서 기도하고 경배하는 것이 나
에게 오르는 길이며 천국의 문을 들어
선다 하여 그곳에 재물과 금화와 은화
를 바치는 너희 신도라 하는 자들 또
한 무엇이던가?
11 나의 아들 예수를 그리 죽게 한 그 후
손들인 그들에게, 예수를 죽게 하였으
니 너희들의 조상은 훌륭하고 위대한
조상이라 하여 그들에게 먹고살도록
재물을 바쳐 주는 그와 같은 흉악한
짓을 하고 있는 너희들이 지금 바로
천국에 갈 수 있으며 나의 나라에 올
수 있다 하고 있는 것이니라.
12 나의 아들을 죽게 한 그들 밑에 가서
나의 아들의 보혈로써 구원을 받았다
부르짖고 있는 것이 너희들이니,
13 지금의 그 실태와 그 형국이 나의 법
전에 기록되어 내려가는 이 내용을 보
고도 깨우치지 못한다면 너희들은 영
원히 나를 거역하는 자요, 나에게 고
통을 주는 백성임을 알아야 될 것이니
라.
14 내가 너희들에게 가르치는 것이 무엇
이더냐?
15 너희들을 육으로써 낳아 주고 길러 준
그 부모를 먼저 공경하며, 그 부모와
자식 간의 화합이요, 사랑을 실천하는
그와 같은 자가 나에게 기도하고 경배
할 수 있으며 하늘에 오르는 기도를
할 수 있다 하였음이니라.
16 그 가르침이 무엇이 잘못되었던가?
17 사랑이라는 것은 하나를 받으면 둘로
주는 것이라 내가 너희들에게 말하였
으니, 그 행동 지침에 무엇이 잘못되
었는가?
18 그리고 가진 자는 어려운 자의 의식주
를 해결해 주며, 그리하여 그들이 믿
음을 가짐으로 인하여 그 의식주를 해
결받을 수 있는 행복과 영광을 가족이
같이 얻어, 나 여호와가 존재한다는
것을 그들이 알고 뼈저리게 감사하도
록, 그리 없는 자를 있는 자가 도와주
는 것이 나의 뜻이며,
19 그를 가지고 저희들이 생색을 내며 저
희들의 이름 석 자를 내며 그와 같이
하는 것이 아니라는 내 가르침이 무엇
이 잘못되었는가?
20 너희들은 나의 법전에 기록되어 있는
것이 무엇이 잘못되었는가 보라.
21 그리고 나의 아들이 뭐라 말하느냐?
22 정녕 불로 쓴 십계명을 지키고 사는
것이 구원의 길이며, 나에게 오르는
길이며, 영혼이 구원을 받는 길이라
하였으며, 그대로 지키라 하였음이니,
그 십계명을 누가 내렸는가?
23 창조주인 나 여호와가 불로 써 직접
내린 그것을 지키고 사는 것이 하늘에
오르는 길이라 하는 나의 아들의 가르
침이 무엇이 잘못되었는가?
24 그가 말하는 건 성서에 저희들 인간의

생각으로써 잘못 기록한 것들을 지적하며 그를 바로잡으려 함이니라.

25 너희들이 그리 말하지 않는가?

26 부자는 천국에 갈 수 없다고 하면서 너희들은 재물을 바치라 하지 않느냐?

27 그 재물을 바치는 십일조라는 것도 재물을 바치는 것이 아니라, 너희들이 십계명을 잘 지키고 순종하여 깨끗하게 변해 가는 모습과 마음이요, 너희들의 자세를 바치는 것이 십일조라 하였음이니, 이 가르침이 뭐가 잘못되었는가?

28 너희들은 재물이 가는 곳에 마음이 있다 하여 그 재물을 거둬들이며 많이 바치라 그리 가르침이니, 과연 너희들은 그것이 옳다 생각하는가?

29 저희들은 그리 바치라 하여 그를 거둬들이니, 저희들에게 쌓여 있는 그 재물은 천국에 가는 재물이요, 나의 피조물 만백성이 내가 내려 준 그 생활과 축복 속에서 열심히 노력하여 얻은 재물은 지옥으로 가는 것이라 그리 가르치니, 이러고도 너희들이 정녕 나의 뜻에 의해 가르친다고 말하는가?

30 그러니 너희들이 무엇이더냐?

31 바로 나의 뜻을 거역함이니라.

32 십계명이라는 것을 지키고 살 수 없으며, 거짓 하지 아니하고 나쁜 짓 하지 아니하고 살 수 없는 것이 인간이니, 순간순간 나쁜 일을 해 가며 살아가는 것은 어쩔 수 없으며 그것이 인간이 살아가는 자세라 그리 가르치는 것이 옳다 생각하는가?

33 그러니 그들이 바로 무엇이더냐?

34 나의 아들 예수의 목숨을 그리 잔인하게 죽게 했던 그들의 후예들이 지금 바로 그와 같은 상징물인 십자가를 들고 저희 조상들이 이룬 그 역사를 위대한 역사라 하여 지금 저희들이 그 후손이라 하여 그를 과시하고 있는 형국이니,

35 그 십자가의 상징이 그러한 것들로 전락되었음을 너희들은 알며 그리 쓰임을 알라.

36 너희들이 귀와 목에 십자가를 달고 다니는 자는 제가 예수님을 죽게 한 그 후손이요, 후예라는 그와 같은 것을 과시하고 다니는 것이니 그리 알아야 할 것이니라.

37 지금 나의 아들을 통하여 법전이라 하여 160권의 책 속에 기록하는 내용들 중에 어디 하나라도 잘못된 부분이 있으며 잘못 살라는 부분이 있으면 말해 보라.

38 너희들은 지금 십자가가 나의 아들을 죽게 한 그들의 후손들이라는 것을 상징함을 잊어서는 안 될 것이며, 그 후손이 아직도 건재하게 살아 있다는 걸 과시하는 그와 같은 것이 그들이 지은 성전이니라.

39 그리하여 이제 내가 그들에게 그 대가를 치르도록 하고자 제3의 시대를 엶이니라.

40 이제 깨닫는 백성들은 거기에 가 재물을 바치지 않아야 할 것이며, 이를 보고 깨우친 백성들은 그곳에 가서 지금처럼 맹종이요, 맹신하지 아니할 것이니, 스스로 너희들이 그 문을 닫을 때가 왔음을 알라.

41 이게 곧 무엇이냐?

42 내가 이 지상에서 너희들을 다 뽑아내
고자 하는 뜻임을 알라.

3,477 번째 하나님 말씀

2002년 9월 24일 0시 40분

1 사랑하는 나의 아들아!
2 "네, 아버님! 말씀하옵소서."
3 내가 지금의 종교 지도자들이요, 모든
종파가 그 믿음을 처음 시작할 때는
금과 같이 순수한 마음으로 출발하나
세월이 지나면서 지금에 와서는 너희
들이 쇠요, 쇠가 또 가루가 되어 떨어
지는 그와 같은 형국에서 지금의 믿음
을 간다 하였음이니라.
4 그러나 여기서 네가 알고 넘어가야 할
것이 또 하나 있음을 알아야 될 것이
니라.
5 모세의 시대로 말하면 시작함이요, 예
수의 시대는 그 모두가 성장의 시대
요, 지금 제3의 시대는 모두를 거두는
시대라 말하였음이니라.
6 그리하여 지금 제3의 시대를 열면서,
성장했던 그 시대의 사람들과 지금 종
교 지도자라는 그들이 저희 스스로 깨
우쳐 가는 그 척도가 나름대로 저희들
이 흘러온 그 역사가 잘못되어 온 것
을 깨닫는 자가 있으며, 그를 지금 시
정하고자 하는 자들이 종교 지도자 속
에서 수없이 나올 것이니 너는 그리
알아야 될 것이니라.
7 지금까지는 모든 종교 지도자들이 가
르치기를, 십계명의 중요성이요, 십계
명이 무엇인지를 모르도록 그저 덮어
놓고 그리 왔으나,
8 지금 세월이 흐르면서 너희들의 후손
의 삶의 방식이 바뀌며 생활이 바뀌며
또한 세대의 변천에 의하여 지금의 너
희 후손들이 제3의 시대에 종교 지도
자라 일어서는 자들 중에 지금까지 흘
러온 그 폐습에 젖어들지 아니하고 벗
어나려 발버둥치는 자가 수없이 나올
것이니라.
9 지금의 그 믿음에서 바로잡기 위하여
그들이 내세울 수 있는 것은 너희들이
말하는 나 여호와가 직접 불로 쓴 그
십계명을 지키고 그를 소중히 생각하
는 것뿐이니,
10 또한 십계명에 명해지지 아니한 것을
행하는 것은 잘못됨이라는 것을 그들
은 깨우치기 시작할 것이니라.
11 그리하여 그들이 십계명의 소중함을
말할 것이며, 십계명이 절대적이라 하
여 십계명을 지키고 사는 그와 같은
시대의 변화로 이루어지는 종교 지도
자들이 서서히 고개를 들기 시작할 것
이니라.
12 그리하여 그들이 또한 나의 법전을 읽
고 저희들이 생각했던 것을 깨우치며,
그들이 성서에 연연하여 백성을 가르
치는 그 길밖에 없기에 저희들이 십계
명을 강조하며 지금 잘못됐다 그리 부
르짖고 일어서고 싶으나 그들이 다음
에 나의 피조물 만백성을 구원하는 그
대안이 없음이니,
13 그들이 십계명을 강조하기 시작하며
십계명만이 진정한 하나님의 뜻이라
는 것을 말하는 종교 지도자들이 나서
기 시작할 것이니, 그들이 대장정의
160권의 법전이 세상에 나온 것을 알

며 이를 깨우쳐 읽을 때 무서우리만큼 변하게 될 것이며,

14 지금 제3의 시대에 내가 새로운 역사를 이루고자 하는 그것에 동참하며, 그와 생각을 같이하는 젊은 종교 지도자들이 수없이 일어설 것이니라.

15 그는 내가 역사하는 것이며, 내가 그들로부터 깨우쳐 아직 때 묻지 아니하며 변질되지 아니한 자를 쓰고자 함이니,

16 너는 그들이 너를 찾아와 대화할 때 네가 알고 있는 그 모두를 그들에게 심어 주어야 될 것이며, 진실된 그 가르침을 그들에게 깨우쳐 줘야 될 것이니라.

17 그리고 십계명의 소중함을 깨달으며 십계명에 의하여 모두를 깨우쳐 가야 된다고 말하는 종교 지도자 그들을 네가 다 거두어들여야 할 것이니 그리 알라.

3,478 번째 하나님 말씀

2002년 9월 24일 0시 48분

1 사랑하는 나의 아들아!

2 "네, 아버님! 말씀하옵소서."

3 지금 내가 나의 성령을 세상에 내려보냄이니, 그리하여 '하늘에 오르는 길', '하나님! 말씀하옵소서.'라는 나의 법전인 이 책은 나의 성령으로써 만들어짐이니,

4 너희들은 창조주인 나의 뜻을 만드는 그 역사가 어떠한 것인가를 아직도 깨닫지 못하며 이 소중함을 모르고 지금 살아가고 있음이니라.

5 지금 그 역사의 한 부분을 너희들이 담당하고 있음이 얼마나 소중한 것인가를 너의 제자들과 법전을 읽고 깨우쳐 참여하는 나의 백성들은 깨우치지 못하고 있음이니라.

6 구약의 시대요, 신약의 시대요, 그 수천 년이 흐르는 동안에 많은 종교 지도자들, 그 밑에서 구원을 받는 길이며 자기들은 구원을 받았다고 머리가 굳어져 있는 자들, 세뇌되어 그 마음을 돌릴 수 없는 그 수십억의 인구 속에서 그를 바로잡고 바로 깨우치는 것은 지구를 돌려놓는 것보다도 더 위대한 역사라 내가 말하였음이니라.

7 그와 같은 역사를 담당하는 너희들의 마음 자세가 과연 어떠한 것인가?

8 너희들이 스스로 변하며 하나가 되어야 된다고 내가 너희들에게 수없이 깨우치고 일깨워 주었으나,

9 이 대명의 역사를 이루며 여호와 창조주요, 너희들이 말하는 '하늘에 계신 아버지'라 하는 내가 새로운 역사를 이루고자 하는 이곳에 동참하는 너의 제자들과 이를 더불어 만들어 가는 나의 백성 너희들은, 얼마나 너희들이 맡은 그 대명이 소중하고 위대한 것인가를 아직도 깨닫지 못하고 있음이니,

10 너희들이 그러한 책임의 막중함을 안다 하면 너희들이 인간사 세속에 살아가는 작은 것들을 가지고 시시비비할 시간이 없건만,

11 창조주 내가 천 년에 걸친 역사를 이루기 위하여 나의 아들을 통하며, 나의 아들을 따라 이 160권의 장정의 법전을 만드는 그 역사에 참여하며 이를

선두 주자로서, 나의 전사로서, 나의 아들이요, 나의 혈통을 받은 너희들이 지금 살아가는 그 삶이 얼마나 소중한 것이며 너희들이 얼마나 큰 대명의 부름을 받았는가를 먼저 너의 제자들이 이제는 깨우치고 깨달아야 할 때가 되었음이니, 그들부터 교육을 시켜야 될 것이니라.

12 그들이 정녕 맡은 대명이 무엇이며 얼마나 위대한 것인가를 모르기에 나의 법전을 읽고 깨우친 너의 제자들과 나의 백성들이 작은 일들에 시시비비하며,

13 그것에 연연하여 너희 자신이 인간의 탈을 벗어나지 못했으며, 인간의 육의 삶의 그 자세를 벗어나지 못한 그와 같은 생활에서는 너희들이 하나의 마음을 이룰 수가 없거늘, 아직도 거기서 벗어나지 못하고 있음을 너의 제자들에게 확실히 깨우쳐 주어야 될 것이니라.

14 내가 오늘 너에게 이 중요함을 내림이니, 네가 너의 제자들에게 이와 같은 뜻을 깨우쳐 그들이 마음의 문을 열지 아니한다면 그들은 정녕 이 대명을 이루는 역사를 이룰 수 없을 것이며, 진정 내가 너희들을 위하여 내리는 그 은혜의 상과 축복을 받을 수 없음을 알아야 될 것이니라.

15 너희들이 과연 누구더냐?

16 너희들이 그저 육의 삶에서 향락을 누리며 육의 삶의 부귀영화를 누리며 육의 삶에서 명예를 얻고자 발버둥치고 살아가는 그와 같은 나의 백성들과 차별화가 되지 못하고 똑같은 생각과 똑같은 생활환경 속에서 정녕 벗어나지 못한다 하면, 너희들은 내가 이루고자 하는 그 대역사의 부름을 받아 참여한 자들이 아님을 알아야 될 것이니라.

17 너희 스스로 누구인가를 알아야 될 것이며, 창조주인 나 여호와가 역사하고 내가 만드는 그 팀의 일원으로서 나와 매일 접하면서 나의 뜻을 배워 깨우쳐 나가는 너희들의 살아가는 모습이 육의 그 작은 삶을 버리지 못하고 그 속에서 정녕 벗어나지 못한다면, 너희들은 대역사를 이룰 자격이 없음을 알아야 될 것이니라.

18 그러하니 너는 너의 제자들에게 그와 같은 너의 제자들 하나하나가 소중하며 그 대명이 얼마나 위대한 것인가를, 그 일부분을 맡아 책임을 지고 가는 너희들이 어떠한 자들인가를 깨우쳐 줘, 인간 세속에 육의 삶의 그 작고 큰 것을 벗어나지 못하는 그와 같은 우를 범하는 생활에서 벗어나도록 그리해야 될 것이니라.

19 모두를 다 던질 수 있으며, 모두를 다 버릴 수 있으며, 그 모두를 너희들이 깨닫고 이해하는 속에서 하늘의 이치와 하늘의 뜻과 너희들이 나로부터 부름을 받은 그것에 모두를 대비하여 생각할 때 모두를 다 지울 수 있음을 알아야 될 것이니라.

20 그와 같은 마음을 갖지 못하는 자는 육의 그 무게를 달고 있음이니, 하늘의 그 뜻이요, 이치를 깨닫지 못하게 됨이니, 그리 알아야 될 것이니라.

3,479 번째 하나님 말씀

2002년 9월 24일 0시 55분

1 사랑하는 나의 아들아!
2 "네, 아버님! 말씀하옵소서."
3 이제 천 년 후부터 새로운 왕국이 이
루어지며 새로운 나의 천사와 같은 백
성들이 하늘과 같은 낙원이 지상에 이
루어진 그곳에서 살아감이니,
4 그를 이루는 대명을 받은 자, 너희들
이 스스로 소왕국을 이루어 가기 시작
하여야 될 것이며, 너희들이 지금과
같은 그 집단으로서 너희들만의 역사
가 이루어지는 그와 같은 뿌리를 계승
해 나가는 기틀을 잡아 나가야 함을
알아야 될 것이니라.
5 그리하여 지금서부터 변화되는 모든
역사의 그 소용돌이에서 너희들과 더
불어 모두를 운영하며 경영할 자들을
이제는 내가 너에게 보낼 것이며 그들
을 선별하여 쓰게 할 것이니라.
6 내가 너에게 말했듯이, 나로부터 모든
대명을 받아 운영하며 모두를 지배하
는 자들은 5달란트의 그 역사를 이해
하며 그에 동참하며, 그와 같은 역사
를 이루는 자들로 하여금 내가 이루고
자 하는 모든 사업에 관여하도록 할
것이며 그들로 하여금 모두를 다 관리
하도록 그리할 것이니라.
7 내가 이루고 있는 나의 성전에 와 그
들이 참여하며 내가 앞으로 너희들에
게 내리는 그 크나큰 변화의 소용돌이
속에서 사업의 일부분을 맡아 경영하
며 운영할 자들이 올 것이니,
8 거기에 참여할 수 있는 자격은 5달란
트의 역사를 이루는 자, 제가 먼저 실
천하고 참여하며 그리하여 어렵고 힘
든 자를 도와줄 수 있는 자, 그와 같이
자신을 먼저 희생하는 역사를 이루는
자들로 하여금 네가 그들을 챙겨 그
사업의 대역사를 이루도록 하여야 될
것이니라.
9 이제 머지않아 모든 소용돌이가 이루
어질 것이니라.
10 지금까지 어렵고 힘들게 기다렸던 그
고통의 세월 동안 이제 너희들이 그만
큼 깨달음의 경지에 올랐음이니, 서서
히 내가 너희들에게 상을 내리고 자
함이니, 그 상의 소용돌이는 너희들이
상상할 수 없음을 알아야 될 것이니라.
11 너희들이 어떠한 것을 얻었거나 또 취
했을 때, 인간 세속에서 얻어지고 취
하는 그와 같은 역사가 아님을 너희들
은 알아야 될 것이니라.
12 밀려오는 파도보다도 더 무서우리만
큼 소용돌이가 칠 것이니, 그곳에서
다 각자 맡은 직무를 할 수 있으며 모
든 운영을 하며 경영할 자들을 내가
보낼 것이니,
13 그들은 우선 저희 스스로 5달란트의
그 역사에 참여하여 그 의미를 깨닫
고, 제가 먼저 희생하고 저 자신의 모
두를 던질 수 있는 그와 같은 마음 자
세를 가진 자들로부터 모두를 경영하
고 운영하도록 할 것이니 그리 알아야
될 것이니라.
14 그와 같이 깨우치지 못한 자는 그곳에
참여할 수 없음을 알아야 될 것이니라.
15 나 여호와가 하나의 깨우침을 얻는 것
이 세상과 바꿀 수 없다 하였음이니,

16 너의 제자들이 그와 같이 깨우쳐 가며
그 속에 한 팀의 일원으로서 중책을
맡고자 하는 나의 선택된 백성들, 그
모두가 스스로 5달란트의 역사의 소
중함을 먼저 체험하며, 스스로 봉사하
고 희생한 다음에 그들로 하여금 네가
모두를 운영할 수 있는 권한을 그들에
게 넘겨줘 그들이 끌어갈 수 있도록
그리 계획을 해야 될 것이니,
17 그 역사에 동참하지 아니하며 제가 먼
저 희생하지 않는 자, 그리고 5달란트
의 그 역사로써 어려운 나의 백성들을
도와주는 그와 같은 마음의 자세가 되
지 아니한 자는 이곳에 참여해도 저
자신의 사리사욕을 먼저 채울 것이며,
18 나의 피조물 만백성을 이끌어 가는 그
것을 생각하는 것이 아니라, 저를 먼
저 생각하며 제가 소속되어 있는 저의
가족을 먼저 생각할 것이며 제가 이끄
는 집단을 먼저 생각하는 그와 같은
자이기에 그들은 자격이 없으니,
19 너는 선별하여 써야 될 것이니, 나의
명을 어기는 일이 없도록 그리하라.
20 너는 지금 내가 내리는 작고 큰 명령
들을 하나하나 기억하여 실천할 단계
가 되었음이니,
21 지금까지는 네가 그를 모르고도 넘어
왔으며 또한 너 스스로 깨우치지 못해
넘어간 부분들이 있으나,
22 너는 지금 내가 내린 그 모든 뜻과 가
르침을 알 수 있을 것이며, 네가 다 들
어서 알며 보아서 알 수 있는 그와 같
은 경지에 있기에,
23 너는 내가 내린 작은 명령 하나하나를
거역하는 일이 없도록 하여야 될 것이
며, 그를 철저히 시행하는 그와 같은
삶으로 살아가야 될 것이니라.
24 지금부터 소용돌이 속에 펴지는 그 방
대한 사업을 운영하는 그 모든 팀의
일원은 스스로 5달란트의 역사를 먼
저 체험하고 행한 자로부터 그곳에 참
여하도록 그리해야 될 것이니, 이를
잊지 말라.

3,480 번째 하나님 말씀

2002년 9월 24일 01시

1 사랑하는 나의 아들아!
2 "네, 아버님! 말씀하옵소서."
3 지금 나의 성령을 들으며 나의 법전을
읽고 깨우친 너의 제자들을 이 세상
어떠한 스승도 가르칠 자들이 없으며,
4 더 이상 어떠한 스승으로부터 가르침
을 받으며 그 누구로부터 깨우침을 받
을 수 없는 것이 너의 제자들임을 너
는 알아야 될 것이니라.
5 이제는 너의 제자들이 오늘의 나의 법
전을 읽고 깨우친 그 경지에서 이 세
상 인간으로서는 그 누구도 너희 스승
이 될 수 없으며 너희들을 그 누구도
더 이상 가르쳐 깨우침을 인도할 자가
없음이니라.
6 그러니 너희들은 모든 생활에 있어서
너희 가슴속에 나 여호와의 뜻을 받아
나의 성령이 너희들과 같이함을 잊어
서는 아니 되는 것이며,
7 그리하여 오로지 너희들의 모든 삶이
나의 계명에 의하여, 나의 뜻에 의하
여 살아가는 그와 같은 생활 방식으로
완전히 변화되지 아니하면 아니 됨을

알아야 될 것이니라.
8 지금 이 세상에 어느 누구도 너희들을
더 이상 가르칠 스승이 없으며, 너희
들을 이 세상에서는 누구도 더 깨우칠
자가 없음이니라.
9 그러하니 너희들은 여기서 깨달아야
될 것이니라.
10 너희들이 나의 법전이요, 나의 성령을
직접 들음으로 인해서 너희들을 더 이
상 가르칠 자가 없으며, 또한 너희들
이 가서 배울 자가 아무도 없다 하였
음이니, 그게 바로 무엇이더냐?
11 창조주 나 여호와의 참진리가 나의 법
전이기 때문에 그러하며, 내가 너희들
과 같이하기 때문이니라.
12 그러니 너희들이 그와 같이 깨우쳐,
이제 더 이상 인간의 세속에서 배울
스승이 없다 하면, 너희들은 나의 법
전의 내용을 가지고 이 세상에 사는
나의 피조물 만백성을 가르치고 구원
하는 길에 나서야 될 것이니라.
13 바로 나의 법전보다 더 소중한 게 없
다는 것을 너희들은 만백성에게 깨우
쳐, 그들이 스스로 나의 법전을 읽고
깨우쳐 구원을 받는 그 역사에 너희
모두를 다 바쳐야 됨이니, 너희들은
잠시도 게을리해서는 아니 될 것이니
라.
14 너희들을 더 가르칠 스승이 세상에
없듯이, 나의 법전이 세상에 나감이
니, 나의 성령으로 직접 써 내려가는
나의 법전보다 더 위대한 가르침의 책
이 또한 없지 아니한가?
15 그러니 가장 소중한 나의 법전이요,
하늘에 오르는 이 책을 만백성에게 전
하는 데 너희들이 최선을 다하여야 될
것이니라.
16 오로지 나의 법전만이 나의 만백성을
구할 수 있으며 너희들의 형제를 구할
수 있는 길이기 때문이니라.
17 이를 읽지 않고 보지 않은 자는 심판
을 받을 자격도 없다 하였음이니,
18 너희들이 배우고 깨우친 이 법전으로
하여금 지상에서 너희들을 더 이상 가
르칠 선생이 없다 하였으니, 이 소중
한 법전을 너희 형제들과 나의 피조물
만백성에게 전하고 그들이 깨우치도
록 너희들이 모두를 다 바쳐야 될 것
이니, 이를 잊지 말고 행하도록 그리
하라.

3,481 번째 하나님 말씀

2002년 9월 24일 01시 07분

1 사랑하는 나의 아들아!
2 "네, 아버님! 말씀하옵소서."
3 인간사 너희들 세속에 살아가면서도
부모와 자식과의 관계가 엄연히 구분
되며 또한 형제지간에도 서열이 있음
이니라.
4 세상사에 가르치는 스승이 있으며 그
밑에서 배우는 제자가 있음이니, 제자
가 과연 스승을 능가할 수 있는가?
5 가르치는 자를 배우는 자가 능가할 수
없음이니라.
6 이 세상의 나의 피조물 만백성을 구하
기 위하여 내가 사랑하는 나의 아들을
세상에 내보냈음이니,
7 내가 너희들을 구원하고자 나의 뜻을
갖고 세상에 나가 만백성을 구하라고

보낸 나의 아들 예수와 나 여호와를
같은 동급이라 그리 말하며, 삼위일체
라 말하며, 예수가 나와 동등한 자이
니 너희들이 예수의 이름으로 기도하
고 경배하면 구원을 받으며 나의 아들
예수만 부르짖으면 구원을 받는다고
그리 말하고 있음이니,
8 어찌하여 너희들은 이와 같은 우를 범
하며 나의 피조물 만백성을 혼돈 속으
로 이끌어, 그들이 스스로 판단하고
생각할 수 있는 지혜마저도 송두리째
빼앗아 그들에게 혼란을 주는가?
9 너희들은 창조주인 나 여호와와 나의
아들 예수를 동급으로 같이 취급하며,
삼위일체라 하여 또한 그와 같이 똑같
은 형국으로 세상의 나의 피조물 만백
성에게 가르침이니, 과연 그 가르침이
맞다 생각하는가?
10 육의 세상에서도 자식과 부모 사이에
촌수가 있으며 형제지간에 촌수가 있
으며 스승과 제자 간에도 엄연한 규율
이 있거늘, 어찌하여 너희들은 그와
같은 우를 범하며 사는가?
11 바로 그렇기 때문에 너희들은 나와 아
무런 관계도 없는 백성들이요, 종교
지도자요, 믿음을 가는 자들이라 하였
으니,
12 너희들이 나와는 아무런 관계가 없고
하늘에 오르는 그 길이 아닌 반대의
길로 간다 하면, 너희들은 지옥의 길
이요, 사탄이라는 사악한 자들에게 너
희를 스스로 맡기며 그들과 합류하여
무엇인가 역사를 이루고자 하는 그와
같은 자들이라는 것을 깨우쳐야 될 것
이니라.
13 너희들이 나의 뜻대로 가지 아니함은
너희들이 사탄과 합의하고 합류하며
하나가 되어 무엇인가 그들로부터 우
선 눈에 보이는 역사를 이루며 기적을
얻고자 하는 것이니, 이것이 너희들이
지금 가고 있는 믿음임을 알아야 될
것이니라.
14 그리하여 너희들은 지금 내가 나의 아
들을 통하여 너희들에게 일깨우고자
하는 그 가르침을 깊이 깨우쳐 너희
것으로 만들어야 될 것이니라.
15 그렇지 아니하면 너희들은 정녕, 내가
나의 아들을 통하여 말했듯이, 십자가
에 나의 아들을 매달아 그를 고통스럽
게 죽게 한 그 후손들이 지금도 건재
하여 살아 있다고 하여 너희들이 그
사악한 뿌리임을 증명하는 역사라 하
였듯이, 너희들이 지금 하고 있는 행
위가 그와 일맥상통하는 것으로써 가
고 있다는 것을 잊어서는 아니 될 것
이니라.
16 너희들은 보낸 자인 나와, 나로부터
보냄을 받아 나의 명을 받아 만백성을
구하는 나의 아들을 동등한 자격으로
말하며, 동등한 권한을 가지고 있으며
나의 아들에게 모두를 다 바침으로써
너희들이 나와 똑같은 역사를 이룬다
고 그리 말함이니,
17 이것이 바로 너희들이 잘못된 자들이
요, 사악한 뿌리가 지금 존재한다 하
여 그것을 증명하는 행위와 일치함을
알아야 될 것이니라.
18 인간사에도 엄연히 촌수가 있으며 족
보가 있으며 형제지간에도 서열이 있
는 너희들 세상의 삶이거늘,

19 그 모두를 다 무너트리고 그 모두를
다 인정하지 아니하며 하늘의 법도가
그와 같이 생겼다 함이니,
20 이는 너희들이 바로 나의 피조물 만백
성에게 혼란을 이루게 해서, 그들이
진정한 하늘에 오르는 길을 보도록 가
르치는 것이 아니요, 그들이 지옥으로
가서 사탄과 합류하고 사탄과 합의하
여 한통속이 되어 사탄으로부터 기적
을 얻으며 그곳에서 역사를 이루는 그
와 같은 삶을 살도록 이끌어 가고 있
는 그와 같은 믿음의 집단이라는 것을
잊어서는 아니 될 것이니라.
21 그 집단에 얽매어 구원을 받고자 소리
지르고 맹신하고 경배하며 눈물의 기
도를 드리는 자, 그들이 다 잘못된 사
탄과 사악한 자와 합류하기 위한 행동
이라 하면 너희들은 이를 과연 믿겠는
가?
22 그곳에 사랑이 있어야 될 것이며 나눔
이 있어야 될 것이니라.
23 그러나 그들이 진정한 나눔이 없으며
진정한 사랑이 없으며 저희 스스로 자
기 목숨을 던져 남을 구하고자 하는
그와 같은 믿음이 없는 종교 집단이라
고 하면, 그는 나의 뜻이 아님을, 이것
하나로써도 너희들이 깨달아 깨우치
고 너희 것으로 만들어야 될 것이니라.
24 너희들은 지금 보지도 못하며 듣지도
못하는 그와 같은 형국에 있으니, 너
희들이 참진리를 깨우쳐 너희 것으로
만들어 구원을 받는 그 역사를 이루는
것이 가장 소중함을 알아야 할 것이니
라.

3,482 번째 하나님 말씀

2002년 9월 24일 01시 18분

1 사랑하는 나의 아들아!
2 "네, 아버님! 말씀하옵소서."
3 믿음이 무엇인지를 모르고 아무것도
모르던 네가 나의 명을 받아, '너는 내
가 명하는 것을 기록하여 만백성을 구
원하라.'는 그 명에 따라 받아쓰기 시
작하여 나의 성령의 뜻인 160권의 역
사를 지금 이루고 있음이니,
4 네가 열여섯 권의 기초의 법전 1부를
냈으며 지금 3부를 마쳐 가는 이 역사
를 이루는 동안 너의 제자라 하여 너
를 따른 자, 아무것도 모르는 너를 따
라 이 160권의 법전의 역사에 참여한
너의 제자들, 그리고 나의 성전에 와
서 나의 강론을 듣는 자, 이와 같은 역
사를 이루려 참여하여 같이 가는 자들,
5 그 모두를 보고 지금의 믿음의 종교
집단이요, 종교 지도자요, 또한 만백
성 중에 이단이요, 사탄이요 하며 너
희들을 핍박하고 시시비비하는 자들
이 수없이 많이 있음이니라.
6 그리고 너희들을 이단이라 하여 경원
시하며 나의 법전을 찢어 버리고 불태
우는 자들이 수없이 많이 있으나, 너
희들은 여기서 알아야 될 것이 있느니
라.
7 이 법전을 읽지 않고 깨우치지 않은
자는 나에게 심판받을 자격이 없다고
내가 너희들에게 말했듯이, 지금 너희
들을 핍박하는 그들이 정녕 죽어 와
내 앞에서 심판받을 때 감히 너희들을
쳐다보지도 못하는 그와 같은 형국으

로 위치가 바뀌는 것을 그들은 아직
알지 못하고 있을 것이니라.
8 너희들이 죽어 나에게 와서 심판을 받
는 그 순간에, 지금 너를 따르는 너의
제자들과 이를 깨우친 백성들을 보고
이단이요, 사탄이라 비웃으며 핍박한
자들은 감히 너희들의 형체조차도 볼
수 없는 그와 같은 너희들과의 차별화
되는 형국에 이를 것이니, 그것이 머
지않았음을 알아야 할 것이니라.
9 그들은 지금 저희들의 종교 집단이요,
저희들의 가지고 있는 그 물질적인 힘
에 의하여 세상 것을 다 제 마음대로
할 것 같으며, 저희들만큼은 구원받은
자라 그리 생각하나, 그들은 나의 뜻
을 거역하며 나와 아무런 관계도 없는
자이니라.
10 너희들 말에 도둑이 도둑을 잡는 자에
게 오히려 도둑이라고 말한다 하듯이,
지금 그들이 그와 같은 형국에 스스로
젖어 있음이니,
11 저희들이 진정한 나의 뜻이요, 하늘에
오르는 길을 가고 있는 나의 아들과
그 제자와 백성들에게 이단이요, 사탄
이라 그리 핍박함이니, 그리고 갑론을
박하며 너희들을 인간 이하로 경원시
하며 두려워하는 그와 같은 지금의 믿
음이요,
12 너희들과 더불어 서로 교류하며 인간
관계를 맺어 가는 것까지도 거부하고,
가깝게는 너희들의 형제나 부모요, 또
는 이웃의 그 믿음의 길을 가는 자들,
13 그들이 정녕 심판대에 설 날이 머지않
았음이니라.
14 그들이 그 심판대에 섰을 때는 지금의
너의 제자들이요, 나의 법전을 읽고
깨우친 백성들을 감히 바라볼 수도 없
는 그와 같은 형편으로 입장이 바뀜이
니, 그때 가서야 너희들이 이를 알게
될 것이니라.
15 정녕 내가 내리는 이 법전만이 너희들
을 심판하며, 이를 읽는 자만이 심판
대에 설 자격이 있다 하였으며, 이를
공부하는 자 나로부터 구원을 받음이
니,
16 이를 보고 비웃고 찢은 자, 갑론을박
하며 이단이요, 사탄이라 핍박한 자,
저희 스스로 지옥으로 가면서 너희들
과 엇갈리는 그 길에서 얼마만큼 비참
하게 저희들의 영혼이 영원히 지속되
는 그 벌 속에서 견디는가, 그 공포와
불안감을 인내하기 어려울 것이며 지
탱하기 어려울 것이니라.
17 지금 바로 잘못 믿음의 길을 가는 자
들과 나의 법전에 의하여 제3의 시대
를 열고자 공부하는 나의 백성들과의
그 엄청난 차별화를 너희들은 나에게
와서 알게 될 것이며, 그날이 머지않
았음을 알아야 할 것이니라.
18 너희들이 깨우쳐 바로 선다 해도 시간
이 없음이니, 이와 같이 내가 나의 법
전에 기록하여 너희들을 구원하고자
내리는 마지막 나의 은혜요, 사랑의
말을 그저 듣고 흘려보내고, 오만과
자만에 빠져서 저희들만이 구원을 받
았다 생각하는 자, 너희들은 가슴에
손을 얹고 생각해 봐야 될 것이니라.
19 너희 스스로 너희들의 점수를 매긴다
면 너희들이 얼마나 우매하고 잘못 갔
는지를 알게 될 것이니라.

20 너희들이 믿지 않는 나의 만백성을 다
형제라 하여 사랑하는 마음이 어디에
있으며, 정녕 이웃에게 나누는 것이
무엇이 있는가?
21 오로지 너희들만이 구원을 받겠다는
욕심에, 지금 구원의 믿음이 아니고
구걸하는 믿음으로써 그저 나에게 달
라, 구원해 달라는 그와 같은 잘못 가
르치는 지도자 앞에 가서 부르짖다가
나에게 와 심판받을 때,
22 너희들에게는 나의 재물을 잘못 쓴 그
죄와 너희들이 말로써 구원의 믿음을
울부짖었던 그것만이 남음이니, 그는
심판받을 자격이 없음이니라.
23 그리하여 나의 법전을 한 줄이라도 읽
고 깨닫는 자만이 심판을 받는다는 뜻
이 여기에 있음을 너희들은 알아야
할 것이니라.

3,483 번째 하나님 말씀

2002년 9월 24일 01시 38분

1 사랑하는 나의 아들아!
2 "네, 아버님! 말씀하옵소서."
3 내가 구약의 시대에 모세를 통하여 나
의 백성들을 인도하였으며 나의 피조
물 만백성을 깨우쳐, 하늘의 진정한
그 깨달음의 의미가 무엇이며 나로부
터 선택된 백성이요, 구원을 받는 백
성이 무엇인가를 그들에게 일깨워 주
고자 하였으며,
4 또한 나의 아들 예수를 통하여 내가
어찌하였던가?
5 그는 직접 나로부터 명을 받아 세상에
나갔으며 나의 뜻을 받아 행하였음이
니, 예수의 시대에 내가 그와 더불어
같이 임하여 그 모두의 역사를 이루었
음이니라.
6 너희들은 구약의 시대를 믿으며 또한
예수의 시대를 믿으며, 그리고 예수의
시대에 내가 그와 더불어 역사하여 그
로 하여금 모든 것을 이루도록 하였던
것을 또 믿느니라.
7 그러나 구약과 신약은 너희들이 믿으
며 그것에는 한 자도 빼고 더할 수 없
다고 말하면서, 내가 제3의 시대에 나
의 아들을 통하여 역사하고자 하는 이
시대의 흐름은 믿지 아니함이니, 내가
뭐라 말하였는가?
8 예수의 시대에 내가 예수에게 임하여
모두를 관장하고 이루었듯이, 내가 제
3의 시대에 또한 나의 아들을 통하여
나의 법전에 이 성령을 내려보냄이니,
내가 '하늘에 오르는 길'이라 하여 그
책과 내가 더불어 같이한다 하였음이
니라.
9 그러나 너희들은 구약과 신약 시대의
그 모두는 믿으면서, 어찌하여 나 여
호와가 직접 통제하는 제3의 시대의
역사함은 믿지 아니하며 그를 인정하
지 아니하려 하는가?
10 너희들은 여기서 깨우쳐야 될 것이니
라.
11 너희들의 믿음이라는 그 자체가 세월
이 흐름으로써 변질되고 또 퇴색되어,
너희들이 나의 뜻과는 전혀 관계도 없
는 그와 같은 형국에서 나의 피조물
만백성을 하늘로 이끈다고 그와 같이
지금 가르치고 있음이니,
12 그것이 너희들이 바른길이고 또한 너

희들이 나의 뜻에 의하여 순종하며 행
했다면 내가 지금 제3의 시대의 그 역
사를 이루지 아니하였을 것이니라.
13 내가 제3의 시대에 그 누구도 인간으
로서는 이룰 수 없는 160권의 나의 성
령의 대장정을 책으로 만들어 세상에
펴내는 이와 같은 어렵고 힘든 그 역
사 또한 이루지 아니하였을 것이니라.
14 내가 너희들에게 수없이 강조하였듯
이, 나의 법전을 읽고 깨닫는 자만이
심판대에 설 수 있다고 하였음이니라.
15 그리하여 나의 법전을 읽는 자만이 깨
우쳐 심판을 받는다 하는 것을, 너희
들은 정신이상자요, 잘못된 자가 세상
에 와서 말도 되지 않는 것을 가지고
나의 이름을 팔아 너희들에게 혼돈을
이룬다 말하나, 너희들은 알아야 될
것이 있느니라.
16 수십억 인구가 있으며 수억의 종교 지
도자가 있다 하나, 너희들이 가르치고
가는 길이 나와 아무런 관계도 없는
그와 같은 길을 간다 하면 너희들은
당연히 나로부터 심판을 받을 자격이
없으며 심판을 받을 가치도 없음이니
라.
17 나에게 와서 심판을 받기 전에, 너희
들은 너희들과 같이 협력하고 동조하
고 같이 어울려 살아가고자 하는 그
사탄과 더불어 지옥으로 가게 되어 있
음이니,
18 과연 너희들은 내가 지금 하는 말이
황당무계한 말이며 거짓 선지자가 말
세에 와 너희들을 혼동시키며, 정신이
상이요, 미친 자가 나 여호와를 반박
하며, 구약과 신약을 수없이 공부하고
깨우친 자가 사탄으로 변하여 너희들
을 공격한다고 그리 말할 수 있겠는가?
19 지금 그리 몰아붙이고 있는 것이 너희
들의 형국이니라.
20 너희들은 여기서 듣고 깨우쳐야 될 것
이니라.
21 나의 지금의 아들이 구약과 신약을 읽
고 공부했었더라면, 너희들은 나의 아
들이 구약과 신약을 공부하고 깨우쳐
제가 설 자리가 없으니 사탄으로 변하
여 사악한 짓을 하고 있으며 너희들을
쓰러트리려 하며 그가 왕사탄으로서
사탄의 사주를 받아 너희들을 괴롭힌
다 그리 말할 것이니라.
22 그리고 말세요, 종말의 시대에 온 사
악한 자이니, 너희 종교 지도자는 너
희 신도들에게 더 너희들을 굳건히 믿
어야 되며 '할렐루야! 아멘!'을 더 찾
아야 되며 재물을 많이 바쳐 구원을
받아야 된다고 그리 종용하고 깨우칠
것이니라.
23 그러나 너희들은 여기서 하나를 깨우
쳐야 될 것이니라.
24 나의 아들은 구약과 신약을 공부한 적
이 없으며, 너희들 밑에 가서 성서를
배운 적이 없으니, 너희들을 반박할
자격이 없음이니라.
25 그리고 그는 반박할 자료가 없으며 아
무것도 알지 못함이니라.
26 너희들의 믿음을 가던 자들이 돌아서
서 너희를 공격하며 너희가 잘못 가르
쳤다 하며 나를 경배하고 배우는 너희
들이 잘못됐다 말하면, 너희들 속에서
반감을 가진 자가 그와 같이 역행하는
사탄으로 변할 수 있다 하나, 나의 아

들은 그와 같은 것이 없음이니라.

27 아무것도 모르는 자가 너희들의 성서의 하나하나를 꼬집어 너희들을 탓하고 잘못됨을 가르친다면, 이는 곧 창조주 나만이 할 수 있는 것이며 내가 역사하고 있음을 너희들은 알아야 될 것이니라.

28 너희들은 이제 깨우쳐야 될 것이니라.

29 우선 너희들이 크게 깨우치며 너희 마음의 방향을 잡을 수 있는 것은, 구약의 시대에 한 역사가 이루어지며, 신약의 시대가 또 나의 아들 예수로서 역사를 이루며, 제3의 시대는 내가 직접 너희들을 선별하는 그 시대임을 알아야 할 것이니라.

30 너희들은 성서에 기록되어 알지 않는가?

31 소작인에게 소작료를 거둬들이고자 할 때 처음에 머슴을 보냈으나 그 머슴을 죽이고 너희들이 그에게 소작료를 바치지 않으니, 그 주인은 자식으로 하여금 그를 통제하게 하였음이니라.

32 그러나 또한 그 자식을 무시하며 같이 간 그들을 모두 죽여 그에게 소작료를 바치지 아니하고 그에게 반박하며 거부한다면, 결국은 누가 가겠는가?

33 주인이 직접 가서 그 모두를 다 다스릴 것이며 그 소작인을 버릴 것이니라.

34 이와 같은 역사의 틀을 볼 때, 너희들은 이 하나의 깨우침을 안다 하여도 처음에는 내가 모세를 보냈으며 그다음에 나의 아들 예수를 보냈음이니라.

35 그리하여 지금은 내가 직접 내려가 너희들을 선별하는 그와 같은 역사이니, 너희들이 바로 무엇이더냐?

36 소작인으로서 소작료를 받으러 간 종과 자식을 죽이고 그 주인에게 거부하고 대들다 모두를 다 잃듯이, 지금 믿음의 길을 가고 있는 너희들이 그 소작인과 똑같은 형국이니라.

37 그리하여 너희들은 나와는 아무런 관계도 없으며, 법전을 읽고 깨우치는 그 백성들만을 구하고자 함이니, 나의 뜻이 여기 있음을 알라.

38 너희들은 이제 알아야 될 것이니라.

39 모세의 시대와 예수의 시대와 제3의 시대, 내가 직접 통제하고 구분하는 그 3의 시대로써 엄연히 나누어져 있음을 알아야 될 것이니라.

40 이를 인정하지 아니하는 자, 이를 보지 못하는 백성, 너희들은 영원히 구원을 받을 수 없음을 알라.

41 내가 예수에게 임했듯이, 지금 바로 나의 아들에게 임하여 '하늘에 오르는 길'이요, '하나님! 말씀하옵소서.'라는 이 법전을 책으로 만들어 너희들을 구원하고자 하는 뜻이, 예수의 시대에 내가 임했을 때나 지금 제3의 시대에 나의 법전이요, 나의 성령에 내가 같이 임하는 것이나 같음을 알라.

42 그리하여 나의 법전의 뚜껑을 열 때 내가 너희들과 같이하며 그를 덮을 때 내가 떠나온다고 말하였음이니, 이와 같은 엄연한 이치 앞에 너희들이 거부하려 하지 말라.

43 이는 하나 더하기 하나는 둘이 아니라고 우기는 자와 같음이니 그리 알라.

3,484 번째 하나님 말씀

2002년 9월 24일 08시 16분

1 사랑하는 나의 아들아!
2 "네, 아버님! 말씀하옵소서."
3 너희들 인간사에 서로 아끼고 사랑하
는 사람이나 부모와 자식 사이나 형제
간에도 항상 같이 생활하고 같이 있을
때에는 그들의 소중함과 귀함을 모르
느니라.
4 너희들에게 산소라 하는 것을 몇 분만
공급을 중단해도 너희 생명이 세상에
존재할 수 없으나, 그를 너희들이 평
생 무상으로 마시며 무상으로 갖고 쓰
면서도 그 감사함과 나에게 감사함을
모르고 사는 것이 너희들의 마음이 아
니던가?
5 너희들의 육이 존재함에 있어서 내가
내린 은혜와 은총을 하나도 접하지 아
니하고 너희들이 과연 존재할 수 있다
생각하는가?
6 내가 너희들에게 내리는 것 중에 나의
은혜와 은총으로써 존재하지 아니하
는 게 무엇이 있으며, 내가 그를 다 거
둬들였을 때 너희들은 무엇이던가?
7 너희들은 그저 하나의 흙으로 돌아가
며, 죽어 가는 하나의 동물과 같이 너
희들 자신이 썩어 가는 것 이외에는
아무것도 이룰 수 없는 것이 너희들이
니라.
8 나의 아들 예수를 따랐던 그 제자들
또한 어찌하였던가?
9 그에게 많은 기적과 역사를 하여 그와
같이하고자 했던 자들이 그로부터 등
을 돌렸으며 그를 팔았음이니라.
10 그러나 나의 아들 예수가 목숨을 잃고
장렬히 죽음의 길을 선택했고 또 부활
을 함으로 인하여 그들은 반성하고 회
개하고 깨우쳐 저희들이 하여야 할 일
을 하고자 발버둥쳤느니라.
11 내가 너의 제자들에게 이르노니, 너희
들이 지금 이 시대에 나의 아들과 같
이 사는 것이며, 나의 아들과 더불어
이 법전을 만들어 만백성을 구하는 그
역사에 참여하며 한 시대를 같이 살아
갈 수 있도록 나로부터 너희들의 생명
이 세상에 나왔으니, 나의 법전을 읽
고 깨우치지 아니하는 자는 구원의 심
판을 받을 수 없다 하였음이니라.
12 그와 같은 은혜와 선택 속에서 너희들
이 나의 아들을 따름이니, 너희들은
나의 아들과 함께 존재하는 그 뜻 하
나도 감사함을 모르고 있음이니, 그리
하여 너희들이 갑론을박함이니라.
13 나의 아들이 너희들에게 작고 큰 말뜻
을 전할 때 그가 임의대로 하는가?
14 그의 생각은 모두가 나의 명에 의한
것이요, 나의 뜻에 의해 움직인다는
것을 너희들은 어찌 모르고, 함부로
갑론을박을 하며 너희 생각으로써 그
를 꺾으려 하며 그를 너희들이 훈련시
키고 다스려 나가려 하는가?
15 그가 한마디 한마디 너희들에게 전할
때, 그 임의로 하는 것이 아닌 소중함
을 너희들이 알아야 될 것을, 어찌 제
자들이 그 뜻을 모르고 그 행하는 것
을 모르며 그 세상의 이치의 흐름을
모르는가?
16 나의 아들이 지금 자기의 의사대로 행
하며 제 생각대로 살아가는 것이 있다

생각하는가?
17 그가 생각하는 것과 전하는 것과 너희
들에게 깨우치는 것이 다 나 여호와
창조주의 뜻이라는 것을 너희들이 어
찌 그리 생각하지 못하는가?
18 너희들이 그와 같이 생각을 하지 아니
함이니, 예수의 시대에 그 많은 역사
와 기적을 이루었고 그와 더불어 같이
하고자 했던 그 제자들이 등을 돌린
이유가 거기에 있음이니라.
19 그 소중함을 모르기 때문이니라.
20 항상 같이 생활하며 같이 행하다 보니
그 예수에 대한 소중함과 그때 그 역
사가 얼마나 위대한 것인가를 몰라 그
제자들의 마음이 수시로 일순간에 변
화되며, 나의 아들이 저희들의 육의
삶과 생활에 대한 것에 더 역사하기
를 바랐기 때문이었음이니, 지금 너희
들의 마음 자세가 바로 그러하니라.
21 같이 생활하며 같은 한 시대를 살아가
며 나의 성령을 듣고 또 들으며 나의
법전을 읽고 깨우쳐 가는 너희들은 나
의 법전이요, 나의 성령의 소중함과
또한 나의 아들의 소중함을 모름이니,
22 그가 하는 그 모두가 그의 뜻이 아니
고 나의 뜻에 의하여 너희들에게 깨우
치고 전해 주는 것이며 그 모두가 너
희들의 은혜이거늘, 그를 너희들이 바
로 듣지 못하고 깨우치지 못하며 너희
들 인간의 머리로써 모두를 통제하고
자 함이니,
23 그러한 자가 그리하여 나의 성전에 있
지 못하며 나의 아들의 제자로 남아
있지 못하는 그와 같은 결과를 보지
아니하였던가?
24 그를 놓고 시시비비하는 자, 갑론을박
하는 자, 그 누구도 나의 성전에 있을
수 없으며, 나의 아들을 따를 수 없음
이니라.
25 그와 같은 자가 어떠한 자인지 아는가?
26 너희들이 몇 분만 마시지 않아도 목숨
을 잃는 그 공기의 고마움과 위대함과
소중함을 모르고 사는 그와 같은 어리
석고 우매한 자이니라.
27 나의 법전이 세상에 나가며 내가 너희
들에게 기록하여 전함이니, 나의 아들
이 행하는 작고 큰 어떤 가르침에도
너희들이 갑론을박해서는 아니 될 것
이며,
28 너희들이 마음을 열고 그를 받아들이
며, 그가 행하는 것은 모두 나의 뜻이
요, 그가 임의로 한다는 생각을 너희
들이 해서는 아니 됨을 알라.
29 너희 종교 지도자들이 말하기를, 저희
들을 나 여호와만이 심판할 수 있다
그리 말하는 종교 지도자들과 나의 아
들을 같이 보지 말라.
30 그리하여 나의 아들이 너희들을 가르
치고 깨우치는 것이기에, 그가 너희들
에게 전하는 이야기 하나하나를 너희
들이 신중히 알아듣고 너희 것으로 만
들어 깨우침을 얻으라는 것이니라.
31 그와 같이 비유하여 너희들이 나의 아
들 또한 너희들에게 군림하고자 하는
자라 그리 생각해서는 아니 될 것이니
라.
32 이 세상에 단 하나인 나의 아들은 진
정한 나의 성령이요, 나의 뜻만을 받
아 나를 대신하여 모든 역사를 이루며
살아가기에, 세상에 하나밖에 없는 자

이니라.
33 즉, 너희들이 마시지 않으면 죽는 물
이나 산소보다도 더 소중한 나의 성령
을 받아 전하는 나의 아들임이니, 그
가 행하는 것은 곧 나의 뜻이라 내가
말하지 아니하였던가?
34 내가 육을 가지고 세상에 나가 너희들
을 통제할 수 없으며, 내가 통제한다
하여도 너희들이 나를 믿지 아니함이
니, 정녕 최후의 결정권자요, 최후의
명령자의 그 뜻을 따르지 않을 때, 너
희들을 바로잡고 바로 역사할 수 있는
능력과 기회가 너희들에게 없어짐이
니라.
35 그리하여 나의 성령을 가지고 나의 아
들이 나를 대신하여 인간의 삶을 사는
그 속에서 너희들을 깨우치는 그와 같
은 역사가 이루어짐이니라.
36 내가 직접 세상에 나가 너희들을 가르
치고자 하나 너희들이 나를 왕 사탄이
라 하여 해하고자 하는 그와 같은 행
동을 할 때, 너희들을 누가 무엇으로
가르치며 깨우쳐 주겠는가?
37 그것으로써는 너희들을 영원히 구원
할 길이 없으며, 내가 하늘의 천국을
지상에 이루고자 하는 그 뜻이 이루어
질 수 없으며, 천 년이 아니라 만 년이
라는 세월이 흘러도 지금의 잘못 가는
종교 지도자들이 쇠가 녹아 그 쇳가루
가 떨어져 나가듯이 부식된 쇳가루가
퍼져 나가는 것을 감당할 수 없음이니,
38 지금 이 시간부터 그들을 막는 그와
같은 역사를 이루는 것도 너희들이 알
다시피 힘들고 어려운 그 역사인데,
앞으로 세월이 더 흘러 그 상하고 녹
슨 쇠붙이가 세상에 더 퍼져 날아갈
때, 그를 너희들이 어찌 막겠는가?
39 그리하여 나의 아들을 통함이니, 너희
들은 우선 나의 아들에게 내리는 그
모든 작고 큰 말들이요, 가르침을 너
희 가슴속에 깊이 새겨 너희 것으로
만드는 그와 같은 깨달음이 없을 때,
너희들은 정녕 나로부터 선택된 백성
이 아니요, 나의 아들딸이 아니며, 나
의 아들의 제자로서 설 수 없음이니라.
40 내가 160권이라는 법전을 지금 세상
에 만들어 내면서 이를 읽고 깨우치지
않는 자는 구원을 받을 수 없다 그리
말하니, 너희들이 말하기를 정신 나간
자요, 정신 나갔다는 소리를 하나,
41 지금까지 너희들이 믿어 오고 살아왔
던 그 모든 삶이 나와는 아무런 관계
가 없었다는 것을 너희들은 여기서 깨
달아야 될 것이며,
42 너희들이 지금 헛살아온 그 삶에 대한
두려움이요, 반성하며 회개함을 얻어
야 될 것이니라.
43 내가 하늘에 오르는 길은 십계명이라
가르쳤으나, 그를 너희들이 따르지 아
니하고 그대로 살지 아니하였으니 너
희들 중에 아무도 나에게 와서 심판을
받을 자격이 없듯이,
44 지금 내가 제3의 시대에 다시 내리는
나의 법전을 읽고 깨우치지 아니하는
자는 심판받을 수 없다 함이니라.
45 십계명대로 살지 않은 자는 나에게 와
서 심판을 받을 자격이 없다는 그 말
은 너희들이 믿을 것이나, 나의 성령
으로 내려가는 나의 법전을 읽지 아니
하는 자, 그대로 행하지 아니하는 자

는 심판을 받을 자격이 없다고 내가 말하는 이 무서운 말에 대해 너희들이 어찌하여 귀를 기울이지 아니하는가?
46 이 이치를 너희들이 깊이 깨우쳐야 할 것이니, 그리 알라.
47 어리석은 너희들이 되어서는 아니 됨이니라.

3,485 번째 하나님 말씀

2002년 9월 24일 08시 25분

1 사랑하는 나의 아들아!
2 "네, 아버님! 말씀하옵소서."
3 너의 사랑하는 제자들과 나의 법전을 읽는 만백성, 너희들은 스스로 들어 깨우침을 얻어야 될 것이니라.
4 한 자도 고쳐서도 안 되고 더해서도 안 되며 빼서도 안 된다는 그 성서에 내가 뭐라고 너희들을 일깨워 가르쳤던가?
5 나의 아들 예수를 믿으며 나의 아들 예수를 따르는 것이 곧 내가 같이함이니 너희들이 나를 믿으며 나를 따름이요, 창조주가 존재하며 이 세상의 그 모두는 창조주인 나 여호와가 주관하였다는 것을 너희들이 믿는다고 그리 가르쳤음이니라.
6 너희들은 예수의 가르침과 예수의 뜻과 이와 같은 것은 다 믿고 그를 따르고자 그리 발버둥치고 노력하느니라.
7 그러나 나의 가슴의 모두를 태워 지금 내려보내는 성령을 받아 기록하는 나의 아들이요, 160권이라는 대장정의 나의 가르침이 세상에 내려가거늘, 이를 믿지 않음이니,
8 그 짧은 기간에 이 크나큰 역사를 이룬다는 것은 인간으로서는 할 수 없다는 것을 너희들은 잘 알고 있음이니라.
9 너희들은 기적이라는 것이 무엇이라 말하는가?
10 인간의 능력으로써는 이룰 수 없으며 할 수 없는 것이 기적임을 알아야 될 것이니라.
11 너희들은 병든 자를 일으켜 세우거나 죽은 자를 살리는 그와 같은 것만이 기적이라 생각하고 있음이니, 그와 같은 생각이요, 마음 자세를 바꿔야 될 것이니라.
12 감히 누가 창조주 나의 성령으로써 160권이라는 나의 법전이요, 나의 가르침을 그 짧은 기간에 이룰 수 있다 생각하는가?
13 그것이 얼마나 위대하고 큰 역사의 기적인지를 너희들은 모르는가?
14 너희들이 몸으로 행하는 그 기적은 그 시대가 지나가면 일순간 지워지나, 나의 법전으로 세상에 이루는 그 역사의 기적은 영원히 존속하며 보존됨이니라.
15 너희들은 어찌하여 바람이 부는 것이나 또한 너희들이 마실 수 있는 그 산소나 공기나 물이나 모두가 이루어지는 그것이 다 대역사의 변화 속에 기적으로써 이루어진다는 것을 생각을 못 하는가?
16 순간순간 너희들의 주변에서 기적과 역사가 나로 하여금 이루어짐이니라.
17 그러나 다만 너희들이 그를 보지 못하며 알지 못하기 때문이니라.
18 그리하여 내가 160권이라는 법전의

성령을 내 가슴의 모두를 태워 나의
아들의 가슴을 통하여 너희들을 구원
하고자 내려보낸다 하였음이니,
19 너희들이 지금의 이 시대와 나의 아들
을 믿지 아니하며 나의 성령과 나의
법전을 믿지 아니한다면 너희들은 나
를 믿지 아니하며, 나를 따르는 것이
아니며, 나의 가르침을 듣고 구원의
길을 오고자 함이 아님을 알아야 될
것이니라.
20 2천 년 전에 나의 아들을 따르는 자와
그 가르치는 것을 듣는 자, 그자가 바
로 나를 공경하며 나를 경배하며 내
가 존재함을 믿는 자라 내가 너희들에
게 말하였듯이,
21 지금 나의 법전을 읽고 깨우치며 나의
아들을 믿으며 이는 정녕 나 여호와가
새로운 시대를 열기 위하여 내리는 성
령의 뜻이라는 것을 믿는 자는 나 여
호와가 존재함을 믿는 것이며 나를 경
배하며 나의 가르침을 듣는 자라는 것
을 알아야 될 것이니라.
22 이와 같이 행하지 아니하는 자는 천날
만날 이 지상에서 죽을 때까지 나를
부르짖으며 구원받고 무엇을 얻고자
해도 그 소리는 나의 귓전에 들려오지
못한다 내가 너희들에게 일찍 깨우쳐
주었음이니,
23 이 나의 가르침에 대하여 너희들이 깊
이 뉘우치고 반성하며 스스로 깨우쳐
얻는 것이 없다 하면, 너희들은 정녕
그리도 갈망하고 소원했던 영원히 사
는 하늘에 오르는 그 길을 볼 수도 없
으며, 올 수도 없으며, 나의 천국의 문
을 감히 쳐다볼 수도 없음을 알아야
할 것이니라.
24 지금 나의 법전이 진정 너희들을 깨우
치는 길이요, 너희들의 구원의 빛이라
그리 말하여도 너희들이 이를 보지 아
니하며 듣지 아니하듯이, 너희들은 캄
캄한 그 암흑의 지옥으로 갈 것이며,
하늘의 그 위대하고 찬란한 영원히 사
는 그 낙원을 감히 바라보지도 못할
것이니 그리 알라.
25 나의 이 무서운 뜻을 지금 들어 깨닫
는 자만이 구원을 얻을 수 있음을 알
라.

3,486 번째 하나님 말씀

2002년 9월 24일 08시 33분

1 사랑하는 나의 아들아!
2 "네, 아버님! 말씀하옵소서."
3 지금까지 수천 년의 역사가 흘러오는
그 삶이 이제는 그 모두를 고르고 심
판하는 때라 하여, 내가 직접 세상에
내려와 너희들을 심판하고 구하는 역
사를 지금 이루고자 함이니라.
4 그리하여 내가 너희들에게 천 년이라
는 그 세월을 준 것은 그 천 년 속에
정녕 구원할 자와 구원받지 못할 자를
구분하는 그와 같은 유보의 시간을 너
희들에게 줌이니,
5 나 여호와는 공의의 하나님이요, 공의
의 하나님이 행하는 뜻이라는 것을 너
희들은 이 한 가지를 보고 깨우쳐야
될 것이니라.
6 내가 지금 법전을 내려 너희들을 깨우
치고자 하는 것을 단시간 내에 내리고
그를 닫는다면 너희들이 정녕 나를 공

의의 하나님이라 하여 따를 수 없음이
니라.
7 내가 천 년이라는 그 세월의 역사 속
에서 나의 피조물 만백성 너희들을 구
하고자 함이니라.
8 그리고 지금 나의 법전을 읽고 깨우치
는 자, 그리고 이를 읽고 행하는 자는
곧 나의 아들이요, 딸이라 하였음이
니, 그들이 곧 나의 혈통이며, 나의 혈
통에 의하여 살아가는 나의 자식들만
이 내가 이루는 그 세상이요, 새로 이
루는 역사요, 하늘의 그 낙원에까지
오를 수 있음을 알아야 될 것이니라.
9 내가 내리는 나의 법전을 읽지 아니하
고 깨우치지 아니하는 자는 나의 아들
딸이 아니며 나의 혈통이 아님을 알아
야 될 것이니라.
10 너희들은 여기서 얼마나 무서운 역사
의 변화가 이루어지고 있는가를 알아
야 될 것이니라.
11 내가 내린 나의 성령이요, 내가 지금
직접 내려가 너희들이 법전을 읽을 때
같이한다고 하였음이니, 그와 같은 지
금의 무서운 시대에 너희들이 살고 있
다는 것을 깨우쳐야 될 것이니라.
12 지금의 나의 피조물 만백성 너희들이
믿음을 가고 있는 길이 어떠한 형국인
지 알고 있는가?
13 지금 법전을 읽고 깨우치는 자, 그리
하여 나의 아들딸이요, 나의 혈통만이
영원히 이 세상에 지속된다 하거늘,
너희들은 이를 비웃고 욕할 것이며 사
탄이라 저주할 것이니라.
14 너희들은 깨우쳐야 할 것이니라.
15 너희들이 감나무에게 가서 아무리 밤
을 열라고 소리를 지르며 대추를 열라
고 아우성을 치며 그와 같이 몸부림치
고 소리쳐도 그 감나무는 영원히 감의
씨만을 생산할 수 있으며, 밤이나 대
추를 생산할 수 없음을 알아야 될 것
이니라.
16 그리하여 혈통의 소중함을 너희들이
알아야 될 것이니라.
17 은행나무에게 가서 호두를 열라고 아
무리 소리 지르고 원하고 발버둥을 쳐
봐도 은행나무는 은행을 열 것이며,
호두를 열 수는 없음이요,
18 오로지 호두는 호두나무에서 열려 그
씨가 번식하며 살아가는 것이 자연의
순리이며 나의 뜻이거늘,
19 너희들은 지금 믿음을 어찌 가는가?
20 감나무 밑에 가서 대추나 밤이 열리라
고 그리 소리 지르는 것이 지금 너희
들이 가고 있는 믿음의 형국이며, 너
희들이 행하고 있는 그와 같은 역사이
니,
21 너희들이 말도 안 되는 짓을 하고 있
다는 것을 알아야 될 것이니라.
22 내가 너희들에게 혈통을 말하며, 나의
자식이요, 아들딸만이 내가 이룬 지상
의 낙원에 영원히 살 수 있다 함은 바
로 그와 같은 뜻이니라.
23 지금 믿음의 길을 가고 있는 너희들이
무엇인 줄 알겠는가?
24 감나무 밑에 가서 대추나 호두와 같은
것을 열게 해 달라 소리 지르며 열 수
있다고 악을 쓰는 것과 똑같음을 알라.
25 이제 나의 법전을 읽은 자, 나의 혈통
이요, 나의 아들이요, 자식들만이 영
원히 구원을 받을 수 있으며, 하늘에

오를 수 있으며, 그들로 하여금 천 년
에 걸쳐 하늘의 낙원과 같은 낙원을
지상에 이루고자 함을 알지 않는가?
26 그렇다면 나의 법전을 읽는 자만이 나
의 아들이요, 그를 보고 깨우치는 자
가 나의 혈통이니, 이를 너희들이 모
른다 하면 너희들은 영원히 구원을 받
을 수 없음이니라.
27 내가 너희들에게 예를 들어 말하였음
이니라.
28 너희들이 아무리 은행나무에게 가서
호두를 열라고 소리 질러도 그는 열
수 없으며 오로지 은행만을 열 수 있
음이니, 그는 나의 혈통만이 혈통으로
서 존속하는 그 무서운 이치를 깨달아,
29 너희들이 나의 자식이요, 아들이요,
딸이요, 나의 혈통으로서 내가 이룬
지상의 낙원에서 살며 천국에 오를 수
있는 너희들의 그 영광은 오로지 나로
부터 내린 법전을 보고 깨우쳐 공부하
고 깨닫는 자만이 영원히 구원의 길에
오를 수 있다는 것을 잊지 말라.
30 그것 외에는 너희들이 하늘에 오를 수
도 없으며, 새로 이루는 나의 지상의
낙원에서도 존재하며 살 수 없음을 알
아야 될 것이니라.
31 이 세상에 나의 아들이요, 나의 혈통
은 오로지 나의 법전을 읽고 깨우치며
십계명대로 살아가는 자라 내가 말하
였음이니, 이를 거역하는 자는 나와
아무런 관계가 없음을 알라.
32 내가 너희들 믿음의 길을 가고 있는
자에게 십계명에 기록된 것을 공부하
지 아니하며 그대로 살지 아니하며 그
대로 행하지 아니하는 것은 나의 뜻이
아니라 하였음이니,
33 그것은 너희들의 계명이요, 너희 뜻대
로 역사하며 살아가는 삶이니, 나와는
관계가 없다는 뜻이 여기 있음을 너희
들이 깊이 깨우쳐야 될 것이니라.

3,487 번째 하나님 말씀

2002년 9월 24일 08시 43분

1 사랑하는 나의 아들아!
2 "네, 아버님! 말씀하옵소서."
3 너희들은 나의 혈통을 받아 살아감이
니 곧 나의 자식이니라.
4 나의 혈통이요, 나의 법전을 읽고 깨
우친 나의 아들과 딸들이 이 세상 믿
음의 길을 가는 백성들과 차별화되는
것이 무엇인지 알겠는가?
5 지금 성전이라 하여 저희들의 손으로
지은 곳에 가서 구원을 받고자 평생
기도하며 광란의 믿음을 가고 있는 그
들은 무엇이더냐?
6 저 하나 구원을 받으며 제가 나로부터
선택된 자가 되면 그들은 더 바랄 것
이 없으며 그 이상 소원할 것이 없음
이니, 그들은 곧 무엇이더냐?
7 저 자신을 위해서 우물 안 개구리와
같은 믿음의 세상에서 그 믿음을 보고
살아가는 자들이니라.
8 세상 넓은 것을 모르며, 나의 이치요,
나의 뜻을 모르는 우물 안 개구리처럼
그곳에서 저만이 구원을 받으며 저만
이 축복과 영광과 은혜를 받아 하늘에
오를 것이라 믿고 그리 받으면 된다는
그와 같은 생각으로 살아감이니,
9 나의 성전에 와 나의 성령의 뜻을 들

으며 나의 법전을 읽으며 강론을 듣고 깨우치는 나의 백성 너희들이 그와 같은 생각으로써 살아간다면 그들과 너희들과의 차별화가 무엇이 있겠는가?

10 그들에게 열 가지라는 죄목이 있다면 너희들은 그들보다 더한 죄목을 안고 가야 됨을 알라.

11 내 아들과 딸이요, 나의 혈통으로써 살아가는 너희들은 그와 같은 우물 안 개구리요, 저 자신만이 구원받으며 저 자신만이 깨닫는 그와 같은 믿음의 마음으로 가서는 아니 될 것이니라.

12 너희들은 창조주인 나 여호와에게 기쁨을 안겨 줘야 될 것이며, 그 기쁨의 선물을 나에게 그득히 주는 그와 같은 나의 아들과 딸들이 되어야 함을 잊지 말아야 될 것이니라.

13 너희들은 우물 안 개구리같이 저 자신만을 위해 기도하고 경배하는 지금의 믿음을 가는 자들과 차별화됨을 알라.

14 너희들은 나의 법전을 읽고 깨우친 만큼 세상에 나가 너희 모두를 다 바쳐 나의 피조물 만백성을 한 명이라도 더 많이 깨우치는 그와 같은 역사를 이루어 많은 깨우친 백성을 나에게 보냄이 나를 가장 기쁘게 하는 것임을 알라.

15 너의 제자들에게 깨우쳐 줘야 될 것이니라.

16 내가 지금 법전이라는 것을 세상에 내보내 이를 읽고 깨우치는 자만이 구원의 길에 오를 수 있으며 심판을 받는다 하였으니, 이 세상 만백성이 다 나의 법전을 접할 수 있고 이를 보고 깨우칠 수 있도록 하는 것이 너희들이 이루어야 할 역사며 너희들의 대명임을 어찌 모르는가?

17 너희들이 이를 전하여 세상 만백성이 이 세상에서 종말을 거두기 전에 나의 법전을 접하도록 하여야 그를 보고 깨우친 자가 죽어 와 나에게 심판을 받을 때 내가 공의의 하나님이라는 것을 알지 않겠는가?

18 내가 수십억 인구 중에서 너희들을 깨우쳐, 너희들이 나의 아들이 살아 증명할 수 있는 이 시대에 그들에게 많은 법전을 전하지 못한다 하면, 너희들은 어떠한 자들인가?

19 내가 만백성을 심판한다는 그와 같은 뜻을 듣고 지금 법전을 읽고 깨우치는 자가 이 법전을 세상에 전하지 아니하며 나의 피조물 만백성의 손에 들려주지 아니할 때, 그를 받지 못하고 죽어 가는 자는 나를 공의의 하나님이라 말하지 아니할 것이니라.

20 나의 법전을 만백성에게 전하는 것이 너희들의 대명이니라.

21 한 사람, 두 사람, 더 많은 백성들이 이 법전을 읽고 깨우칠 수 있도록, 세상을 흰 눈이 다 덮듯이 나의 법전이 세상을 빨리 덮을 수 있도록 하는 것이 지금 선택된 나의 아들의 제자 너희들이 해야 할 일이니,

22 너희들이 거기에 연구하고 또 노력할 때 내가 지혜를 줄 것이거늘, 어찌하여 너희들은 그리 노력하지 아니하는가?

23 이것이 너희들의 대명이요, 너희들이 가야 할 길이며, 너희들이 다른 백성들이나 다른 믿음의 길을 가고 있는 자들과 차별화됨을 알아야 될 것이니

라.
24 수천 년 동안 저희들이 지은 성전에
가서 재물과 금화 은화를 바치며 저
자신이 구원을 받겠다는 그와 같은 마
음으로 가는 자들과 달리 만백성을 구
하려고 뛰고 또 달리는 것이 너희들이
니, 그들과 너희들과의 차별화가 여기
있거늘,
25 너희들은 어찌하여 그와 같은 노력을
하지 아니하고 그 역사를 이루려 하지
아니하는가?
26 너희들이 그저 내가 이루어 주기만을
기다리는 그와 같은 안일한 생각으로
써 나의 법전을 읽고 성전을 찾는다
면, 너희들은 머지않아 등을 돌리며
스스로 지쳐 무너질 자들이니, 그 또
한 나에게 버림을 받는 자라는 것을
잊지 말라.
27 모두를 다 바쳐 너희들이 빠른 시간
내에 이 세상에 법전이 나갈 수 있도
록 하여 많은 자들이 이를 보고 깨우
쳐 구원을 받을 수 있는 그 역사를 이
루는 것이 너희들의 대명이며,
28 너희들이 나로부터 선택된 은혜를 받
은 제자들이요, 또 나로부터 선택된
아들과 딸이요, 너희들 열여섯 가정을
나의 아들의 신부라 명한 그 은혜를
너희들이 알아야 될 것이며,
29 그 은혜에 대해 너희들이 할 수 있는
길은, 나의 법전을 전하여 한 사람이
라도 더 구하여, 너희들이 구한 백성
을 데리고 와 하늘에 오를 때, 그때 나
의 마음이 기쁘기 한량없으며, 너희들
이 얼마만큼 많은 백성을 이끌어 오고
인도하여 구원했느냐에 따라 너희들
이 그 상을 받음이니라.
30 너희들은 그저 법전을 전하는 것으로
써 너희 임무를 다함이니, 많은 백성
에게 이 법전이 존재함을 전하는 것에
모든 너희들의 생활의 역점을 두라.
31 그렇지 아니하고 너희들이 육의 생활
과 육의 삶을 먼저 생각한다면, 선택
된 제자 너희들은 아무것도 볼 수 없
음을 알라.
32 그것이 선택된 백성이 가야 할 길임을
알라.

3,488 번째 하나님 말씀

2002년 9월 24일 08시 52분

1 사랑하는 나의 아들아!
2 "네, 아버님! 말씀하옵소서."
3 너희들이 나로부터 가장 큰 영광과 은
혜를 받으며 나로부터 사랑을 받아 내
가 너희들을 구원함이니, 곧 너희들이
구원받아 나의 나라에 오르는 것이 너
희들 모두의 삶의 목적이며, 너희들이
거기에 목적을 두고 산다 말하였음이
니라.
4 그러나 그리 말하는 너희들이 직접 행
함은 무엇이며 너희들의 행동함은 무
엇이던가?
5 내가 너희들에게 일찍이 깨우쳐 가르
치지 아니하였던가?
6 너희들의 목숨을 다 바치고 모두를 다
던져 나의 법전이 세상을 덮게 하는
자, 그보다 더 큰 영광과 축복을 나로
부터 받는 자 없다 말하였거늘,
7 과연 나로부터 구원을 받고 은혜와 축
복을 받고자 하는 너희들이 내가 명한

그 역사를 이루고 있는가를 너희 자신
이 돌이켜 봐야 될 것이며, 가슴에 손
을 얹고 너희 자신을 깨달아야 될 것
이니라.
8 내가 너희들에게 일러 일찍이 지혜를
주었으며 깨달음을 주었으니, 너희들
이 육의 삶에서 너희들의 생명이요,
목숨을 내놓고 무엇인가를 이루고자
할 때 너희들 인간사에서 안 이루어지
는 것이 없듯이,
9 하늘에 오르는 길이요, 구원을 받는
것이 인생의 최대의 목적이요, 목표라
말하는 자들이, 나 창조주가 너희들에
게 말하기를 지금 나의 법전을 접하고
깨우친 자만이 심판한다 하였으니, 나
의 법전을 세상에 눈이 내려 덮히듯이
많이 전하여 심판을 받을 수 있는 자
격을 부여하는 것이 너희들이라 말한
다면, 너희들은 과연 어찌 행하는가?
10 너희들이 한 사람의 손에 법전을 쥐여
줄 때 그들에게 나 여호와로부터 심판
을 받을 수 있는 그와 같은 안내자의
역할을 한다 하면, 너희들은 만백성을
구하는 데 무엇이 두려우며 무엇이 그
보다 더 소중함이 있다 말하는가?
11 너희들이 말 한마디를 전하는 것이요,
나의 법전을 전하는 것이 곧 그들이
구원을 받으며 하늘에 와 나에게 심판
을 받을 수 있는 생명의 빛이라 하였
거늘, 너희들이 나의 피조물 만백성의
생명의 빛을 전하는 것에 게을리할 수
있겠는가?
12 너희들이 법전 한 권을 전함으로써 한
생명이 하늘에 오르는 찬란한 구원의
빛을 본다 하면 너희들이 거기에 재물
로 바꿀 수 있다 말하는가?
13 내가 너희들에게 뭐라 하였느냐?
14 너희들의 모두는 다 나의 것을 관리함
이니, 10퍼센트라는 너희들이 살 수
있는 재물 그 이외에는 모두를 만백성
을 위하여 던질 수 있어야 하는 것이
너희들 마음이라 하였거늘, 과연 너희
들은 어찌 살아가는가?
15 너희들에게 단돈 몇 푼의 금화와 은화
가 생겼을 때 그것으로 법전을 사서
만백성에게 전하여 한 사람을 깨우치
겠다는 마음에서 나의 법전을 들고 간
자가 있는가?
16 너희들의 생활이 먼저요, 너희들의 삶
이 먼저이니, 그러고도 너희들이 나의
아들로부터 선택된 제자들이며 나의
법전을 읽고 깨우쳐 하늘에 와서 심판
을 받겠다고 생각하는 자들의 마음이
던가?
17 너희들이 깨우친 만큼 나에게 은혜를
갚는 길은 열배 백배 천배 너희들의
그 모두를 다 던져 나의 법전이 세상
에 눈이 내리듯이 덮도록 하는 것이
며, 그것이 가장 큰 은혜요, 역사임을
어찌 모르는가?
18 말로써 구원받는다 하는 너희들에게
구원이요, 영광과 축복의 그 길과 방
법을 가르쳐 주어도 너희들이 그를 행
하지 아니하고 말로써만 구원을 외친
다면, 너희들이 소리 지르고 원하는
구원이 과연 나와 무슨 관계가 있는가?
19 아무런 관계가 없음을 너희들은 어찌
그리 깨우치지 못하고 어리석고 우매
한 백성들로서 세상을 살아가고 있는
가?

3,489 번째 하나님 말씀

2002년 9월 24일 09시

1 사랑하는 나의 아들아!
2 "네, 아버님! 말씀하옵소서."
3 이 세상에 생각하고 판단하는 것이 천
태만상이라 하였으니, 내가 너를 처음
에 종이라 부르니, 종교 지도자나 믿
음의 길을 가는 사람들이 무어라 생각
하는지 알겠는가?
4 그들은 그리 생각할 것이니라.
5 성서에 기록되어 전하기를, 종은 주인
의 뜻을 알 수 없으며, 그 높은 주인의
뜻을 알 수 없는 것이 종이라 하였음
이니, 내가 너를 종이라 부르니 종교
지도자들이 속으로 뭐라 말하였겠는
가?
6 너는 그저 한낱 지나가는 여호와 하나
님의 종이며, 종이란 성서에 기록되어
있기를 그 주인의 고고한 뜻을 모르는
것이며, 주인이 통제하는 그 넓고 광
범위한 운영의 뜻을 모르는 것이 종이
니,
7 그들은 내가 너를 종이라 부름을 그와
같이 비유하여 너 또한 별것 아닌 사
람이라 그리 생각하였을 것이니라.
8 그리하여 종이 받아쓴 나의 법전이야
말로 나의 뜻을 모르는 것이며, 내가
원하는 것을 모르고 그저 기록하여 전
하는 것이니, 가장 낮은 책이요, 낮은
가르침이라 그리 생각했을 것이니라.
9 그러나 여기서 너희들이 모름이 있음
이니라.
10 내가 너를 최초에 종이라 부름은, 네
가 나의 성서요, 나의 뜻이요, 내가 가
르치는 것을 전혀 알아들을 수 없으
며, 그 수준이 과연 종과 같은 수준이
었기에 내가 너를 종이라 불러 깨우쳤
음이니, 그것이 공의의 하나님이요,
내가 너희를 가르치는 훈련 방법에 있
어서 무엇이 어긋나 있는가?
11 그러니 그 지도자가 얼마나 어리석은
것인가?
12 그저 정해진 글씨의 그 뜻만 앎이니,
미래에 이루어지는 나의 뜻을 모르는
것이 그들이기에 그들은 성서의 속을
모르며 겉만 핥고 있다 하였으며 겉도
제대로 모른다고 하였음이니라.
13 그와 같은 생각을 하는 종교 지도자는
제가 영리하고 영특하며, 성서에 기록
된 그 모두를 제가 생각할 때, 거기에
비유하여 나의 아들과 나의 성령이 가
장 낮은 것이며, 그저 한 가닥 초등학
교의 학문으로서 존재하며,
14 저희들은 고등 학문을 배우고 있는 자
들이며 고등 학문 속에 있는 자들이니
저희들이 위대하고 높은 자라 그리 착
각하고 생각할 것이니라.
15 그러나 나의 뜻을 모르며 나의 음성이
요, 나의 가르침을 모르며 내가 원하
는 것을 모르며 성서 한 줄도 읽지 않
은 너를 내가 나의 아들이라 선택하여
아무것도 알지 못하는 그와 같은 자로
서 내가 내세웠을 때,
16 그들은 나의 아들이라 하여 기대하고
너에게 가서 대화하나, 아무것도 모르
는 나의 아들 너를 보고 뭐라 하겠느
냐?
17 그 어리석고 무식한 자가 장난을 친다
그리 말하였을 것이니, 그리하여 아무

것도 모르는 너를 내가 처음에 종이라
불렀음이니라.
18 그러나 네가 나의 성령을 받아 기록하
며 깨우쳐 가 나의 뜻이 무엇인가를
알며 행하는 것이 무엇인가를 앎이니,
그리하여 내가 너를 선지자라 불렀음
이 거기에 있음이니라.
19 네가 나의 뜻을 알아 행할 수 있는 능
력이 있고 그 깨우침이 있기에 내가
너를 선지자라 불렀음이니라.
20 그리하여 이제 내가 너를 아들이라 부
른 것은 무엇이던가?
21 나의 모든 백성들을 인도할 수 있는
목자로서 자격을 갖추었으며, 그 누가
너에게 와서 질문해도 네가 대답할 수
있는 그 깨달음의 경지에 올랐음이니,
그리하여 정녕 네가 나의 아들임을 내
가 밝혔으니,
22 이제는 나의 아들로서 네가 그 누구와
갑론을박을 해도 다 알 수 있는 것이
니 그리 알아야 될 것이니라.
23 이 이치를 모르는 자들이 내가 너를
종이라 부르고 선지자라 부르며 아들
이라 부르는 그 이치를 모름이니, 아
들이라 부르는 것이 선지자만 못하며
또한 종만 못하다고 그리 억지를 부리
는 사악한 자들이 있으니 그들이 곧
사탄의 대표이니라.
24 너희들은 여기서 그들의 마음이 얼마
나 사악하고 간악한지 알아야 될 것이
니라.
25 또한 너에게 와서 공부하며 깨우치다
가 떠난 자들이 하는 이야기나 그들이
부르짖는 것이 얼마나 사악한 사탄의
행위인지 알아야 될 것이니라.
26 너희들은 긴 여행을 할 때 차를 타고
감이니라.
27 차라는 그 기계를 타고 가다가 그 운
전하는 자의 실수나 또는 돌발 상황에
의하여 사고가 나서 너희들의 육신이
부러지는 비참한 현상이 벌어졌다고
하자.
28 그때 너희들은 그 차를 운전한 자요,
그 차를 인도한 자요, 그 사고 난 상황
에 의하여 너희들의 다리가 부러지며
골이 터지는 그와 같은 처참한 형국이
일어난 것이거늘, 너희들은 어찌 말하
는지 아는가?
29 너에게 등지고 간 그 제자들이 말하느
니라.
30 너희들이 사고 나기 직전에, 너희들이
목적지에 갔다오도록 차를 갈아탈 수
있게 안전하게 태워다 준 그 차를 탔
기 때문에 오늘과 같이 뼈가 깨지고
골이 터지고 눈이 빠지는 처참한 사고
가 났다 그리 말하는 것이니, 그것이
사탄의 표본이며 사악한 자들이 하는
행위이니라.
31 그리하여 그들이 뭐라 하는가?
32 내가 아끼는 나의 백성의 그 몸에 이
상이 생겼을 때 그에게 뭐라 말하느냐?
33 저희들이 같이 가는 그 차를 타고 사
고가 나서 그와 같이 됐다 생각하지
아니하고, 그를 안전하게 잘 태워다
줬던 먼저 탄 차가 잘못되었으며 그
차를 탔기 때문에 오늘의 사고가 났다
말하니, 뼈가 터지고 눈이 빠지며 골
이 깨지는 그와 같은 형국에 있는 자
들이 그리 말하는 것이 인간사의 사악
한 자들이며 사탄이요, 그 나로부터

버림받은 자들이 하는 소리이니, 인간의 마음가짐이 그러하거늘 이를 어찌 깨우치겠는가?
34 다시 한 번 내가 너희에게 깨우쳐 줌이니, 너희들이 타고 가던 차가 사고가 나는 것은 그 현장에 의하여 사고가 나는 것이며 그 차를 탔기 때문이거늘, 너희들이 그 차를 탈 수 있도록 안전하게 태워 준 그 차를 탄 것이 사고의 원인이라 그리 말하는 자들이 사탄이요, 사악한 자들이니라.
35 그를 너희들은 알아야 될 것이니라.
36 이와 같은 것이 너희들의 마음 자세며 너희들이 행하고 살아가는 것이니, 과연 내가 나의 백성들을 어찌 구원하며 깨우치겠는가?
37 그 말이 맞다 생각하고 '할렐루야! 아멘!' 하며 눈물의 기도와 광란의 짓을 하고 따라가는 것이 나의 사랑하는 백성들이요, 신도라 하는 자들의 형국이니,
38 이를 보고 깨우쳐 바로 서라 하여도 너희들은 그것이 맞다며 악을 쓰고 그 길로 달려가며, 그를 깨우쳐 주는 나의 아들과 나의 법전이 잘못된 것이라 비판하며 이를 찢어 버리고 태우려 하니,
39 너희들 스스로 깨우치지 아니하는 그 죄는 면할 수 있으나, 지도자인 법전 한 권이 나가 천 년에 걸쳐 그 많은 나의 피조물 만백성을 구원할 수 있는 것까지 막음이니, 그 죄까지 너희들이 지고 지옥으로 간다는 것을 잊어서는 안 될 것이며, 이 무섭고 엄연한 사실을 깨우쳐야 할 것이니라.
40 나의 법전이 세상에 나간 이후에 이를 보고 깨우치지 못하는 자는 심판대에 설 수 없다는 뜻이 여기 있음을 알아야 될 것이니라.

3,490 번째 하나님 말씀

2002년 9월 24일 09시 11분

1 사랑하는 나의 아들아!
2 "네, 아버님! 말씀하옵소서."
3 나로부터 선택된 나의 혈통이요, 나의 아들딸 너희들이 살아가는 모습이 무엇이라 하였느냐?
4 나의 법전을 너희들이 가슴에 안고 정독하며, 나의 법전을 전하며, 나의 법전에 기록된 그 뜻이 곧 나의 뜻이니 나의 뜻에 따라 너희들이 살아감에 있어서 순종하며, 남을 사랑하고 용서하고 베풀고 나누며 남의 고통을 자기 자신의 고통으로 생각하고 살아가는 그와 같은 너희들의 모습이 나 여호와에게 가장 큰 기쁨이요, 행복이라 내가 너희들에게 말하였음이니라.
5 너희들이 사악한 짓이나 남들이 보아 눈살을 찌푸릴 그와 같은 나쁜 짓을 하고 사는 것이 나를 기쁘게 한다 함이 아니었음이니라.
6 너희들이 그저 사랑하고 나누며 나의 법전대로 순종하여 아름다운 어린아이와 같은 마음을 가지고 사는 것이 나를 가장 기쁘게 하며, 하늘에 오르는 길의 근본이라 하였음이니라.
7 그러나 사악한 자들이요, 잘못 가르치는 지도자들은 무엇이던가?
8 너희들이 사악한 마음을 갖도록 하며,

사랑을 모르도록 하며, 말로써는 사랑
을 부르짖으나 행함에 있어서는 사랑
이 없고 인색함이니, 그와 같이 반대
급부로 달려가며 그리 가르치는 자들
이 있음이니,
9 그 속에서 너희들이 나의 뜻에 따라
순종하며 사랑을 베풀고 나누며 사는
것이 너무나 억울하며 잘못 살아가는
것이며, 너희들만이 손해를 보는 것이
라는 그와 같은 마음자리를 너희 가슴
속에서 버릴 수 없음이니라.
10 그러나 그 모두를 다 털어 버리고 나
의 법전의 뜻에 따라 순종하며 살아갈
때, 많은 이들에게 베풀며 역사하는
그 삶을 살아갈 때 나 여호와에게 가
장 큰 기쁨이요,
11 또한 나의 기쁨이기 전에 너희들의 축
복이요, 하늘에 오를 수 있는 길이라
내가 너희들에게 말하였음이니라.
12 그러나 지금 나의 피조물 만백성 너희
들이 살아가는 형국이 무엇이더냐?
13 내가 원하는 그 길로 옴이 아니요, 감
히 너희들이 남을 비방하며 남의 허물
을 흉보며 형제들을 미워하는 그와 같
은 삶을 살아감이니,
14 너희들이 그와 같은 마음으로 살아가
는 것은 너희들이 죄를 짓고 살아감이
아니요, 나 여호와가 존재함을 거부하
며 나 여호와를 미워하며 나를 저주하
는 그와 같은 것이며,
15 너희들이 나를 경배하는 마음이 아니
라, 내가 존재하지 아니한다는 마음에
서 살아가는 그와 같은 행동임을 알아
야 될 것이니라.
16 너희들이 남의 허물을 탓하며, 남의
잘못된 것을 용서하지 못하며, 남의
어렵고 힘든 것을 돌아다보지 아니하
며, 그들을 같이 돕고 나누며 살지 않
는 그와 같은 것은 곧 너희들이 나에
게 하는 행위임을 알라.
17 나 여호와가 어렵고 너희들에게 무엇
인가 도움을 원할 때 그를 들어주지
아니하며 나를 핍박하는 그와 같은 삶
을 사는 자들이니라.
18 너희들에게 냉수 한 그릇 달라 하는,
너희들에게 은혜와 영광을 내리고자
그저 보따리 그득히 지고 온 사람의
그 부탁을 들어주지 아니하여 너희들
이 그 많은 축복과 영광을 받지 못하
며, 너희들에게 베풀러 온 사람을 쫓
아 보내는 그와 같은 어리석은 형국의
삶을 살아서는 아니 될 것이니라.
19 너희들이 남에게 베풂이 곧 나 여호와
에게 베풂이요, 너희들이 이웃의 형제
에게 웃음을 한번 던질 때 그것이 나
에게 기쁨의 웃음을 던지는 것이며,
20 남을 저주하고 미워하고 시기하는 것
은 너희들이 나를 시기하고 나를 모함
하며 나에게 욕함이라 하는 것을 알아
야 될 것이니라.
21 이 하나의 이치를 너희들이 깨우쳐 하
늘에 오르는 길의 지표로 삼아야 될
것이며, 너희들의 생활에 살아가는 방
식을 오늘 이후부터 바꾸어야 될 것이
니라.
22 형제지간에 미워하며, 같이 나의 법전
을 공부하는 너희들이 서로 시시비비
하며 갑론을박하는 그 자체가 너희들
이 나 여호와를 비평하며 나 여호와를
욕하며 나 여호와에게 그리 대드는 역

사임을 알아야 할 것이니라.
23 이 이치를 너의 제자들에게 깨우쳐 전
하도록 그리하라.

3,491 번째 하나님 말씀

2002년 9월 24일 09시 19분

1 사랑하는 나의 아들아!
2 "네, 아버님! 말씀하옵소서."
3 내가 너희들을 세상에 내려보낼 때
60점이라는 그 틀 속에서 너희들이
모두를 얻고 살아갈 수 있도록 내가
너희들에게 내려 주었음이니라.
4 그리하여 너희들이 노력하는 만큼 얻
을 수 있으며, 명예요, 재물을 얻어 너
희들이 관리하고 살다 올 수 있도록
내가 모든 은혜와 은총을 너희들에게
주었다 하였음이니,
5 또한 너희가 노력하는 만큼 거둘 수
있는 모든 여건을 만들어 너희들에게
내려보냈음이니라.
6 그러나 너희들이 그 속에서 노력하여
얻고 이루는 그 모든 역사는 또한 너
희들 개인의 것도 아님을 알라 내가
너희들에게 가르쳤음이니라.
7 내가 너희들에게 60점이라는 그 속에
서 너희들이 노력하는 만큼 얻고 또
모으며 아름답고 즐거운 인생을 살아
갈 수 있도록 다 주었다 하였음이니라.
8 그러나 너희들은 세상에 살다 인연을
끊을 때 그를 한 주먹도 가지고 올 수
없음이니,
9 그리하여 그와 같이 너희들이 이룬 재
물이요, 역사요, 명예 또한 그 모두가
너희 개인 것도 아니며, 너희 한 가족
의 것도 아니며, 너희들이 속해 있는
조직 속의 그들의 것도 아니라고 내가
너희들에게 그리 가르쳐 주었건만,
10 너희들은 나의 뜻을 깨닫지 못하고 그
와 같이 마음을 비우지 못하고 살아감
이니, 이를 보는 나는 과연 어찌하여
야 되겠는가?
11 너희들은 내가 내린 60점의 그 영광
속에서 너희들이 이룬 것, 또 너희들
이 역사한 것 그 모두는 너희들이 잘
관리하고 쓰다가 놓고 나에게 온다는
그 자체를 모르고 있음이니, 이와 같
은 것을 먼저 깨달아야 함을 알라.
12 너희들이 개인적으로 노력하여 이룬
명예나 모든 재물이요, 부귀와 영화
그 모두는 다 너희들 것이 아니며, 너
희들의 영원한 소유물이 아니라는 것
을 알아야 될 것이니라.
13 개인 것도 아니며, 너희 가정에 계속
지속되는 너희들의 후손의 것도 아니
며, 너희들의 집단에 속해 있는 것도
아님을 알라.
14 그 모두는 나의 것이기에 너희들은 그
재물을 영원히 소유할 수 없음을 알아
야 될 것이니라.
15 그러나 너희들은 그 재물에 대한 욕심
이요, 그 재물을 영원히 소유하고자
하며 소유할 것이라 생각하며,
16 그리고 그것을 너희 후손들에게 또 연
계해 주며 대대손손 전해 주고자 하는
그와 같은 욕심과 그 재물에 대한 집
념 때문에 하늘에 오르는 그 아름다운
빛과 나누고 사는 삶을 모르며, 그 모
두는 너희 것이 아니니 너희들이 손에
서 놓았을 때 다 떨어지는 낙엽과 같

이 너희들과 인연이 없다는 그 엄연한
사실 자체도 모르고 있음이니라.
17 그리하여 너희들은 그 재물에 대한 집
념 때문에 지금 지옥으로 계속 떨어져
가고 있으며, 또한 그를 긁어모으고자
하는 종교 지도자들이 너희들에게 그
와 같이 가르치기에 같이 편승하여 너
희들이 지옥으로 떨어지는 것은 나에
게 오르는 것이 아니라 너희들이 사악
한 사탄과 악마들에게 협조하고 협력
하여 하나가 되어 살아가는 그와 같은
너희들의 삶이니라.
18 너희들의 재물은 너희 개인 것이 아니
고 너희 가족 것도 아니며 너희 집단
것도 아니라는 그와 같은 마음 자세로
써 세상을 볼 때, 너희들이 베풀고 나
누며 사는 역사의 한 틀을 이룰 수 있
는 것이니,
19 그리 깨닫는 자는 지옥행에서 구원을
받는 빛을 향하여 하늘로 올라올 수
있거늘, 천사가 되는 그 영광의 길을
너희들이 모르고 살아감이니라.
20 그리하여 너희들이 지옥으로 가서 영
원히 고통 속에 사느냐 천사가 되어
하늘에 오를 수 있느냐 하는 것을 깨
우칠 수 있도록, 모든 재물은 너희 개
인 것도 아니며 너희들의 집단 것도
아니니, 모두 관리하다 놓고 간다는
것을 내가 너희들에게 다시 한 번 더
깊이 심어 줌이니,
21 나의 법전을 읽고 깊은 밤 너희들이
스스로 나에게 경배하고 기도하며 물
어보라.
22 '주여, 창조주이신 하나님이시여! 정
녕 그것이 저희 것이 아니며 저희 후
손 것도 아니며 저희 집단 것도 아니
옵나이까? 오로지 아버지 것이옵나이
까? 그를 어찌 베풀고 어찌 써야 하겠
사옵나이까?'
23 너희들이 깊은 밤 간절한 마음으로 나
에게 기도를 드릴 때, 내가 너희들에
게 그 답을 내려 줄 것이니 이를 행하
도록 그리해 보라.

3,492 번째 하나님 말씀

2002년 9월 24일 09시 52분

1 사랑하는 나의 아들아!
2 "네, 아버님! 말씀하옵소서."
3 네가 십계명을 암송하고 또 암송할
때, 네가 지금까지 살아오면서 지었던
작고 큰 그 죄들을 하나하나 벗어 내
는 그와 같은 애절한 마음으로써 암송
하라 하였음이니라.
4 네가 하늘의 나를 향하여 그 십계명을
암송할 때마다 네 마음이 천사와 같이
변화된다는 그와 같은 깨달음이요, 그
와 같은 마음에서 암송할 때 나 여호
와의 마음이 기쁘기 한량없음이니라.
5 이 세상에 단 한 사람, 네가 그 누구도
갈 수 없는 길이요, 그 누구도 깨달을
수 없는 그 길을 깨달아 가야만 만백
성이 보고 깨우쳐 하늘에 오르는 그
길을 보게 됨이니, 너는 가야 하며 또
넘어야 하는 그 길이니라.
6 그를 네가 스스로 알아서 행하며 지키
는 그 모습은 나 여호와의 마음을 기
쁘게 함이며, 내가 너를 편안히 볼 수
있도록 네가 자식으로서 할 바를 다함
이니라.

7 부모가 원하는 자식의 그림이 있으며
그를 어찌 쓰고 어찌 성장시키고자 하
나, 그와 정반대로 역행하는 길로 간
다 하면 육의 부모도 얼마나 마음이
아프겠는가?
8 그러나 네가 나의 뜻을 따라 오늘 바
로 가고자 하며, 그리하여 네가 모든
지금까지 지고 온 작고 큰 죄를 하나
하나 덜어 버리는 그 마음으로, 힘들
고 지친 그 마음에서도 나에게 십계명
을 암송하며 또 나의 성령을 받아 세
상에 내려보냄이니, 이는 네가 나를
기쁘게 함이니라.
9 그리고 또한 당연히 그리 가야 할 것
이며, 그와 같은 마음으로 네가 죽어
나에게 올 때까지 그리 지키고 가는
것이 도리이며,
10 너의 제자들 또한 그 십계명을 많이
암송하고 그리 깨우쳐 가도록 그들에
게 깨우쳐 주어야 될 것이니라.
11 다만 내가 너희들에게 하나 이르나니,
아무리 십계명을 너희들이 암송하고
또 암송한다 해도 그 뜻에 따라 너희
들이 행하고자 하는 마음이 없다 하면
그 암송하는 것은 나의 귀에 들리지
아니함이니라.
12 내가 너희들에게 말하노니, 너희들 인
간 세상에 살아가면서 하는 말이 있지
않으냐?
13 '너 자신을 알라.' 그리하여 너 자신을
알 때 모두를 다 볼 수 있으며 알 수
있다 말하지 아니하는가?
14 지금 나의 피조물 만백성 너희들이 나
의 계명을 외우고 또 외운다 하여 너
희들의 지은 죄를 덜어 버린다 그리
생각하지 말라.
15 너희들이 나의 계명을 외우면서 너희
들 자신을 돌아다보고 '나 자신이 어
디에 있으며 내가 어떤 마음으로써 어
찌 행하는가?' 그리 자기 자신을 돌아
다보는 그와 같은 소중한 시간의 마음
에서 너희들이 깨달음의 변화를 이루
어 가야 될 것이니라.
16 너희들 자신을 알아야 됨을 잊지 말라.
17 너희들 자신을 돌아다보며 '내가 누구
이며 내가 무엇인가'를 알 때, 너희 형
제나 이웃의 잘못된 점과 그들의 허물
이 너희 눈에 보이지 아니할 것이니라.
18 너희들이 너희 자신을 모를 때 남을
탓할 수 있으며 남의 허물을 볼 수 있
으며, 서로 반목하는 그와 같은 삶을
살아가는 것임을 알아야 할 것이니라.
19 오늘 너의 제자들에게 일깨워, '너 자
신을 알라.' 그리 이르라.
20 나의 아들은 과연 누구며 너희들은 무
엇인가?
21 너희들이 하나의 건축물을 짓기 위하
여 그곳에 수천수만 가지가 들어가서
하나의 아름답고 위대한 건축물의 역
사가 이루어지지 아니하는가?
22 너희들은 바로 무엇이더냐?
23 하나의 큰 건축물을 이루기 위하여 그
곳에 소모되는 하나의 각자 맡은 직분
을 수행하는 자들이니라.
24 물이면 물이요, 돌이면 돌이요, 못이
면 못이요, 나무는 나무요, 유리면 유
리이니라.
25 그리하여 너희들이 하나씩을 감당하
여 그를 이루듯이, 그를 두드려 맞추
며 그를 주관하며 역사하는 것은 나의

아들이니라.
26 어찌 감히 유리요, 거울이요, 물이요,
시멘트요, 돌인 자가 전체의 그 역사
를 이루는 나의 아들 앞에 와서 갑론
을박할 수 있겠는가?
27 너희들이 나의 아들의 이루고자 하는
뜻과 그가 행하여 가고 있는 그림에
무엇을 그리며 어찌 가고자 하는지를
과연 알 수 있는가?
28 알 수 있다면 나의 아들 앞에 와서 갑
론을박을 해 보라.
29 너희들은 부분적으로 한 부분을 맡아
역사하는 것이며, 내가 이루고자 하는
큰 역사 중에 한 틀을 맡아서 너희 소
임만을 행하면 되는 것이니라.
30 너희들은 모든 백성을 이끌어 가는 목
자가 아님이니라.
31 하나의 건축물을 이루는 곳에도 하나
의 책임자가 있으며 지배하는 자가 있
듯이,
32 나의 피조물 만백성을 구하는 그 역사
를 이루는 것은 오로지 나의 아들뿐이
며, 나의 음성이요, 나의 뜻을 받아 행
하는 것은 나의 아들뿐이니, 너희들이
그 앞에 와서 갑론을박을 하지 말라.
33 그 속에 가지고 있는 뜻과 내가 그 머
릿속에 그려 준 그림을 모르며, 내가
어찌 역사하고자 하는지 그 건물의 형
태도 모르는 것이 모래요, 자갈이요,
유리요, 나무요, 못이요, 너희들이 가
는 길인 것을,
34 어찌하여 너희들은 앞을 못 보면서 대
역사를 이루고자 하는 그 뜻을 안다
말할 수 있겠는가?
35 그리하여 너희들 자신을 돌아다보며
너희 자신을 먼저 아는 그와 같은 깨
우침을 얻도록 하라 그리 가르치라.
36 그리하여 '자신을 알라.' 이르라.
37 자신을 알 때 너희들이 형제간에 반목
할 수 없으며,
38 너희들은 나 여호와로부터 선택된 나
의 아들딸이요, 한 혈통이니 너희는
형제이거늘, 감히 내 앞에서 나의 자
식인 너희들이 형이 동생을 나무라는
것은 잘못됨이 아니더냐?
39 그를 깨우쳐서 인도하는 것은 할 수
있는 일이며 동생을 가르치는 형으로
서의 도리라 하나, 부모 앞에서 형이
라 하여 동생에게 매를 대며 욕설을
하며 시시비비하는 그와 같은 것은 아
님이니라.
40 너희들 인간사에도 그러하거늘, 어찌
하여 너희들 한 형제끼리 반목하며,
41 창조주 나 여호와가 너희들이 다 필요
하여 나의 자식이라 선택하였으며, 너
희들의 씀씀이가 있으며 너희들 자리
가 있으며 너희들이 해야 할 일이 있
으며 각자 임무가 있거늘, 너희 임무
에 충실하면 될 것이지 어찌하여 너희
와 같은 형제인 그를 핍박하고 그에
갑론을박하며 그의 이름을 거론할 수
있는가?
42 너희들은 절대로 그리해서는 아니 되
니, 너희들 자신의 임무가 무엇인가를
먼저 깨달으며, 너희들 자신을 돌아다
보는 그와 같은 겸손한 마음으로써 살
아가는 자식이 되라.
43 나의 혈통이요, 나의 아들이요, 딸이
라 하는 너희들은 같은 형제며 나의
자식이며, 내가 너희들과 항상 같이하

고 있음이니, 형이라 하여 동생을 함
부로 핍박할 수 없으며, 동생이 또 형
에게 감히 대드는 그와 같은 일을 나
여호와 앞에서 행하는 것이 있어서는
아니 될 것이니라.
44 내가 항상 너희들과 같이하고 있음이
니, 너희들의 말 한마디요, 행동하는
것이요, 동생을 타이르는 것이요, 아
랫사람을 다스리는 것도 너희들이 나
여호와 앞에서 동생을 훈계함이니, 나
여호와에게 누가 되지 않는 행위로써
그리하여야 될 것이니,
45 일단 너희들이 형제지간에 남의 흉을
보거나 남의 허물을 평가하는 말을 하
지 말라.
46 오로지 사랑으로써 그를 다스리고 인
도하며, 그의 단점이나 아픔을 그 스
스로 알고 있거늘, 그에게 상처를 주
는 그와 같은 것은 형으로서도 자세가
아니 되며, 나 여호와 앞에서 너희들
이 동생을 가르친다 하여도 그것은 아
니 됨이니라.
47 그를 지적하는 것보다 오로지 사랑과
너그러운 마음으로써 그를 보살펴 주
고 위로했을 때, 그가 자기 잘못을 깨
달을 것이며 그 아픔을 깨달음이니,
48 그러한 방법으로써 너희들이 바로 서
지 못하고, 서로 시기하고 질투하며
남을 비방하는 그와 같은 얘기를 한다
하면, 너희들은 형제도 아니요, 자기
자신을 모르는 것이니라.
49 오늘 너의 제자들에게 일러 주라.
50 자기 자신을 돌아다보고 자기 자신이
무엇이며 어디에 와 있는지 그를 깨우
치도록 그리 가르쳐 그들이 바로 설
수 있도록 그리하라, 사랑하는 나의
아들아!

3,493 번째 하나님 말씀

2002년 9월 24일 11시 47분

1 사랑하는 나의 아들아!
2 "네, 아버님! 말씀하옵소서."
3 '나의 법전을 가슴에 안고 정독하는
자, 반석 위에 서서 하늘에 오르는 찬
란한 빛을 보게 되는 영광을 얻게 됨
이라' 말하였음이니라.
4 너희들의 가장 큰 소망이요, 너희들이
살아가는 목적이며 그 의의가 어디에
있는가?
5 너희들이 구원을 받고자 하며 영원히
사는 나의 낙원에 오르고자 하는 것이
너희들의 뜻이니라.
6 그러나 내가 너희들에게 무어라 말하
였느냐?
7 '나의 법전을 가슴에 안고 정독하는
자, 반석 위에 서서 하늘에 오르는 찬
란한 영광의 빛을 볼 수 있다.' 하였음
이니, 바로 너희들이 그와 같은 자리
에 서 있는 자들임을 알아야 될 것이
니라.
8 지금 수천 년 역사가 흘러오면서 나의
백성들을 깨우쳐 이끌어 하늘에 오른
다고 가르치는 종교 지도자들이 정녕
나와는 아무런 관계도 없는 그 길을
달려가고 있음이니, 그들이 기도하는
것이나 그들이 울부짖는 것은 파도소
리만큼도 내 귀에 들리지 아니한다고
하였음이니라.
9 그들은 스스로 저희들만이 지옥으로

가는 것이 아니라, 나의 백성들에게
눈이 있어도 보지 못하게 하며 귀가
있어도 듣지 못하게 함이니,
10 귀가 있어도 듣지 못하며 눈이 있어도
보지 못하는 그 인생의 삶이 어떠한
것이더냐?
11 어두운 암흑의 세상에서 사는 것과 같
지 않던가?
12 정상적인 사람이 그와 같은 자들을 볼
때 그들이 얼마나 어렵고 힘든 삶을
살아가는가?
13 지금 수천 년 역사 동안 흘러오면서
수많은 종교 지도자들이 이 세상에 존
재하며, 또 그곳에서 깨우침을 얻어
하늘에 오르겠다고 울부짖는 그 수억
의 인구들이 눈이 있어도 보지를 못하
며 귀가 있어도 듣지를 못한다 하면,
14 나의 아들과 나의 백성들이 잘못 가르
치는 종교 지도자들로 하여금 내가 내
리는 나의 성령이요, 나의 가르침을
귀가 있어도 듣지를 못하며 눈이 있어
도 하늘에 오르는 찬란한 그 빛을 못
보는 암흑에서 사는 나의 백성들이 되
었다 하면,
15 그와 같이 만든 자들이 내 앞에 와서
상을 받을 수 있다 생각하는가?
16 그와 같이 만든 자, 그 숫자만큼 저희
들이 죄를 지고 내 앞에 와서 그 무서
운 심판을 받을 것이며,
17 그리 답답하고 보지 못하고 듣지 못하
는 그와 같은 암흑의 세상에서 사는
나의 백성들 중에서 나로부터 선택된
나의 혈통이요, 나의 아들이요, 나의
딸이라 하는 너희들만이 눈이 있어 세
상을 바라보며 귀가 있어서 나의 성령
을 들으며 온갖 세상의 이치를 다 들
음이니,
18 이 세상 수십억 인구의 나의 자식 중
에 바로 선 자요, 듣는 자요, 눈으로
보고 남을 깨우쳐 인도할 수 있는 자
들이 나의 성전에 와서 공부하는 자들
이요, 나의 법전을 읽고 깨우친 너희
들이라 한다 하면, 과연 너희들이 얼
마나 되는 인구이며, 얼마나 나로부터
소중한 백성들인가?
19 그것을 너희들은 한번 생각해 봐야 될
것이니라.
20 내가 천 년에 걸쳐서 새로운 역사요,
너희들이 말하는 하늘의 낙원처럼 지
상에 이루는 것이 소원이라 말하였음
이니,
21 지금 앞을 보지 못하며 듣지 못하도록
나의 백성들을 그와 같이 이끌고 가
그들이 자신을 판단할 수 없도록 하는
그 백성들이 어찌하여 내가 원하는 천
년의 그 역사를 이룰 수 있다 생각하
는가?
22 그리하여 천 년의 역사를 이룰 수 있
는 것은 지금 나의 성령을 귀가 있어
들을 수 있는 자, 그리고 내가 역사하
는 것을 눈으로 볼 수 있는 자, 세상의
아름답고 곱고 악하고 추함을 바라볼
수 있는 안목을 가지고 있는 너희들만
이 그 역사를 이룰 수 있는 자임을 알
아야 될 것이니라.
23 그리하기 때문에 너희들에게 차별화
된 삶을 살라 하는 것이며, 천사와 같
은 아름다운 마음으로 사는 것만이 너
희들이 할 길이며 나에게 오를 수 있
는 길이라 내가 수없이 강조하고 깨우

쳐 주었음이니라.
24 내가 오늘 나의 아들을 통하여 너희들
에게 가르쳐 주었음이니라.
25 이 세상에 너희들을 가르칠 스승은 하
나도 없으며, 너희들보다 더 아는 자
가 없음이니, 곧 이 세상에서 너희들
보다 더 위대한 스승이 없다는 말과
같음이니라.
26 그는 무엇이더냐?
27 지금 나의 피조물 만백성을 잘못 가르
치는 종교 지도자들은 귀가 있어도 듣
지 못하며 눈이 있어도 보지 못하며,
그들이 스스로 판단할 수 있는 사고력
까지 다 빼앗아 무너트렸으며 짓밟아
뭉갠 그와 같은 형태에서,
28 그곳을 뛰쳐나와 너희들 눈으로써 나
를 보며 너희들 귀로써 나의 성령을
들으며 옳고 그름을 판단할 수 있는
나의 백성, 너희들만이 새로운 역사를
이루는 데 그 기초가 될 수 있는 자들
이기에, 너희들이 소중하며 너희들보
다 위대한 스승이 없다 말하였음이니
라.
29 귀가 있어도 듣지 못하며 눈이 있어도
보지 못하며, 내가 생각할 수 있는 지
혜를 주었으나 그 사고력과 판단력이
없는 자가 어찌하여 나의 백성들을 깨
우쳐 하늘에 오르게 하는 스승이 될
수 있다 말하겠느냐?
30 그들은 듣지 못하고 보지 못하니 아는
것이 없음이니, 그리하여 그들이 바른
길을 가르칠 수 없음이니라.
31 오로지 나의 성령을 귀가 있어서 듣고
눈이 있어서 보는 너희들만이 가르칠
수 있으며 깨우칠 수 있기에, 너희들
을 더 가르칠 스승이 세상에 없다 하
였음이니라.
32 너희들 위에 있는 자는 귀가 있어도
나의 성령을 듣지 못하며 눈이 있어도
나의 뜻을 보지 못하니 너희들을 가르
칠 수가 없음이니라.
33 귀가 있어 들으며 눈이 있어 보며 생
각하는 지혜가 있어 옳고 그름을 판단
하는 너희들을 가르칠 수 있는 스승이
없다 함이 여기 있으며, 너희들보다
더 위대한 스승이 없음이니라.
34 그 이치를 알아 너희들의 소중함을 알
아야 될 것이며,
35 너희들이 스스로 소중함을 알았다면,
듣지 못하고 보지 못하는 그 백성들에
게 나의 뜻을 가르치고 법전을 손에
쥐여 줘, 그들의 눈을 뜨게 하며 귀가
열려 듣게 하여 그와 같은 만백성을
많이 구하는 것이 나에게 가장 큰 기
쁨을 선사하는 것이며 나에게 효도하
는 것임을 잊어서는 아니 될 것이니
그리 알라.

3,494 번째 하나님 말씀

2002년 9월 24일 12시 43분

1 사랑하는 나의 아들아!
2 "네, 아버님! 말씀하옵소서."
3 너의 제자가 너에게 그리 물었느니라.
4 나의 아들 예수는 어찌 사업을 했으며
어찌 경영했으며 어찌 생활을 하고 지
냈는가를 알고 싶다고 너에게 물었으
며, 내가 너에게 직답을 그리 주었음
이니라.
5 그 당시 예수의 제자들이 오늘의 너를

따르는 너의 제자들보다 더 훌륭했으
며 더 나았음이라 내가 그리 대답을
주었음이니라.
6 너희들은 나의 아들 예수가 나의 성령
만을 전하며 동서남북 많은 백성들을
위하여 역사를 이루는 그 과정을 생각
해 본다면, 나의 아들이 어찌 생활을
했으며 어찌 그를 유지해 갔을 것인가
를 알 것이 아니던가?
7 그게 바로 무엇이더냐?
8 예수의 제자들이 그로 하여금 그 역사
를 이룰 수 있도록 그 모두를 다스려
나갔음이니, 너희들은 그를 생각하며,
9 나의 아들이 160권의 법전을 세상에
나의 성령을 받아내며 나의 뜻을 기록
하여 만백성을 이루는 그 역사의 이
한 장면을 가고 있음이니,
10 그 나의 아들이 가는 길을 너희들이
돌아다보며, 그가 나를 위하여 기도하
고 경배하며 160권의 법전이 세상에
나갈 수 있도록 만반의 준비를 갖춰
놓는 것이 너의 제자들이 할 도리이
며, 너희들이 하여야 할 길이라는 것
을 너희들이 깨우쳐야 될 것이니라.
11 너희들이 묻기를 나의 아들 예수가 어
찌 생활했으며 어찌 이끌어가고 어찌
운영했느냐고 그를 묻기에 내가 그 실
상을 가르쳐 주었음이니,
12 너의 제자들 또한 힘을 합쳐 나의 아
들이 160권의 법전을 세상에 펴낼 수
있도록 만반의 준비를 하지 아니하면
아니 됨을 알라.
13 나의 아들 예수를 지킬 수 있었던 것
도 그 제자들만이 할 수 있는 길이었
으며 그들이 보호할 수 있는 길이었으
니, 그 누가 그를 보호할 수 있었겠는
가?
14 그러나 그들은 그를 행하지 못하였음
이니라.
15 나의 아들이 160권의 법전을 쓰며, 많
은 종파들이 하나의 힘이 되어 태풍처
럼 밀어닥칠 때 과연 너희들이 아니면
누가 그를 지키며 그를 보호할 수 있
다 생각하는가?
16 지금 이 세상 수십억 인구 중에 나의
아들 옆에 있는 너희들보다 더 가까운
자가 누가 있으며, 너희들보다 더 많
이 아는 자가 어디 있으며, 너희들보
다 나의 아들을 더 깊이 아는 자, 그리
고 정을 가지고 있는 자 누가 있겠는
가?
17 이 세상에서 나의 아들을 가장 사랑하
며 정을 가지고 있는 너희들이 나의
아들로부터 등을 돌린다 하면, 이 세
상 누구도 나의 아들을 지켜 줄 사람
이 없는 것은 당연한 것이 아니더냐?
18 나의 아들이 160권의 법전의 대장정
의 역사를 이룰 수 있도록 너희들이
준비하지 못한다 하면 어찌하여야 되
겠는가?
19 지나가는 사람이 도와 나의 아들이
160권을 쓰도록 역사를 이루어야 되
겠는가, 아무것도 모르는 자가 해야
되겠는가, 나의 아들을 없애고자 하는
자들이 그리해야 될 것인가?
20 이와 같은 이치를 하나 깨우쳤을 때,
너의 제자들이 해야 할 일과 가야 할
길이 무엇인가를 너희들이 알 것이니
라.
21 이를 너희들에게 깨우쳐 주고자 내가

너의 제자를 통하여 그리 질문을 하도
록 하였으며 또한 대답을 내가 내려
주었음이니 그리 알아야 할 것이니라.
22 이것이 너희들이 이미 분석하고 행하
여야 될 일이거늘 너희들이 이를 모르
고 가고 있음이니,
23 나의 아들이 160권의 법전을 받아 세
상에 만들어 내는 그 고충과, 그 모두
를 정리하고 다스려 가는 그의 어렵고
힘든 이면을 너희들이 모름이니,
24 너희들은 와서 나의 성령을 들으며 나
의 법전의 강론을 듣고 그저 돌아감이
니 그것으로써 너희들의 소임을 다했
다 생각하지 말라.
25 이와 같은 의미의 깊이를 너희들이 깨
우쳐야 될 것이며, 내가 너희들에게
예수의 제자들이 너희보다 낫다고 한
그 답의 부끄러움을 알며 반성하고 깨
우치는 시간을 가져야 할 것이니 그리
알라.

3,495 번째 하나님 말씀

2002년 9월 24일 12시 48분

1 사랑하는 나의 아들아!
2 "네, 아버님! 말씀하옵소서."
3 내가 너희들에게 일깨워 주지 아니하
였던가?
4 너희들이 선하고 착한 마음을 갖다 보
면 그 착한 마음이 끝이 없이 착한 것
을 계속 행할 수 있으며, 오로지 세상
의 모두가 다 아름답고 착한 것으로만
보인다고 하였음이니라.
5 그리하여 너희들의 마음가짐에 달렸
으며, 마음을 어찌 가지느냐 하는 것
은 너희들에게 달렸다 하였음이니,
6 너희들이 나의 법전을 가지고 세상에
전하며 만백성을 구하는 그 역사 또한
그러하니라.
7 너희들이 나의 법전을 가지고 만백성
을 구하겠다는 그와 같은 집념과 생각
으로써 노력하고 또 깨우침을 얻을
때, 그곳에는 반드시 길이 있으며 역
사할 수 있음을 알아야 될 것이니라.
8 너희들이 노력하지 아니하고 말로만
나의 법전을 만백성에게 전한다고 하
며, 너희들의 오늘의 생활이 힘들고
어렵다고 말로만 하면 무엇하는가?
9 너희들이 노력하고 연구함에 달렸음
이니라.
10 항상 변하고자 노력하고 또 노력하는
그 속에 답이 있으며, 그 속에 진리가
있음을 너희들은 알아야 할 것이니라.
11 너희들이 착한 마음을 가지고 세상을
볼 때 모든 사물이요, 인간 자체도 아
름답게 보이는 것이니, 너희들이 마음
을 어찌 가지고 보느냐에 따라서 그와
같이 다 다르다고 하였음이니라.
12 너희들이 나의 법전을 가지고 만백성
을 구하겠다는 그 집념과 그와 같은
마음 자세로 노력할 때, 스스로 노력
하는 자에게 내가 길을 열어 준다 하
였음이니,
13 과연 너희들이 얼마나 노력하며 얼마
나 나의 법전으로써 만백성을 구하고
자 생각하는가?
14 너희들은 무한한 생각을 할 수 있으며
무한한 판단력이 있으며 무한한 변화
를 이룰 수 있는 지혜를 가지고 있음
이니라.

15 너희들이 지혜를 모으고 또 지혜를 모
아 하나로 이루어졌을 때 그곳에서 이
루는 그 파괴력은 말할 수 없음이니라.
16 그러니 너희들이 모여서 나의 법전을
전하는 것을 연구하고 생각하며 또 노
력할 때, 거기에 답이 있고 길이 있음
을 알아야 될 것이니라.
17 이와 같은 이치를 깨우쳐, 너희들이
모두를 다 바쳐 나의 법전을 전하여
만백성을 구하는 것이 가장 소중하며
너희들의 삶의 첫 번째도 그것이요,
두 번째도 법전을 전하는 것이라 그리
생각하고 머리를 맞대고 연구와 연구
를 거듭하라.
18 그리하면 내가 너희들에게 기회와 지
혜를 줄 것이거늘, 어찌하여 너희들은
노력하지 아니하고 얻으려 하는가?
19 너희들이 정녕 노력하지 아니하고 얻
으려 하는 것은 얻을 수도 없으며 이
루어질 수도 없음을 잊어서는 아니 될
것이니라.
20 노력하고 생각하라, 그리고 최선을 다
하라.
21 그 속에 답이 있고 길이 있으며 빛이
있음을 잊지 말라.

3,496 번째 하나님 말씀

2002년 9월 24일 12시 54분

1 사랑하는 나의 아들아!
2 "네, 아버님! 말씀하옵소서."
3 너에게 와 나의 성령을 들으며 법전을
읽고 깨우쳐 너의 제자가 되고자 하는
자, 그들을 너는 바로 보아야 될 것이
니라.
4 육의 깨달음 속에서 나의 법전을 들여
다보며 나의 법전을 깨우치고 나의 성
령을 듣는 자는 그 육의 한계에서 벗
어날 수 없음이니, 그는 항상 무너지
고 쓰러지게 되어 있음이니라.
5 오로지 너의 제자로서 바로 갈 수 있
고 바로 설 수 있으며 만백성의 지도
자가 될 수 있는 자는 영으로써 변함
이 있으며, 영으로써의 그 역사를 이
룬 자만이 지탱할 수 있으며, 그가 스
승으로서 또 만백성을 구하는 지도자
로서 바로 설 수 있음을 알아야 될 것
이니라.
6 내가 너에게 뭐라 말하였느냐?
7 육으로써 깨달으며 육으로써 깨달음
을 갖고 가는 자, 그는 귀가 있어도 듣
지 못하며 눈이 있어도 보지 못하는
자이니, 그는 한계가 있음을 알아야
될 것이니라.
8 영으로 깨우쳐 하늘의 이치를 알며 하
늘의 뜻을 알고 가는 자만이 정녕 그
와 같이 역사할 수 있으며, 만백성을
지도하고 인도하는 지도자로서 바로
설 수 있음이니,
9 육으로 깨닫고 가는 자는 육의 고통과
어렵고 힘든 것이 몰아칠 때 육에 의
하여 견디지 못하며 스스로 포기하고
물러섬이니라.
10 그러니 네가 지금까지 깨우쳐 주고 가
르쳤던 제자가 하루아침에 무너지는
그와 같은 형국이 되니, 네 마음이 얼
마나 아프고 저리겠는가?
11 그러니 영으로써 깨우치며 영적으로
믿음을 얻은 자, 그리고 영적인 믿음
을 가지고 가는 자는 육의 어떠한 고

통과 시련이 온다 하여도 그것은 아무
것도 아니며, 그것을 다 견디고 이기
고 갈 수 있음이니라.
12 우선 육의 고통과 육의 시련을 이기고
깨우칠 수 있는 영적인 그 믿음이 우
선이어야 될 것이니, 그 바탕 위에 너
의 제자들을 다스려 나가며, 그와 같
은 영적인 깨달음의 그 높이에서 다스
려 나가고 또 제자를 육성하는 그와
같은 눈으로써 봐야 될 것이니라.
13 영혼의 깨우침이 없이는 육의 생활이
어렵고 힘들 때 그들이 좌절하며 주저
앉게 됨이니라.
14 그 이치를 깨우쳐, 너의 제자들을 영
적인 깨달음의 그 한계로 이끄는 데
네가 가르침에 있어서 소홀히 하면 아
니 되며, 최선을 다하여야 될 것이니
라.
15 그리고 내가 존재함이며 내가 이루고
자 하는 그 뜻을 그들의 머리에 심어
주어, 그들이 영적인 크나큰 변화를
이룰 수 있도록 그리 이끌어 가라.

3,497 번째 하나님 말씀

2002년 9월 24일 13시

1 사랑하는 나의 아들아!
2 "네, 아버님! 말씀하옵소서."
3 육의 생활과 육의 삶에 연연하며 이를
벗어나지 못하는 자는 하늘의 이치와
하늘의 뜻을 알 수 없다 하였음이니라.
4 그리하여 내가 너희들에게 말하기를,
너희들의 삶이 모두 끝나고 나에게 와
서 심판을 받고 너희 삶을 정리하는
그 순간에 너희들은 모두를 깨닫게 되
며, 하늘이 있고 천국이 있고 지옥이
있으며 너희들이 심판받아 벌을 받는
것을 그때 알 수 있다 하였음이니라.
5 그러나 그때는 너희들이 나를 여호와
아버지라 찾을 수 없으며 창조주라 부
를 수 없으며, 너희들이 용서를 빌 기
회가 없다 하였음이니라.
6 그리하여 너희들이 세상의 이치를 다
알 수 있는 것은 죽음 직전에 와서 죽
어 갈 때, 그때서야 깨닫고 깨우친다
하였음이니,
7 너희들이 육에 연연하며 육의 인연 속
에서 살아간다면 정녕 너희들은 육의
세상을 벗어나 영혼의 세상을 볼 수
없음이니, 이는 바로 무엇을 의미하는
가?
8 너희들이 죽은 자와 같은 삶을 살아야
함이라 하였음이니라.
9 너희들이 숨을 거두는 그 순간의 자세
로써 세상을 생각하며 너희 자신들을
돌아다보며 그리 평가하고 생각하는
삶을 가질 때 너희들은 그 무섭고 두
려운 하늘의 뜻이요, 하늘의 이치요,
지옥과 천국의 그 깨달음을 얻게 됨이
니라.
10 너희들이 죽음 직전에만 알 수 있듯
이, 죽어 가는 그 순간 같은 깨달음이
있을 때, 그와 같은 마음의 자세로써
너희들이 곧고 바르게 살아가며 그와
같은 마음으로써 너희들의 삶을 영위
할 때에만 그것을 알 수 있다 하였음
이니라.
11 물에 빠져 죽는 자가 그 물을 먹으며
죽어 가는 순간에 얼마나 답답하고 고
통스러운가를 너희들이 상상하는 것

으로는 알 수 없음이니라.
12 물속에 들어가 죽어 가는 체험을 했
을 때 너희들은 그를 확실히 알 수 있
을 것이 아니던가?
13 그와 마찬가지로 너희들이 그와 같은
마음의 자세로 살지 아니한다면, 너희
들은 지옥과 천국이요, 나로부터 심판
을 받는 것이요, 내가 존재하는 그 자
체를 실감하지 못함이니,
14 너희들의 마음자리요, 삶의 그 형태가
너희들의 모두를 다 거둬들이며 육과
영혼이 분리되는 죽음의 순간과 같아
야 함이니, 그 마음의 자세로써 그가
무엇을 갖고자 하며 무엇을 더 이루고
자 하며 그가 무엇을 더 성취하고자
하겠는가?
15 그는 다만 제 생명을 유지하며 제가
더 숨을 쉴 수 있는 그것 외에는 바라
는 것이 없을 것이며, 그는 또한 제가
살아온 죄에 대한 회개와 반성의 그
마음뿐일 것이니,
16 그가 회개하고 반성하며, 누구도 원망
하고 시기하지 아니하며, 오로지 지은
죄에 대한 용서를 빌고자 하는 그와
같은 순수한 마음의 형태로 되었을
때, 너희들이 하늘의 무서움을 알며
지옥의 두려움을 알게 되며 너희들이
하늘에 와서 심판을 받는다는 것을 알
게 될 것이니라.
17 그러니 내가 그리하여 죽은 자가 되라
하였으며 죽은 자와 같이 살라 하였음
이니, 그와 같이 사는 자 외에는 하늘
의 뜻을 알 수도 없으며 볼 수도 없으
며 들을 수도 없는 것이니,
18 오로지 육을 위한 행복이요, 육을 위
한 영광이요, 눈에 보이는 그 부귀와
영화를 위하여 살다 너희들은 감당할
수 없는 그 죄를 받게 되며, 그 삶에
대한 대가를 하나도 흘려보내는 것이
없이 너희들이 다 치러야 된다는 것을
잊지 말라.

3,498 번째 하나님 말씀

2002년 9월 24일 20시 46분

1 사랑하는 나의 아들아!
2 "네, 아버님! 말씀하옵소서."
3 지금 나의 아들을 통하여 내가 너희들
에게 법전이라 내려보내는 그것을 읽
고 깨우치는 너의 제자들의 마음 자세
와 행동이 어떻던가?
4 내가 너에게 나의 성령을 내려보내고
나의 피조물 백성들을 구원하기 위하
여 너의 제자라 명하여 그들을 가르친
그 세월이 얼마나 흘렀던가?
5 짧은 기간 동안 네가 나의 백성이요,
그들을 깨우쳐 가르침이니 그들의 마
음의 자세가 어떠하던가?
6 내가 너희들에게 음식을 먹을 때 위의
70퍼센트를 취하고 나머지 30퍼센트
는 비워 두라 하였음이니, 그게 바로
너희들의 위에 대한 건강을 유지하는
것이며, 너희들의 육신이요, 너희들의
전체의 건강을 유지하는 근본이라 말
하였음이니라.
7 그리하여 나의 성령을 듣고 공부하고
깨우치며 나의 법전을 읽고 깨우친 백
성들은 이를 나 여호와의 가르침이라
하여 그와 같이 실행하고자 노력하며
지키려 하느니라.

8 그러나 지금 수천 년 동안 믿음을 가
져 왔으며 종교 지도자들에게 배우고
높은 직함을 가지고 있는 그들의 지금
그 믿음과 생활하는 것이 어떠하던가?
9 너희들은 그리 말할 것이니라.
10 나 여호와가 너희들에게 음식을 취하
되 70퍼센트를 취하라 했으니, 그리
취하고 사는 것이 하나님의 뜻에 순종
하는 것이며, 하나님의 말씀에 따라
살아가는 백성이 지켜야 할 도리이니,
그리 살아가면 육이 편안하며 마음이
편안하다 그리 말할 것이니라.
11 그러나 지금 수천 년 동안 배워 온 그
백성들이요, 종교 지도자 밑에서 구원
을 받으며 구원의 길에 들어섰다 말하
는 자, 그들은 과연 너희들이 하는 그
말을 들으며 실천하려 하는가?
12 그들은 그리 말하지 아니하느니라.
13 사람이 음식을 먹다 보면 맛있고 입에
맞는 음식은 좀 더 먹어 과욕할 수도
있으며 과식할 수 있는 것이 인간의
살아가는 형태며, 인간은 세상에서 그
와 같은 일을 할 수 있다 그리 말하느
니라.
14 그리 말하는 자는 그로 인하여 병을
얻을 것이며, 그리하여 몸이 상하게
될 것이니라.
15 그러니 그것이 너희들과의 차별화며,
너희들과 다른 그들이 하는 행위이니
라.
16 수천 년 동안 믿음을 가져 왔으며 그
종교 지도자 밑에서 또 지도자가 나와
그 지도자 밑에서 배웠던 나의 백성들
이요, 신도라 하는 자들이,
17 수천 년의 역사가 흘러오는 동안 저희
들이 나에게 오르기 위하여 평생을 기
도하고 경배했으며, 저희들보다 믿음
을 더 가진 자 없으며 저희들보다 더
나 여호와에게 순종하는 자 없으며 저
희들만큼 성서를 지키고 사는 자 없다
말하는 그들이 뭐라고 하는가?
18 음식을 먹다 보면 더 취할 수도 있으
며, 음식이 맛있으면 더 먹을 수 있는
것이 인간이니, 그리 살아가는 것이
인간이기에 어쩔 수 없다 그리 말하느
니라.
19 그 한 가지만 놓고 말하더라도, 나의
아들을 따라서 공부하는 백성들은, 나
의 뜻이니 음식을 70퍼센트만 취하며
마음을 비워 두는 것이 건강에 좋다
하여 그를 지키고 살아가려고 노력하
나,
20 지금 수천 년 동안 바른 역사요, 하늘
에 오르는 길을 가르쳤다는 그 백성들
이요, 깨달음이 높은 자며 높은 단상
에 앉아 있는 자들이 하는 말이, 아무
리 여호와 하나님께서 그리 말씀하셨
다 해도 인간이기 때문에 음식이 맛있
고 분위기가 좋으면 과식하고 과음하
는 것이 인간이 살아가는 것이며 그것
은 어쩔 수 없는 것이며, 그와 같은 것
을 지키고 살 수 없는 것이라 그리 말
하니,
21 지금 너희들의 종교 지도자들이요, 그
밑에서 배웠다 하여 높은 직함을 가지
고 만백성 앞에 군림하고자 하는 깨달
았다는 자들이 하는 말이며 하고 가는
행동이 그러하니, 그들의 믿음 또한
그러하니라.
22 그리하여 나의 백성이요, 나의 아들로

부터 선택된 너희들은 십계명을 지키
고 사는 것만이 구원의 길이라 하여
그를 지키고자 노력하나, 그들은 뭐라
말하느냐?
23 인간이기 때문에 십계명을 지킬 수 없
고 죄를 짓지 않고 살 수 없다 그리 말
하며 가는 것이니, 바로 그게 잘못된
것이며, 나의 뜻을 거역하며 나와 아
무런 관계가 없는 백성이라 하는 뜻이
여기에 있음이니,
24 그들과 나의 아들을 따라 배우는 나의
선택된 백성들과는 하나서부터 열까
지, 천 가지 만 가지가 다 그리 차별화
되어 다름이니, 이것이 바로 너희들과
구분되는 것이며,
25 그리하여 그들은 나로부터 버려진 백
성임을 알아야 할 것이니라.

3,499 번째 하나님 말씀

2002년 9월 24일 20시 53분

1 사랑하는 나의 아들아!
2 "네, 아버님! 말씀하옵소서."
3 만백성 너희들이 오로지 그것만이 하
늘에 오르는 길이라 하여 공부하는 그
성서에 내가 일찍 너희들을 깨우치기
위하여 기록하여 두었음이니라.
4 나 여호와를 시험하지 말며 나를 의심
치 말라고 내가 그리 기록하여 너희들
에게 전하였거늘, 너희들은 어찌 지금
살아가고 있는가?
5 나를 의심하지 아니하며 나를 시험하
지 아니하는 자는 나의 계명과 나의
율법에 따라 살아감이며, 그것만이 나
를 의심하지 아니하며 나를 시험하고
자 아니하는 것이라 내가 너희들에게
말하였음이니라.
6 그러나 너희들은 나의 계명대로 살지
않으며 나의 율법대로 살지 않으며,
지금 내가 제3의 시대에 내리는 나의
법전이요, 나의 성령을 기록한 하늘에
오르는 그 책대로 살지 아니하며 그대
로 행하지 아니함은 너희들이 나를 의
심함이며, 너희들 마음 한구석에 나를
시험하고자 하는 그와 같은 마음이 있
음이니, 곧 나를 시험하는 것은 너희
들이 나를 믿지 못함이니라.
7 진정 마음속으로 나 여호와를 믿지 못
하며 나 여호와가 존재함을 의심하는
너희들이 기도하고 경배하는 그 속에
어찌 진실이 있으며,
8 너희들이 정녕 구원을 받을 수 있다
그리 생각하는가?
9 그와 같이 나를 시험하는 마음을 가진
자, 너희들은 정녕 구원의 길을 올 수
없음을 알아야 할 것이니라.
10 내가 너희에게 명한 그 모든 것을 행
하지 않으며 순종하지 아니하고 사는
자, 나의 계명대로 그리 지키고 살지
아니하는 자는 정녕 나를 시험하는 마
음이요, 심성을 가지고 있음이니,
11 너희들이 나를 의심하고 시험하면서
어찌 구원을 받을 수 있다고 생각하는
가?
12 너희들은 육 쪽에 모두가 쏠려 있으
며, 영혼을 구원받는 건 의심과 의혹
속에서 너희들이 마지못해 나 여호와
를 찾으며,
13 나의 아들 예수의 보혈로써 구원을 받
았다 하여 너희 손으로 지은 그 성전

에 가서 너희들의 생활의 여유 있는
삶을 갖다 던져 주는 그와 같은 심보
로 가는 자가 수없이 있음이니,
14 너희들이 그와 같은 마음으로 하는 그
모든 삶이 다 나를 의심함이니, 곧 나
여호와를 시험하는 그와 같은 삶에서
너희들이 살아가는 것임을 알아야 될
것이니라.
15 지금 나를 시험하지 않는 백성이 무엇
이던가?
16 지금 나의 아들은 나를 경배하며 내가
내리는 음성을 받아 기록하여 만백성
을 구하는 책으로 만들어 내어 만백성
을 구하라는 그 명령에 의하여 그가
책으로 만들어 법전이라 하여 세상에
전하며 너희들을 구원하고자 함이니,
이게 곧 무엇이더냐?
17 순종함이니라.
18 내가 지금 믿음의 길을 가는 너희들에
게 모두를 다 버리고 산속 토굴에 들
어가 내가 내리는 나의 성령만을 받아
나의 뜻을 펴 만백성을 구하는 길을
가라고 할 때, 너희들은 모두를 다 저
버리고 그 길을 갈 수 있는가?
19 너희들 중에 갈 수 있는 자가 없음이
니라.
20 곧 무엇이더냐?
21 너희들이 가지 못함은 나를 의심함이
요, 곧 그것은 무엇이냐?
22 너희들이 나를 시험하고자 하며, 나를
시험에 들게 하고자 하는 것이니라.
23 그와 같이 사악한 것이 너희들의 마음
이요, 그와 같이 사악한 행동을 두려
움 없이 하는 것이 너희들이며,
24 그와 같은 사악한 짓을 하면서도 자신
이 구원을 받을 것이라 생각하며 하나
도 죄의식을 느끼지 못하는 것이 너희
들이니,
25 성서에 기록되었듯이 나 여호와를 시
험하는 자는 정녕 나의 백성이 아니
며, 구원의 길에 들어설 수 없음을 알
아야 될 것이니라.

3,500 번째 하나님 말씀

2002년 9월 24일 21시 33분

1 사랑하는 나의 아들아!
2 "네, 아버님! 말씀하옵소서."
3 모든 종교 집단이 뿌리를 잡아 내려가
며 그들의 아성을 이루고 있는 이 지
상의 한 모퉁이에 너희들이 나의 성령
이요, 나의 뜻을 들어 나의 법전을 펴
내며 만백성을 구하는 그 역사를 이룸
이니,
4 너희들이 그 얼마나 어렵고 고통스러
운 길을 가며, 많은 백성들로부터 사
탄이요, 이단이라 하여 고통을 받으며
시련과 그 어려움 속에서 도저히 넘어
트리고 쓰러트릴 수 없는 그들의 세상
에 들어가 나의 법전을 전하며 그들로
하여금 하늘에 오르는 길을 가게 하기
위하여 그들을 깨우치는 너희들이 얼
마나 힘들고 어려운 길을 가고 있는
것인가를 나 여호와는 알고 있음이니
라.
5 그러나 너희들이 지금 어렵고 힘든 이
고통의 길에서 나의 만백성을 구하고
자 갈 때, 너희들을 이단이요, 사탄이
라 핍박하는 그와 같은 자들은 저희들
이 진정한 진리요, 나의 뜻을 위하여

가는 백성들이 아니기에, 진정 악한 자가 선한 자를 보고 사탄이요, 이단이라 그리 말하는 지금의 형국임을 너희들은 알아야 될 것이니라.
6 그들로부터 핍박을 받으며 그들에게 사탄이요, 이단이라는 그 고통과 시련을 받으며 가는 것은, 정녕 너희들만큼은 진정한 나 여호와의 뜻이요, 나의 참진리를 깨우쳐 주고 만백성을 구하는 그 길이 정도의 길이기에 너희들이 그와 같이 시련을 겪고 있음을 알아야 될 것이니라.
7 그러나 너희들은 알아야 될 것이니라.
8 너희들이 이와 같은 고통과 핍박의 그 길을 가는 것은 너희들이 당연히 그 잘못된 자들 속에 진정한 나의 뜻의 하나의 씨앗을 뿌리기 위함이며 그들을 다 쓸어버리고 뽑아내고자 함이니, 그들이 죽고 사는 그와 같은 기로에서 너희들을 얼마나 고통의 길로 인도하겠는가?
9 그러니 너희들은 그와 같은 고통과 시련을 당하는 것이 당연한 것이며 그와 같은 길을 가게 되어 있음이니라.
10 그러나 너희들의 육의 삶에서 그것이 고통스러우며 핍박이며 견딜 수 없는 길이라 하나, 너희들이 이와 같은 길을 이기고 역사하고 죽어 나에게 왔을 때, 그것이 너희들의 영광과 축복의 길임을 알아야 할 것이니라.
11 오늘의 고통과 시련 그 모두가 너희들의 영혼의 영원한 축복이요, 기쁨이라는 것을 너희들이 가슴에 새겨, 오늘을 참고 인내하는 그와 같은 슬기로움으로써 나의 아들을 따라 160권의 법전을 세상에 내는 데 잠시도 소홀하거나 중단해서는 아니 됨을 알아야 될 것이니라.

3,501 번째 하나님 말씀

2002년 9월 24일 21시 38분

1 사랑하는 나의 아들아!
2 몇천 년 흘러오는 동안 뿌리가 내려진 그 종교 집단을 지금 세상에서 다 뽑아 버리며 그들을 정리하고 다스리고자 하는 나의 법전이 나의 성령으로 기록되어 세상에 책으로 나감이니,
3 지금 그들이 너희들을 핍박하고 너희들을 사탄이요, 이단이라 하며, 나의 법전이 세상에 빛을 보지 못하도록 세상에 나가지 못하게 하며, 그리하여 저희들의 성전에 거미줄을 치며 그 문을 닫는 역사를 이루는 나의 법전이 세상에 나가지 못하도록 하며, 네가 지탱할 수 없도록 하며, 그들이 나의 성령이 책으로 나온 나의 법전을 찢어 버리고 태우는 그와 같은 사악한 짓을 할 것이며,
4 그 만행과 그들이 하는 작태를 볼 수 없는 그와 같은 고통의 세월을 너희들은 가슴에 안고 견디고 나가야 될 것이니라.
5 그러나 그들이 아무리 너희들에게 고통을 주며 너희들을 사탄이요, 이단이라 하며 나의 법전을 태우고 또 태운다 하여도 나의 법전은 여기서 중단함이 없을 것이며,
6 너희들을 구원하고자 하는 나의 법전에 기록되어 있는 그 빛을 그들의 힘

으로는 도저히 막을 수 없는 것이 그
들의 한계이니라.
7 그와 같이 나의 법전에서 비쳐 나가는
그 빛은 만백성을 구할 것이며, 내가
이루고자 하는 새로운 시대요, 새 역
사를 이룰 것이니라.
8 그리하여 너희들이 어렵고 힘든 고통
의 그 세월을 참고 견뎌 나의 뜻에 따
라 나의 법전을 세상에 눈으로 덮듯이
그와 같이 만방에 전할 때, 너희들이
하늘에 와서 나 여호와로부터 받는 그
상은 상상할 수도 없이 위대한 것임을
알게 될 것이니라.
9 너희들은 여기서 깨우쳐 알아야 될 것
이니라.
10 2천 년 전 나의 아들 예수가 그 십자
가의 고통의 죽음을 당할 때까지, 그
리고 모든 선지자들이 평탄하고 평온
한 그 길을 갔다고 생각할 것이나, 그
렇지 아니하니라.
11 그들도 지금 너희들보다 열배 백배 더
힘들고 어려운 고생과 핍박 속에서 견
디었으며 나의 뜻을 전하고자 하였음
이니라.
12 지금의 너희들보다도 더 열악한 환경
과 너희들보다 더 물질적으로 받쳐 주
는 것이 없는 그 속에서 그들은 그 핍
박을 견디며 목숨을 내놓고 나 여호와
가 존재함을 가르쳤으며, 내가 존재하
기에 너희들이 죽어 나에게 와 심판을
받는다는 그와 같은 것을 그들에게 깨
우쳐 하늘에 오르는 길을 바로 가게
하고자 하였음이니,
13 그들을 따르던 제자 또한 그 얼마나
고통스럽고 어려운 역경 속에서 존재
하며 살아갔는가 하는 것은 너희들이
그 상황을 모름이니 감히 상상할 수
없을 것이니라.
14 이제 너희들은 알아야 될 것이니라.
15 그와 같이 예수요, 그 시대의 선지자
나 그를 따랐던 그 백성들 또한 얼마
나 많은 고통 속에 시달렸는지 너희들
이 모름이니,
16 그때보다 나은 환경과 나은 조건에서
너희들이 나의 법전을 세상에 전하는
것이니, 너희들이 그때보다 더 편안함
을 알아야 될 것이니라.
17 그리하여 너희들이 나의 뜻에 따라 나
의 법전을 세상에 내놓고 만백성을 깨
우쳐, 그들이 법전을 읽고 진정한 믿
음을 알며 하늘에 오르는 길이 무엇이
며 나 여호와의 뜻이 무엇인가를 깨달
을 때,
18 너희들에게는 육의 영광이 아니요, 육
의 고통 대신 영혼의 축복이 반드시
내려짐이니, 그 영혼의 축복이 얼마나
위대한 것인가를 너희들은 상상할 수
도 없을 것이니 그리 알라.
19 그 영혼의 축복을 위하여 너희들이 오
늘의 육의 고통과 시련을 견디고 인내
하는 그와 같은 훈련이 필요함을 잊지
말라.

3,502 번째 하나님 말씀

2002년 9월 25일 10시 06분

1 사랑하는 나의 아들아!
2 "네, 아버님! 말씀하옵소서."
3 나로부터 무엇을 들었다거나 받았다
하는 그와 같은 백성들이 수없이 너를

괴롭히고 공격할 것이며,
4 저희들만이 나로부터 선택된 자며, 저
희들이 직접 기도를 받으며 나로부터
명을 받는다는 그 환상과 착각 속에서
사는 그들이 또 하나의 힘이 되어 너
를 공격하고 괴롭히는 그와 같은 현상
이 생길 것이니라.
5 지금의 크나큰 그 종교 집단은 저희
집단끼리 모든 종파가 또 하나가 되어
수없이 너를 공격하는 그와 같은 고통
과 시련의 세월이 밀어닥칠 것이며,
6 또한 믿지 않는 나의 평범한 백성들도
네가 나의 아들이요, 나로부터 성령을
받았다 하니 그들 나름대로 너를 괴롭
힐 것이니라.
7 이와 같이 모든 백성들이 다 너희들을
공격하고 괴롭히는 그와 같은 형국으
로 흘러갈 것이니, 이를 견디고 이기
는 노력과 힘이 필요함이니라.
8 내가 오늘까지 너를 훈련시켜 네 나름
대로 버틸 수 있는 능력이요, 네가 판
단하여 행할 수 있도록 그와 같은 훈
련을 시켰으며,
9 이제 서서히 부닥치는 속에서 너 자신
이 훈련되어 쌓아 온 그 능력으로써
버티고 나가는 그와 같은 시기가 오기
시작할 것이니라.
10 아무도 너희들 편이 없으며, 만백성
어떠한 집단도 너희들을 두둔하는 자
없으며, 너희들을 돕고자 하는 자가
없을 것이니라.
11 다만 너를 따르는 제자들과 나의 법전
을 읽고 깨우친 그 백성들뿐이니, 너
는 이를 명심하여야 할 것이니라.
12 모두가 다 너희들을 공격하는 자들이
니라.
13 그리하여 나의 아들 예수가 나의 성령
을 받아 그 많은 기적의 역사를 이루
고 또 이루었으면서도, 그가 그 죽음
의 길을 선택하지 아니할 수 없었던
그와 같은 그 시대의 환경을 한번 생
각해 보라.
14 얼마나 핍박이 심했으며 얼마나 그들
의 공격이 심했는가,
15 그리고 모든 선지자나 예언자들이 얼
마나 시련과 고통 속에서 몸부림치다
가 내 뜻의 대명의 역사를 이루지 못
하고 그저 죽어 갔는가 하는 것을 너
희들이 생각해 봐야 될 것이니라.
16 얼마나 그 시대의 상황이 그들을 돕지
아니하였으며, 그들을 핍박하였으며,
그들로부터 등을 돌리는 그와 같은 환
경이었으면 그들이 하나도 역사를 이
루지 못하였는가를.
17 그보다도 더한 것이 지금의 세대이며
지금의 시대이니라.
18 그 속에서 너희들이 싸우고 이겨야 한
다는 것은 얼마나 어렵고 힘든 고통이
따를 것인가를 알아야 할 것이니라.
19 그와 같이 시련과 고통 속에서 너희들
이 인내하고 참고 견디어 나갈 때, 진
정한 하늘의 진리를 알 것이며 나의
뜻을 알게 될 것이니라.
20 그 누구도 너희들을 돕는 자가 없음이
니라.
21 예수를 그리 쓰러트렸던 그 사악한 시
대의 형국이요, 모든 선지자나 예언자
들이 빛을 보지 못하고 그대로 다 쓰
러져 갔음이니,
22 지금 제3의 시대에서 그들 모두를 쓰

러트렸던 사악한 집단들과 그리고 모
든 백성들이요, 나로부터 무엇인가를
듣고 명을 받았다는 그 허상에 젖어
있는 집단,
23 그리고 육의 부모가 있으며 육으로부
터 살아온 것이라 생각하는 그 백성들
도, 네가 나의 아들이요, 하늘에 내가
존재하며 너희들은 깨우치고 구원을
받아야 한다고 그리 말해도 그들 또한
너를 따르지 아니할 것이며, 너희들로
부터 등을 돌리는 그와 같은 형국의
고달프고 어려운 삶이 시작될 것이니
라.
24 거기에서 지난날의 나의 아들 예수나
나의 선지자나 예언자들이 쓰러져 갔
듯이 너희들이 그리 쓰러져 가는 것은
있을 수가 없으며, 그리되어서는 아니
됨을 알라.
25 너희들이 얼마만큼 버티고 하나의 뜻
으로 하나의 마음이 되어 하나의 의지
를 갖고, 나의 법전을 세상에 흰 눈이
덮듯이 덮을 수 있는 그 능력과 자신
을 갖고 싸워 나가며 버텨 나가느냐
거기에 모든 답이 있음을 알라.

3,503 번째 하나님 말씀

2002년 9월 25일 11시 21분

1 사랑하는 나의 아들아!
2 "네, 아버님! 말씀하옵소서."
3 인간 백성들의 살아가는 그 모양과 그
리고 믿음의 길에 사랑을 베풀며 구원
을 받으며 하늘에 오르는 길이라 인도
하는 그와 같은 백성들과, 나의 법전
을 읽고 깨우쳐 나로부터 선택된 백성
너희들의 차별화된 그 삶은 엄연히 가
는 길이 다르며 삶의 행함이 달라야
될 것이니라.
4 너희들은 서로 아픈 가슴을 조금씩 나
누어 너희들이 같이 살아가는 그와 같
은 마음으로써 삶을 살아가야 될 것이
며,
5 너희들이 서로 조금씩 슬픔과 어려움
과 고통을 분담하고 나누는 그와 같은
삶이며, 너희들이 가지고 있는 그 모
든 지혜를 그쪽으로 쓰며 아름다운 생
각으로써 세상을 살아가야 할 것이며,
6 또한 그와 같은 것을 깨우쳤을 때 행
동으로 직접 행하는 것이 너희들이 살
아가는 삶의 차이이니라.
7 말로써는 세상 것을 다 주는 듯하나
실제로는 주고 나눔에 인색한 삶을 사
는 자는 그와 같은 죄를 짓는 것이며,
그와 같이 행동하는 자들은 나와는 아
무런 관계가 없음을 너희들은 알아야
될 것이니라.
8 서로의 아픈 가슴을 나누고 살며 그와
같은 행동으로써 행하며 실천하는 것
이 그들과 너희들과의 차별화임을 알
아야 될 것이니라.
9 사랑하는 나의 아들아!
10 "네, 아버님! 말씀하옵소서."
11 너의 제자들이요, 나의 법전을 읽고
깨우친 백성들이 살아가는 그 모습은
서로 지치고 힘든 생활 속에서도 더불
어 나누며 사는 너희가 되어야 한다는
것을 잊어서는 아니 될 것이니라.
12 진정 그것이 나눔의 사랑이니라.
13 그저 남이야 어찌 되든, 쓰러져 가든,
그저 거둬들이며 그저 바치라 하며 그

저 저희들만이 챙기고자 하는 그와 같
은 가르침으로 가는 종교 지도자, 그
들이 과연 사랑을 알며 나누는 자들이
더냐?
14 서로 어렵고 지치고 힘든 그 삶을 조
금씩 나누어 지며 나누어 갖고 살아가
는 그와 같은 마음 자세가 진정한 사
랑이요, 너희들과 다른 백성들과의 차
별화된 삶이라는 것을 잊어서는 아니
될 것이니라.
15 그와 같은 아름다운 삶을 살아가도록
그리하라.
16 그것이 너희들이 가야 할 길임을 잊어
서는 안 되는 것이며, 지금 만백성과
차별화되는 것이니라.
17 그와 같이 차별화되는 삶을 살지 않는
다면 또한 나의 법전이 잘못된 것이며,
18 나의 성령을 들은 너희들이 잘못 살아
가면 만백성이 나의 성령이 진실한 나
의 뜻이 아니요, 나의 법전이 내가 모
두를 태워 내려보내는 나의 뜻이 아니
라고 그리 인정할 것이니, 이를 명심
하여 생활하도록 하라, 사랑하는 나의
선택된 백성들아!

3,504 번째 하나님 말씀

2002년 9월 25일 12시 26분

1 사랑하는 나의 아들아!
2 "네, 아버님! 말씀하옵소서."
3 이 지상의 모든 동식물이요, 내가 창
조한 그 모든 것들이 하나도 버릴 것
이 없으며, 버려서는 아니 되는 것이
니라.
4 그들이 다 제자리에서 그 자리를 지키
고 있어야 하기 때문이며, 그들이 있
음으로써 이 지상의 모두가 다 돌아가
며, 너희들 생명을 가진 자들이 생명
을 유지하고 살아가는 그와 같은 현상
이 있음을 알아야 될 것이니라.
5 그들이 제자리를 지키지 아니한다 하
면 그것은 곧 무엇이더냐?
6 모두의 돌아가는 너희들의 생태계가
파괴됨이며, 너희들이 존속하지 못하
는 그와 같은 변화가 이루어지는 것이
니라.
7 그리하여 이 지상에 내가 만든 모든
동식물은 한 가지도 버릴 것이 없으
며, 다 제자리에 있어야 하기 때문에
내가 만들어 그들이 그 자리를 지키도
록 하였음이니라.
8 하물며 내가 가장 아름답게 가장 지혜
를 높이 주어 만든 백성 너희들은 얼
마나 소중한 자들인가?
9 너희들이 그 자리를 지키고 있음이,
너희 자신들이 얼마나 나로부터 축복
이요, 영광이요, 너희들이 소중한 한
자리를 지키고 있음을 알아야 될 것이
니라.
10 그러니 너희들의 존재함을 소중히 아
는 자, 너희들의 귀함을 아는 자, 그와
같은 것을 깨닫고 살아갈 수 있는 마
음의 자세가 된 자, 그러한 자만이 믿
음의 이치를 알게 될 것이며 나의 뜻
을 알게 됨을 너희들은 알아야 될 것
이니라.
11 이 지상에 생명을 가지고 살아가는 그
모든 생명체의 존재 가치와 모든 동식
물의 이름이나 그들의 형태를 아는 자
는 아무도 없음이니,

12 내가 이 지상에 돌아가는 그 모두를
만들었으며, 그들이 필요하기 때문에
만들었으며, 그들이 없어서는 아니 되
기 때문에 만들었음이니,
13 너희 인간들이 평생 살아가면서 그 모
두를 다 파악하여 알아본다 하여도 너
희들이 알 수 없으며 그들의 생활의
형태를 알 수 없는 것이니라.
14 그러하니 나 여호와가 존재함을 너희
들이 알라 함이며,
15 그리고 너희들이 성서만을 가지고 공
부하는 것이 위대한 것이 아니요, 이
와 같이 자연의 돌아가는 그 형태를
보고 깨우쳐 그를 깨닫고 그 두 가지
를 다 볼 때, 너희들이 전지전능한 여
호와 나를 찾으며 기도하는 그와 같은
마음이야말로 너희들이 모든 이치를
아는 것이라 내가 말하였음이니라.
16 지금 모든 동식물이 존재하도록 내가
만들었으며, 필요로 하여 너희들이 그
자리를 지키도록 하였음이니, 하물며
나의 피조물 만백성 너희들은 더 말할
것이 없으며, 너희들 한 사람이 존재
하는 것이 얼마나 소중하고 위대한 것
인가를 알아야 한다고 하였음이니라.
17 그중에서 나의 피조물 만백성을 다 다
시 다스리며 하늘에 오르는 길로 인도
하고, 수천 년 역사 동안 흘러온 그 잘
못된 관행을 바로잡기 위하여 혁신이
아니요, 종교의 혁명을 이루고자 하는
이와 같은 자리에 참석하고 있는 자,
그 자리를 메우고 있는 자,
18 너희들이 속해 있는 그것이 얼마나 소
중하고 위대한 것이며, 나로부터 쓰임
을 받는 그 자체가 너희들 자신이 얼
마나 귀한 자들인가 알아야 할 것이니
라.
19 이와 같은 것을 깨닫지 못하는 자는
정녕 믿음의 이치를 알 수 없으며, 나
를 위하여 기도할 수 있는 그와 같은
자격이 없음을 너희들은 알아야 할 것
이니라.

3,505 번째 하나님 말씀

2002년 9월 25일 12시 33분

1 사랑하는 나의 아들아!
2 "네, 아버님! 말씀하옵소서."
3 나의 성령을 가지고 세상에 나간 나의
아들이 그와 같은 고통과 시련의 삶
속에서 죽음의 길을 갔음이니라.
4 그는 말하였느니라.
5 '여호와 아버지! 정녕 저를 버리시려
나이까?' 그리 마지막 죽어 갈 때 그
와 같은 애절한 기도를 드렸음이니라.
6 그가 그와 같이 고통과 시련 속에서
한 생애를 마쳤듯이, 선지자요, 제사
장이요, 또한 예언자요, 나로부터 그
와 같은 대명을 받고 나간 자 중에 편
히 살다가 편히 죽어 온 자가 없음이
니라.
7 고통과 시련 속에서 그들은 죽음을 선
택했으며, 그들은 그와 같이 고통 속
에 그 죽음을 맞이했어야 했느니라.
8 내가 피조물 만백성 너희들을 구하고
자 지상에 내려보낸 나의 선지자나 모
든 자들 중에 편히 죽어 온 자가 하나
도 없음이니라.
9 고통과 시련 속에서 잘못 가는 백성들
을 깨우치고자 하는 그들은 반대하는

기존 세력에 의하여 정녕 견딜 수 없
는 그와 같은 삶에서 스스로 어렵고
힘든 그 죽음의 길을 온 것이며,
10 나를 따르고자 했던 그 선지자나 예언
자나 또한 나의 아들 예수요, 그와 같
은 자들 중에 편히 저희들 스스로 죽
음을 맞은 자가 없음이니, 기존의 그
세력이 얼마나 방대하고 무서우며 사
악한가를 너희들은 깨우쳐야 될 것이
니라.
11 이와 같은 속에서 지금 나의 아들을
따르며, 나의 성령을 태워 내려보내는
이 160권의 법전을 세상에 만들어 만
백성을 구하는 너희들은 가장 약하고
부드러운 자로서 존재해야 함을 알아
야 될 것이니라.
12 가장 힘없고 부드러운, 그 약하디 약
한 물은 어찌하는가?
13 아무리 약하고 부드러워도 그 물은 서
서히 시간 속에 바위를 뚫을 수 있는
위대한 힘과 능력을 가지고 있느니라.
14 물보다도 더 부드럽고 유한 삶만이 너
희들이 모두의 기초를 다질 수 있을
것이며, 내가 이루고자 하는 그 뜻의
기반을 닦아 놓는 그 역사를 이룸을
너희들은 알아야 될 것이니라.
15 너희들이 물보다도 더 부드럽고 유한
그와 같은 마음을 갖고 살아갈 때, 내
가 먼저 보낸 선지자들은 고통스런 삶
과 어려운 죽음이요, 편히 죽어 온 자
가 없듯이, 그와 같은 고통 속에서 너
희들 스스로 나의 뜻의 대명을 이룰
수 있음을 알아야 될 것이니라.
16 이 세상에 나의 법전이 모두를 다 덮
어 만백성을 구할 수 있는 것은 너희
가 물보다도 더 유하게 살아가는 것이
며,
17 너희들이 그와 같은 마음으로 모두를
상대하며 너희들 스스로 마음을 다스
려 갈 때 나의 뜻이 이 지상에서 이루
어진다는 것을 알아야 될 것이니라.
18 단단한 돌과 같은 형태의 마음으로 너
희들이 살아가며, 너희들이 구원을 받
았고 선택된 백성이라는 그와 같은 오
만하고 자만한 생각으로써, 만분의 일
이라도 오만하거나 돌과 같이 단단한
마음으로 마음을 열지 못하는 자세요,
너희들만이 나로부터 특별히 선택된
백성이라는 그와 같은 착각을 가질 때,
19 너희들은 먼저 나의 뜻을 받고 나가
행하고 만백성을 구하고자 했던 그 선
지자의 고통과 편안히 죽음을 선택할
수 없었던 그들의 역사의 전철을 밟게
됨을 잊어서는 아니 될 것이니 그리
알라.

3,506 번째 하나님 말씀

2002년 9월 25일 12시 37분

1 사랑하는 나의 아들아!
2 구약 시대의 그 많은 나의 백성들과
신약 시대에서 지금까지 2천 년 동안
흘러오는 그 속에서 많은 종교 지도자
들과 또 그 믿음을 위하여 구원을 받
겠다고 몸부림치며 살아온 백성들, 그
들의 수를 어찌 다 헤아릴 수 있겠는
가?
3 그러나 그들이 정녕 하늘에 오르는 길
이 아닌 길을 갔다 하면 너희들은 과
연 어찌 생각하는가?

4 너희들은 알아야 될 것이니라.

5 지금 제3의 시대에 내가 알곡식을 고르고자 하는 이때에 나의 성령을 태워 법전이라 하여 세상에 내려보내니,

6 온 세상을 다 눈이 하얗게 덮는 것처럼 나의 법전이 책으로 나와 세상을 다 덮는다 하여도, 그중에서 나의 법전을 읽고 깨우쳐 얻고 못 얻는 것은, 나 여호와의 하늘에 속하지 아니한 자는 절대적 이를 보아도 깨닫지 못하며 구원의 빛을 볼 수 없는 것임을 알아야 될 것이니라.

7 나 여호와로부터 속한 자만이 나의 법전이 세상에 내려가 덮을 때 그를 보고 깨우치는 것이요, 나로부터 선택되지 아니하며 나로부터 속하지 아니한 백성은 아무리 깨우치고자 노력하여도 그를 알 수 없음을 알아야 될 것이니라.

8 그리하여 너희들은 어찌 되는가?

9 진실을 가지고 진실로써 너희들을 구하고자 하는 그 나의 선택된 백성을, 지금 믿음이라는 그 기존 세력들이 이를 존재치 못하도록 할 것이며 이를 무너트리고자 하는 것이니,

10 그와 같은 마음에서 지금의 믿음의 틀에서 변화되고 깨우치지 못하는 백성들, 너희들이 곧 무엇이냐?

11 나 여호와에게 속하지 못한 백성들이니, 너희들 기존 세력의 방대한 힘과 오만한 그 행위가 얼마나 무서운 행위를 저지를 것인가?

12 그와 같은 너희들이 나의 아들 예수를 죽게 하였으며, 또한 나의 선지자들을 다 고통 속에 죽게 하였으며, 그들이 나의 뜻을 받아 이루고자 했던 그 뜻을 이루지 못하게 하며 그를 막은 것이 지금 종교 집단 너희들임을 알아야 될 것이니라.

13 그리하여 너희들은 진실을 가져오는 자로 인해 무너지며 너희들이 세상에 존재할 수 없으며 너희들의 세력이 깨짐이니, 그를 보호하기 위하여 너희들이 진실을 왜곡하며 그들을 존재치 못하게 하는 것이니,

14 지금 내가 마지막 시대에 너희들을 구원하고자 나의 성령을 태워 세상에 책으로 만든 이 법전을 내려보냄이니,

15 너희들이 나의 아들 예수를 그리 고통스럽게 죽게 했듯이, 그리고 나의 뜻을 가지고 세상에 먼저 나갔던 예언자요, 선지자요, 그들을 너희들이 편히 죽지 못하도록 그 고통 속에 다 저버리고 숨지게 했듯이,

16 너희들은 그보다도 더 사악한 방법으로, 더 간악한 방법으로써 그 기존 세력의 너희들의 어둡고 더럽고 추한 모습을 감추기 위하여 진실을 전하는 나의 아들이요, 나의 법전을 폐하려고 할 것이니라.

17 그러나 이는 내가 마지막 너희들을 구하는 길이기에 너희들의 뜻대로 이루어지지 아니함을 알아야 될 것이니라.

18 내가 너희들을 정녕 용서치 아니함을 이제는 알아야 될 것이니라.

19 너희들이 나의 아들을 그리 비참하고 고통스럽게 죽게 하였으며, 또한 나의 선지자들을 그리했듯이,

20 너희들이 지금 너희들의 그 기존 세력에 의해 잘못 가는 것을 감추기 위하

여, 너희들이 뿌리째 뽑히는 그 역사
를 막기 위하여 나의 법전을 기록하는
나의 아들이요, 그를 따르는 제자들이
요, 나의 법전을 존재하지 못하도록
그리할 것이나,
21 이는 너희들이 이룰 수 없는 역사임을
알라.
22 내가 직접 관여하여 알곡식과 쭉정이
를 고르고 있음이니, 내가 알곡식을
창고에 쌓아 놓고자 하는 그 역사 앞
에 너희들은 존재할 수 없음을 알아야
할 것이니 그리 알라.

3,507 번째 하나님 말씀

2002년 9월 25일 12시 48분

1 사랑하는 나의 아들아!
2 "네, 아버님! 말씀하옵소서."
3 너희들이 세상사 살아감에 있어서 나
의 십계명에 기록되어 있듯이, '네 부
모를 공경하는 삶을 살라.' 말하였음
이니라.
4 내가 너희들에게 일찍 뭐라 깨우쳐 주
었던가?
5 너희들이 살아가는 그 근본의 틀이 무
엇이라 말하였더냐?
6 너희들은 위로는 부모를 공경하고, 아
래로는 자식을 사랑하며 자식으로부
터 존경을 받는 그와 같은 삶을 살아
가는 것이 너희 인간의 도리요, 기본
이니, 그 기본이 갖추어지지 아니한
자는 믿음의 자격이 없다고 하였음이
니라.
7 그리하여 너희들은 보이지 않는 나를
그리 공경하며 나를 믿고 하늘에 오르
는 길이요, 나를 진심으로 따르며 믿
는다 하여 기도하는 그 자체도 너희들
은 다 거짓이라 내가 말하였음이니라.
8 그곳에 진실이 있을 수 없음이라 말하
였느니라.
9 너희들을 길러 준 그 부모를 공경하지
않고, 자식을 사랑할 줄 모르는 자, 그
리고 자식으로부터 존경을 받지 못하
는 그와 같은 너희들이 아무리 나에게
구원을 받으며 믿음이라 부르짖어도
거기에는 진실이 없다 하였음이니라.
10 그와 같이 눈으로 보고 다 느끼며 은
혜를 받은 그 부모를 공경할 줄 모르
는 너희들로서는 내가 십계명에 '네
부모를 공경하라.' 하였음이니, 그를
지키지 아니함이요, 보이는 그 자체도
믿지 못하며 공경할 줄 모르는 자들이
어찌 나를 믿는 것이 진심이라 말할
수 있다 하는가?
11 내가 너희들에게 다시 가르침이니라.
12 너희들은 위로는 너희 부모를 공경하
며 아래로는 자식으로부터 존경받는
그와 같은 변화되는 삶으로서 살아가
지 아니한다면, 그 길은 믿음의 길이
아님을 알라.
13 이것이 나의 뜻임을 너희들은 알아야
될 것이며, 너희들이 살며 믿음으로써
구원을 받는다는 그 어떠한 것보다도,
너희들의 기초가 바로 너희들이 존재
하는 것을 많은 이로부터 인정받는 것
이며,
14 그리고 그와 같은 삶이요, 그와 같은
마음으로 너희들이 변하는 것이 나를
공경하며 나에게 올 수 있는 기초임을
알라.

15 가장 기본적인 것을 내가 너희들에게
말하였음이니라.
16 가정에서 존경받는 자, 웃어른을 공경
하는 자, 그와 같은 나의 백성들이 되
어야만 너희들이 구원을 받는다 하였
음이니라.
17 지금의 많은 종교의 집단이 이 세상을
지배하기 전까지, 나의 백성들은 그와
같은 마음이요, 그와 같은 심성으로
살아왔음을 너희들은 알아야 될 것이
니라.
18 그러나 지금 잘못된 그 종교 지도자들
이 세상을 지배하며, 만백성을 하늘에
오르게 하며 진정한 구원의 길로 인도
한다 하는 자들, 그들로 하여금 지금
그 모든 기본의 질서가 파괴되었음을
알아야 될 것이니라.
19 왜 그와 같이 사랑을 베풀며 아름답게
산다 가르치는 그 종교 집단이 세상을
지배함으로 인해서 이와 같이 기초 질
서요, 가장 기본의 질서까지 무너트리
는, 낳아 준 부모를 공경하는 것까지
도 무너지는 이와 같은 세상이 만들어
졌는가?
20 너희들은 여기서 알아야 될 것이니라.
21 진정한 믿음으로 가르치는 종교 지도
자는 이를 알아야 될 것이며 깨우쳐야
될 것이니, 나의 뜻이요, 내가 가르치
고자 하는 뜻이요, 내가 이루고자 하
는 나의 생각을 아는 자가 종교 지도
자이니라.
22 너희들이 지금까지 구약과 신약을 가
지고 나의 백성들을 깨우친다 하였으
나, 너희들은 여기서 알고 넘어가야
할 것이 있음이니라.
23 모든 구약과 신약의 성서는 비유나 비
사로써 기록되어 전해짐이니, 너희들
이 영적인 깨우침의 차원이 없는 자,
영적으로 깨우치지 못한 자는 정녕 그
성서를 알 수 없음이니라.
24 지금 나의 피조물 만백성을 이끌며 구
원의 길로 인도한다 하는 종교 지도자
너희들이 어찌 가르치는가?
25 너희들은 영적으로 깨우침이 없기 때
문에 성서의 비유나 비사로 된 것을
알 수 없으며, 기록되어 있는 그 문자
만 가지고 해석하며 그와 같이 믿음을
이끌어 오기에 나와는 전혀 관계도 없
는 그와 같은 형국으로 간다 하였음이
니라.
26 너희들은 그 속에 어떤 뜻이 있으며
원하는 것이 무엇인가를 모르니, 그
겉만을 가지고 지금 나의 피조물 만백
성을 이끈다 하니, 정녕 그 속의 생각
을 모르니 나의 뜻을 모르기 때문이니
라.
27 정녕 하늘의 문을 열어 주며 내가 이
루고자 하는 그 뜻, 창조주의 뜻을 모
르는 너희들이 아무리 가르치고 떠든
다 하여도 그는 진정한 하늘에 오르는
길이 아님을 알라.
28 오로지 성서의 깨달음이요, 구약과 신
약의 성서를 깨닫는 자들은 영적으로
먼저 깨우침이 있는 자요, 나로부터
선택받은 지도자 외에는 알 수 없음이
니,
29 너희들이 문자만을 가지고 나의 피조
물 만백성을 구원한다는 그와 같은 형
국으로 흘러가기 때문에 너희들이 지
금과 같이 험악한 시대의 삶을 만들었

다는 것을 깨우쳐야 되며, 너희들의 그 죄의 부끄러움을 너희 스스로 알아야 될 것이니라.
30 이 밝은 천지에서 나의 순수한 백성들과 더불어 살아갈 수 있는 자격도 없는 자가 지금 잘못 가르치는 종교 지도자들이요,
31 영적인 깨우침이 없으며 나로부터 선택되지 못한 자들이 문자요, 글만을 가지고 나의 피조물 만백성을 하늘로 이끈다며 그리 가르치기에,
32 부모를 공경할 줄 모르며, 자식을 사랑할 줄 모르며, 자식으로부터 존경받지 못하며, 모두가 계산속에서 흘러가는 그와 같은 세대가 되었음이니라.
33 부모라는 사람은 자식에게 가르침을 그 투자가치로 생각하며, 자식은 또한 부모가 낳아 주고 길러 준 것을 저희들이 감사하기 전에, 태어난 자체를 부모의 탓이라 그리 돌리니,
34 저희들의 모두를 책임지라 하는 그 책임 추궁의 시대로 변한 것은 비사요, 비유로 되어 있는 나의 성경의 뜻을 모르는 자들이 종교 지도자라 하여 단상에 서서 설교하며, 너희들의 육의 삶에 모든 초점을 맞춰 가니, 거기에 인간의 인성의 본질이 무너졌음이니라.
35 문자대로 가르치는 종교 지도자 너희들은 지금서부터 너희들의 부끄러움이요, 잘못 가르침과 자격이 없음을 깨달아, 나의 법전을 읽고 그 법전 속에 원하는 것이 무엇인가를 깨닫고 지금이라도 그리 변하는 것이 너희들이 늦지 아니하였음을 알라.
36 지금 나의 선지자요, 나의 아들과 한 시대에 살아가며 160권이라는 법전이 세상에 나오는 것을 접할 수 있는 종교 지도자, 너희들은 그나마 선택된 자들이니,
37 나의 법전을 읽고 깨우쳐 지금이라도 너희들이 바로 가르치는 지도자가 되었을 때 너희 자신이 구원을 받을 것이며, 만백성을 지옥으로 이끌어 가는 것이 아니라 그들이 구원을 받게 됨을 알라.

3,508 번째 하나님 말씀

2002년 9월 25일 13시 04분

1 사랑하는 나의 아들아!
2 "네, 아버님! 말씀하옵소서."
3 내가 너에게 뭐라 말하였는가?
4 내가 천 년에 걸쳐 이 지상을 통제하며, 나의 법전으로써 너희들을 옳은 자와 그른 자, 구원할 자와 구원하지 아니할 자를 구분하여, 천 년 후에는 하늘에서 이루어진 것같이 이 지상에 낙원이 이루어져, 나의 혈통이요, 나의 아들딸만이 이 세상에 존재하는 역사를 이룬다 하였음이니라.
5 내가 너를 통하여 나의 법전에 기록하였음이니, 이는 너희들의 성서라는 곳에 이미 천 년에 걸쳐 육에 속한 것을 다 버린다는 그와 같은 내용을 내가 기록하여 너희들에게 깨우친 부분이 있거늘, 너희들은 그를 어찌하여 제대로 깨우쳐 인식하며 배우려 하지 아니하는가?
6 내가 나의 아들을 통하여 나의 성서에

기록하여, 천 년에 걸쳐 버릴 것은 버
리며 구할 것은 구한다는 그 역사의
기록이 있음을 너희들이 알아야 될 것
이니라.
7 그리하여 천 년에 걸쳐 내가 너희들을
직접 관리함이니, 내가 알곡식과 쭉정
이를 선별할 수 있으며 심판할 수 있
는 이 법전을 세상에 내려보냄이니라.
8 내가 너희들에게 구분하는 것을 내려
보내지 아니하였다면, 너희들이 나를
공의의 하나님이라 말하지 아니하여
도 나는 너희들에게 아무런 답할 말이
없을 것이니라.
9 성서는 비유요, 비사로써 모두 다 이
루어졌음이니, 너희들이 영적으로 깨
우치지 않는 자는 그를 알 수 없으며,
10 그리고 영적인 깨달음을 위하여 너희
들이 힘들고 어려운 길을 가는 자가
없음이니, 너희들이 나의 피조물 만백
성을 잘못 가르쳤음이니라.
11 그리하여 마지막 시대에 내가 직접 구
할 자와 구하지 아니할 자를 천 년 동
안에 선별함이니, 이게 곧 무엇이더냐?
12 내가 직접 내려가 말로써 너희들에게
전하는 나의 법전이요, 곧 하늘에 오
르는 '하나님! 말씀하옵소서.'라는 이
책으로써 너희들을 심판하고자 하는
그 역사가 이루어졌음을, 너희들은 여
기서 두 번 다시 부정하는 말과 갑론
을박하고 반박하는 말을 하지 말라.
13 너희들이 얼마나 어리석은 자인가를
알 날이 머지않았음을 알아야 될 것이
니라.
14 그리하여 너희들이 각자 맡은 임무에
충실하면 그것으로써 너희들은 나로
부터 선택된 백성임을 알라.
15 스스로 자기 자신이 무엇인지, 자기가
해야 할 일이 무엇인지도 모르는 자들
이 그저 하늘에 올라와 구원을 받는다
하여 너희 손으로 지은 그 성전에 가
울고불고 매달릴 때, 그것이 너희들이
구원을 받는 것이 아님을 알아야 될
것이니라.
16 나 여호와가 나의 피조물 만백성 중에
선택된 백성 너희들 개개인에게 크고
작은 임무를 다 명하여 주었음이니라.
17 각자에게 내가 임무를 준 것이 바로
나로부터 선택된 백성임을 너희들은
알아야 될 것이니 그리 알라.
18 그러나 지금 너희들의 종교 지도자들
이 가르치는 방법은 과연 어떠하던가?
19 나는 나로부터 선택된 백성이요, 나로
부터 구원의 길을 인도하는 백성들에
게는 다 임무와 그들이 해야 할 책임
을 나누어 주어서 그들이 행하도록 그
리하여 하나의 틀을 이루어 역사를 이
루도록 만든 것이니,
20 수천 년 동안 흘러내려 가 나의 피조
물 만백성을 구한다는 너희들의 종교
집단에서는 어찌 가르치더냐?
21 너희들의 종교 집단이요, 지도자라는
자들이 단상에 서서 너희들에게 가르
치는 것은 똑같은 방법으로써 너희들
을 똑같이 깨우쳐 그냥 이끌어 감이
니, 그들은 각자의 임무가 없음이니라.
22 이것이 바로 죽은 믿음이요, 잘못 가
르치는 자가 이끌고 가는 종교 집단임
을 너희들은 알아야 될 것이니라.
23 나 여호와는 지금 새로운 시대를 열
며, 천 년에 걸쳐 나의 사랑하는 백성

들만이 존재할 수 있는 새 역사를 이
루는 데 그들 개개인에게 다 임무를
주었으며 그들이 행할 수 있는 것을
다 주었음이니라.
24 그리하여 그들이 하나의 큰 배의 역사
를 이루며, 하나의 역사를 이루는 데
각자 부분적인 그 임무를 충실히 수행
했을 때, 그 틀이 짜지며 대역사를 이
루는 것이 내가 지금 이루고자 하는
것이며 선택된 백성들의 차이점임을
알라.
25 순교자의 길을 가는 자는 순교자의 길
을 가는 것이며, 또 그 순교자의 고통
과 파란을 겪고 난 다음에 그 모두를
이끌어 가는 자가 있는가 하면, 또 지
도자로서 너희들 백성을 위하여 하나
하나의 책임을 맡은 자들이 그 자리에
서 임무를 충실히 수행해야 된다는 것
을 알라.
26 나는 모두에게 다 개인의 임무를 주었
음을 너희들은 알아야 될 것이니라.
27 그를 모르는 자, 그 임무를 받지 못하
는 자, 그들은 나와 아무런 관계가 없
음이니라.
28 대표적인 나의 뜻을 내가 여기에다 기
록하여 너희들에게 전하는 것이 무엇
이더냐?
29 너희들이 하늘에 오르는 길을 가르친
다 하여 너희들을 지도하는 자들이 지
금 똑같은 방법과 똑같은 형태로써 모
두 한 길로써 깨우침을 몰고 가고 있
음이니, 각자의 임무를 모름이니라.
30 너희들은 각자의 임무가 다 있음을 알
라.
31 그와 같이 두루뭉술하게 뭉쳐서 가는
것은 나에게 오르는 깨달음이 아니요,
너희들이 구원의 길을 받는 것이 아님
을 알라.
32 지금 나의 아들을 통하여 하늘에 오르
고자 나의 성령을 듣고 나의 법전을
읽고 깨우치는 자, 너희들에게 각자의
임무가 떨어짐이니, 그 임무가 얼마나
소중하고 위대한 것인가를 알라.
33 그게 바로 나로부터 선택된 백성들이
니, 각자 달란트 사업을 하는 자, 법전
을 펴내는 자, 그를 전하는 자, 그리고
선지자를 따라 모두를 역사하는 자,
그와 같이 임무를 받은 자가 바로 나
로부터 선택된 백성임을 알라.
34 그 너희들의 소중함을 알아야 될 것이
니라.
35 너희들처럼 하나하나 임무를 받지 아
니하며, 집단적으로 깨우쳐 하늘에 오
르는 길이라며 그저 몰고 가는 그들은
무엇이더냐?
36 평생 너희들이 나의 재물을 잘못 쓰고
잘못 바쳤으며, 그저 눈물의 찬송을
불렀으며, '아멘, 할렐루야!' 하며 광
란의 믿음으로써 너희들이 그리 갔음
이니,
37 똑같이 깨우쳐 한 가지 방법으로 가르
치는 그것은 죽은 자요, 죽은 가르침
이라는 것을 너희들이 알아야 될 것이
니,
38 오늘 내가 나의 아들을 통하여 하늘의
이 이치의 뜻을 너희들 손에 쥐여 주
거늘, 이를 보고도 깨우치지 아니하며
행하지 못하는 자, 너희들은 정녕 구
원을 받을 수 없다는 것을 알아야 될
것이니라.

39 지금의 수천 년 동안 흘러왔던 종교
지도자 너희들이 이와 같이 사악한 방
법으로, 그 한 가지 방법으로써 모든
백성들을 똑같이 깨우치고자 하며 한
길을 위하여 몰고 갔음이니, 지금 나
의 피조물 만백성이 마지막 시대를 이
룬 것이니라.
40 그들의 임무요, 그들이 행해야 할 각
자의 뜻이 무엇인가를 너희들이 모르
고 있음이니,
41 이제 너희들이 믿음이라 하여 손으로
지은 그 성전에 가서 재물을 바치며
시간과 노동력을 바치라고 가르치는
자, 그 속에서 너희들의 임무를 모르
고 있음이니, 이제 정녕 너희들이 울
부짖고 배우는 손으로 지은 그 성전에
서 뛰쳐나와, 내가 만든 자연의 성전
에서 무릎 꿇고 나에게 기도를 드리라.
42 '진정 창조주이신 여호와 하나님! 제
가 하여야 할 소임이 무엇이며 제가
맡은 임무가 무엇이나이까?' 너희들
이 깨우쳐, 내가 너희들에게 명한 그
임무를 수행하는 자가 구원을 받음이
니,
43 바로 너희들 각자의 임무요, 너희들이
해야 할 일이요, 너희들의 대명을 아
는 것은 지금 내가 나의 아들을 통하
여 내려보내는 160권의 법전을 읽고
깨우칠 때, 그 법전 속에서 각자 너희
들이 해야 할 임무가 명시되어 있음이
니라.
44 천이면 천, 만이면 만, 억이면 억, 모
든 백성 너희들은 나의 법전을 읽으
라.
45 나의 법전을 읽고 또 읽으며 너희들이
정독하고 정독하여 깨우쳤을 때, 그
속에서 너희들의 임무를 스스로 알게
될 것이니 그리 알라.
46 그리고 너희들이 그리하여도 찾지 못
하거든 나에게 기도하라, 그리고 나에
게 물으라.
47 그러면 내가 너희들에게 직접 임무를
내릴 것이니라.
48 이제 너희들은 깨우쳐야 할 것이니라.
49 잘못 가르치는 종교 지도자들, 지옥으
로 이끄는 그들을 이제 단죄해야 될
것이며,
50 그곳에서 뛰쳐나온 자, 너희들은 내가
지은 자연의 아름다운 성전에 무릎 꿇
고 '창조주 아버지여! 제가 해야 할 일
이 무엇이나이까?' 그리 나에게 기도
드리라.
51 그러면 내가 너희들에게 임무를 줄 것
이며, 그리하고도 너희들이 구하지 못
하며 듣지 못하거든 내 160권의 법전
을 정독하며 나의 아들이 가르치는 강
론을 들으라.
52 그 속에 너희들의 임무가 나로부터 떨
어짐을 알라.
53 내가 나의 피조물 만백성 너희들을 세
상에 내보낼 때는 각자의 임무가 다
있음이니라.
54 그 임무를 행하지 못하는 자, 너희들
은 나와 아무런 인연의 관계가 없음이
니,
55 내가 너희들에게 무엇이 되라 말하였
거늘, 그리되지 아니하고 그리 행하지
아니하는 자, 그는 나를 버린 자이니
나와 관계없는 삶을 산다는 것을 알라.
56 이 무서운 하늘의 비밀이요, 천기를

나의 아들을 통하여 나의 법전에 기록
하여 내림이니, 이를 명심하여 깨우
쳐, 각자의 임무를 찾아 그 자리에서
소임을 다하여 나로부터 구원을 받도
록 하라.
57 각자 너희들에게 주어진 그 소속에서
임무를 다할 때, 그 크나큰 배가 하늘
로 올라올 때 너희들이 스스로 같이
따라오게 됨이니,
58 그 자리를 지키지 못하는 자, 그 배가
하늘로 오를 때 너희들은 오를 수 없
음이니 그리 알라.

3,509 번째 하나님 말씀

2002년 9월 25일 13시 16분

1 사랑하는 나의 아들아!
2 "네, 아버님! 말씀하옵소서."
3 세상사에 살아가는 그 이치를 내가 뭐
라 말하였느냐?
4 나로부터 선택되어 세상에 나간 나의
백성 너희들이 천 년에 걸쳐 내가 새
로운 역사를 이루고자 하는 그 부분에
쓰이고자 다 너희들이 명을 받아 간
자라 말하였음이니라.
5 그리고 너희들이 각자의 자리가 있으
며, 너희들이 역사할 그 자리가 있다
하였음이니, 그 자리를 지키지 못하는
자 나에게 구원을 받을 수 없으며,
6 구원의 길의 그 큰 배가 오를 때 그 배
의 부속의 자리를 지키지 못한 자 구
원을 받지 못한다 하였음이니라.
7 지금 바로 집단적으로 가고 있는 종교
요, 그리고 나의 아들 예수의 능력으
로 구원을 받았다 믿는 자들, 그들이
바로 자기 자리를 지키지 못하며 자기
위치를 모르며 자기 자리가 어디인지
모르고 분별을 못 하고 있는 백성들이
니,
8 바로 가장 불쌍하고 어리석은 백성들
이 그 백성들이니라.
9 이제 너희들은 깨우쳐야 될 것이니라.
10 지금의 종교 집단이 한 방법으로써 모
두를 다 깨우쳐 한 무리로 이끌어 가
고 있음이니, 그 하나의 무리가 어찌
쓰이는가?
11 너희들이 천 명의 무리를 하나로 깨우
쳐 간다면, 천 명이 각자 자기 임무가
있고 쓰일 자리가 있거늘 그들이 쓰이
지 못하게 함이니, 그게 바로 무엇이
더냐?
12 나의 백성들을 지옥으로 이끌어 가는
것이니라.
13 천 명이요, 만 명으로써 너희들이 한
교회의 집단에 가 설교를 들으며 똑같
이 깨우쳐 가는 자, 각자의 임무를 모
름이니라.
14 흙의 위치로서 다져질 자, 돌이 될 자,
그리고 못이 될 자, 그리고 또 한 부분
을 맡아 그러한 역사를 할 수많은 사
람들이 그 임무를 지금 모르고 다 합
쳐 감이니,
15 한 덩어리의 흙이 필요할 때 천 명, 만
명이 다 흙이 될 수 있다, 그 흙이 되
라 말함이니, 하나의 흙덩어리가 필요
하거늘 천 명, 만 명을 다 흙덩어리로
만들고자 한다면 그 자리를 어찌 채우
겠는가?
16 하나만 필요하거늘, 그 하나도 제 임
무를 모름이니라.

17 나사가 하나 필요하거늘, 너희들이 지
금 가르치는 것은 수천수만 명의 종교
집단을 보고 한 길로 가르침이니, 너
희들은 모두에게 나사가 되라 함이니,
18 나사가 천 분의 일, 만 분의 일밖에 필
요치 아니하니, 그 나머지는 제 길을
모르고 우왕좌왕하고 살다 제자리를
찾지 못함이니 그들이 지옥으로 가는
것이며, 그와 같이 가르치는 너희들이
지옥으로 인도하는 지옥의 사자라 함
이 여기 있음을 알라.
19 내가 너희들 각자가 다 임무가 있다고
깨우쳐 주었으나 너희들이 깨닫지 못
함이니, 내가 나의 아들을 통하여 너
희들에게 좀 더 상세히 깨우쳐 주고자
함이니 이를 알라.
20 너희들의 신체의 구조를 한번 돌아다
보라.
21 머리카락은 머리카락으로서 그 임무
가 있으며, 눈은 눈대로 임무가 있으
며, 입은 입대로 임무가 있으며, 귀는
귀대로 임무가 있으며, 손은 손대로
임무가 있으며, 발은 발대로 그 임무
가 있지 않으냐?
22 너희들이 육신의 갖춰진 모든 부분도
그 임무가 있듯이, 그 임무에 충실하
며 그 자리를 지켰을 때, 그와 같은 자
리를 지킨 자로서 너희들이 나에게 영
광을 받는 구원을 받게 됨이니라.
23 그러나 지금 너희들은 어찌하던가?
24 그 임무를 모르며 그 임무를 깨우쳐
주지 못함이니, 이는 바로 무엇이더냐?
25 영적인 깨달음이 없는 종교 지도자가
성서에 기록되어 있는 그 문자요, 글
만을 보고 가르치는 그와 같은 형국에
도래했기 때문이니, 너희들이 잘못 가
르치는 지도자로부터 배웠기 때문이
니라.
26 그리하여 너희들이 자기의 임무를 모
르기에 지금의 이 세상에 혼란이 와
있으며, 이와 같이 뒤죽박죽인 세상이
와 있음이니라.
27 너희들이 각자 임무를 맡은 자들이 자
기의 임무를 충실히 수행했을 때, 이
세상은 온유하며 평안하며 그 배는 무
사히 하늘로 오를 수 있거늘,
28 지금 하나의 작은 임무를 받은 자가
총체적인 임무를 받은 것처럼 너희들
이 서로 그리 떠들고 나의 피조물 만
백성을 이끌어 가고 있음이니, 그 속
에서 진정한 구원이 어디 있으며 진정
한 깨달음이 어디 있는가?
29 이 모두를 다 총체적으로 이끄는 것은
이 세상에 단 한 사람이니라.
30 나의 아들 예수를 보내서 그 총체적인
역할을 할 수 있도록 하였으나 그가
그 임무를 수행하지 못하였으며,
31 그리하여 내가 제3의 시대에 직접 나
의 성령을 내려보내 '하늘에 오르는
길이요', '하나님! 말씀하옵소서.'라는
이 책으로써 이를 받아써 나를 대행하
며 나를 대신하여 이 모두의 역사를
이루어 가는 지금 나의 아들, 그만이
이 모두의 총체적인 역할을 할 수 있
으며, 총체적인 임무를 수행하는 자임
을 너희들은 알아야 될 것이니라.
32 그러나 너희들은 어찌 말하는가?
33 너희들은 지금 서로 나로부터 터치받
았다 하는 자, 저희들의 환상에 깨달
은 자, 종교 집단 너희들이 다 총체적

인 것을 받아 총체적으로 가르치는 양
그리 말하느니라.
34 인간의 눈이요, 입이요, 모두를 다 지
배하는 것은 영으로써 그가 통제하여
지배하거늘, 그 영이 바로 무엇이더냐?
35 지금 세상에 나가 나를 대행하는 나의
아들임을 너희들은 알아야 될 것이니
라.
36 나의 아들 외에는 그 모두를 총체적으
로 지휘하며 가르치는 자가 없음을 알
라.
37 오로지 나에게 명을 받은 자만이 그를
행할 수 있음이니라.
38 나의 성령으로써 부어 넣어 너희들을
이끌어 가는 자는 나의 아들 한 사람
이며,
39 너희들을 이끌어 가는 그 가르침의 진
정한 지침서는 내가 직접 나의 성령을
태워 내려보낸 나의 법전이요, 나의
책만이 모두를 총체적으로 이끌어 가
며 관리할 수 있는 기능과 능력이 있
음이니라.
40 그 길 외에는 너희들이 정녕 구원을
받을 수 없으며, 너희들이 바로 설 수
없음을 알라.
41 나의 피조물 만백성 너희들은 사람의
인체 구조에서 하나의 부분이 각자 임
무를 맡았듯이, 눈의 임무요, 입의 임
무요, 손의 임무요, 눈썹의 임무요, 그
와 같이 너희들은 모두 한 부분씩 임
무를 받은 자들이니, 그 위치를 찾아
그곳에서 최선을 다하는 것으로써 너
희들이 나에게 구원을 받는다는 것을
알라.
42 총체적인 나의 아들이 이끄는 그 배가
하늘에 오를 때, 너희들은 부분적인
책임을 다하며 그 자리를 충실히 지킨
자로서 더불어 구원을 받는다는 이 엄
연한 사실을 너희들이 잊어서는 안 될
것이며 지워서는 안 되느니라.
43 이 세상의 모두를 총체적으로 이끌어
가는 그 책임이요, 그 역사를 이루는
것은 지금 법전을 기록하여 나 대신
만백성을 구하는 나의 아들 하나뿐이
며, 나의 법전뿐임을 너희들은 알라.

3,510 번째 하나님 말씀

2002년 9월 25일 13시 28분

1 사랑하는 나의 아들아!
2 "네, 아버님! 말씀하옵소서."
3 기존의 기득권을 가지고 있는 모든 종
파들 속에서 혁명을 이루며 그들을 다
뽑아내며 나의 법전이요, 나의 새로운
성령의 말로써 그 대명을 이룬다는 것
은 얼마나 힘들고 어려운 길인가를 너
는 알 것이니라.
4 그러나 너와 너의 제자들은 알고 깨달
아야 될 것이니라.
5 나의 성령으로 기록된 법전이 세상을
덮어 나갈 때, 너희들 말에 '민심은 하
늘의 뜻'이라는 말이 있듯이, 나의 법
전이 세상에 전해져 나의 피조물 만백
성 한 사람, 두 사람이 나의 법전을 읽
고 깨우칠 때, 그들의 민심은 어찌 되
겠는가?
6 그들의 마음은 하늘의 뜻을 따라 행할
것이며 그 역사가 이루어질 것이니라.
7 그리하여 그를 대비하여 그 백성을 이
끌어 가고자 하는 모든 지도자요, 왕

을 또한 내가 준비시키고 있으며 준비
되어 있음이니,
8 그 모두는 나 여호와의 뜻이요, 내가
이루고자 하는 것이며, 숨어 있는 나
의 그 뜻임을 너희들은 알아야 될 것
이니라.
9 나의 법전을 읽고 깨우친 그 백성들을
이끌고 지도할 자를 또한 지금 내가
세상에 내려보냈음이니, 너희들이 세
월이 지난 다음에 그를 알게 될 것이
며, 그 역사함을 알 수 있을 것이니라.
10 진정한 나의 뜻이요, 나의 말인 나의
성령을 전하는 자는 핍박과 고통 속에
서 역사하지 않은 자가 없음을 너희들
은 알고 있지 않은가?
11 나의 아들 예수가 만백성을 깨우치고
자 나의 성령을 받아 나의 뜻을 말로
써 전하였음이니라.
12 그리하여 그는 얼마나 핍박과 고통의
시련을 겪었는가?
13 그는 십자가에 못 박혀 죽음을 선택하
는 그 마지막 순간에 피보다도 더 진
한 애절한 마음으로 나 여호와를 부르
짖었느니라.
14 '아버님! 저를 정녕 이리 버리시나이
까?' 하고 그는 눈물의 기도를 했음이
니라.
15 그러나 나는 그 기도를 거두어들이지
아니하였음이니 나의 아픈 마음을 너
희들은 알고 있는가?
16 그리하여 지금 내가 나의 아들을 통하
여 나의 법전이요, 나의 뜻을 세상에
다시 전함이니, 너희들의 잘못된 그
기존 세력들이 이를 꺾고자 핍박함이
또 하늘을 찌를 것이며,
17 그동안 이를 겪고 가는 나의 아들의
고통은 차마 눈으로 볼 수 없는 그와
같은 시련과 어려운 그 한 고비를 넘
기며 가야 되는 것이 나의 아들의 운
명이니,
18 너희들은 여기서 각자 맡은 임무에 충
실히 하는 제자로서 굳건히 설 때, 그
와 같은 자들이 나의 아들을 핍박하지
못함을 알아야 될 것이니라.
19 160권의 법전을 만드는 자, 전하는
자, 기록하여 전하는 자, 그리고 순교
자의 임무를 맡은 자, 각자의 그 임무
를 맡아 행하였을 때 너희들의 모든
역사가 이루어질 것이며,
20 너희들이 지금 나의 예수가 받았던 그
핍박과 고통, 그와 같은 시련을 무사
히 넘어갈 수 있는 길은 너희들이 그
자리를 지키는 것뿐임을 알라.
21 이제 내가 새로운 시대요, 새로운 왕
국을 이루고자 하며, 너희들의 민심이
요, 너희들 인간의 마음이 하늘의 뜻
으로 변해질 때, 그들을 거두어들이고
통제하는 새로운 나의 왕국이 이루어
짐이니,
22 그 뿌리와 그 후손이 천 년에 걸쳐 하
늘에서 이루어진 것같이 이 땅에서도
이룰 수 있는 나의 자식들이요, 후손
들이요, 선택된 백성임을 너희들은 알
아야 될 것이니라.
23 진실한 것을 전하는 자, 진실한 나의
뜻을 전하는 자 모두 핍박과 고통이
가중되며,
24 그 고통스럽고 힘든 것을 너희들이 견
디고 넘어갈 때 하늘로부터 크나큰 영
광이요, 축복이 너희들에게 내려짐을

알아야 될 것이니, 이를 명심하여 행
하도록 그리하라.

3,511 번째 하나님 말씀

2002년 9월 25일 13시 34분

1 사랑하는 나의 아들아!
2 "네, 아버님! 말씀하옵소서."
3 나의 피조물 만백성의 종교 지도자 그
모두는 다 성령으로써 깨달음이 없는
자가 아무리 그가 진정한 종교 지도자
라 말해도 그는 잘못 가르치며 세상의
이치를 모르고 하늘의 뜻을 모르는 자
라 말하였음이니라.
4 나 여호와의 뜻을 받아 가르치는 백성
이요, 지도자는 열린 마음을 갖고 나
의 피조물 만백성을 가르쳐야 됨이니
라.
5 영적으로 깨닫는 자, 그리고 열린 마
음으로써 나의 피조물 만백성을 구원
하는 자, 그는 곧 바로 나로부터 선택
된 백성이요, 지도자임을 알라.
6 너희들이 열린 마음으로 가르치는 자
는 각자 그들의 임무를 알게 됨이니라.
7 그리고 나로부터 세상에 태어난 백성
한 사람 한 사람은 나로부터 맡은 임
무가 있다는 것을 너희들이 보고 깨닫
게 됨이니, 이는 영적으로 깨달음이요,
8 너희들이 열린 마음으로 세상을 보는
그와 같은 지도자로서 섰을 때 그 모
두를 볼 수 있음이니라.
9 이제 나의 아들을 따르는 제자들이요,
나의 법전을 읽고 깨우친 너희들은 세
상사의 모두를 볼 때 마음을 열고 열
린 마음으로써 바라본다면 너희들이
각자의 임무를 알 수 있음이니라.
10 길을 닦는 자, 나무를 베는 자, 자갈을
까는 자, 그곳에 흙을 뿌리는 자, 그리
고 그곳에 많은 백성을 이끌고 가는
자, 그와 같이 너희들이 다 각자의 임
무가 있음을, 너희들이 열린 마음의
자세로 보지 못하면 알 수 없음을 알
라.
11 그리하여 나의 법전을 읽고 깨우친 백
성들이요, 나의 아들을 따르는 제자라
는 너희들은 이 세상의 모두를 다 열
린 마음으로써 접하는 마음의 훈련을
먼저 거쳐 그리 가야 됨을 알라.
12 너희들이 열린 마음으로써 세상을 볼
때 너희들이 맡은 각자의 임무가 크고
작음이 없으며 그 모두가 다 소중하
며, 그 자리에 누가 존재해야 그 역사
를 이룬다는 그와 같은 사실을 알게
됨이니,
13 그리하면 너희들이 나를 원망함이 없
으며, 너희들이 무엇을 구하고자 하는
마음이 없으며,
14 각자 주어진 그 자리에 너희들이 존재
하는 것이 얼마나 소중하고 위대한 것
이며, 나 여호와로부터 세상에 생명을
받아 나가 나 여호와가 이루고자 하는
그 역사의 한 부분을 맡아 너희들이
충실히 시행하고 그를 버팀목으로서
지키고 감이 얼마나 위대한 역사인지,
하늘에 오르는 그 지름길임을 너희들
은 알게 될 것이니라.
15 그리하여 너희들이 그 자리에 서 있음
이 얼마나 위대한 것인가를 너희들이
열린 마음으로 세상을 볼 때 남의 자
리를 볼 수 있으며 너희 자리를 볼 수

있음이니,
16 바로 열린 마음으로 사는 자가 제자리
를 가 버팀목으로서 그 자리를 굳건히
지킬 때, 그 배가 완성되어 나의 아들
이 하늘로 이끌 때 너희들이 바로 그
배에 탄 자요, 그 배의 역사를 맡은 자
로서 하늘의 천국에 오르는 것을 너희
들은 잊지 말라.
17 그것이 지금 너의 제자들이 가야 할
길이며, 나의 법전을 읽은 백성이요,
지금 나의 아들이 살아가는 이 시대에
같이 살아가는 모든 백성 너희들은 배
를 만드는 그 부분에 너희 자리를 지
키며 버팀목으로서 그 자리를 메워야
할 것이니,
18 그리하여 천 년의 기틀을 세워 그곳에
타는 백성이 바로 하늘에서 이루어진
것같이 이 땅에서 이루어지는 그 낙원
에서 사는 자요, 너희들의 후손들이
요, 나의 백성들이 살아가는 찬란한
그 역사가 이루어짐이니,
19 그곳에 사는 자 편안히 살아 그들이
나의 율법에 따라 스스로 살다 하늘에
오르는 그 영광을 같이 얻게 됨이니,
20 바로 너희들은 배요, 그때 천 년 후의
백성은 배를 타는 백성이니,
21 이와 같은 나의 하늘의 뜻을 알아 너
희들의 자리를 지키는 것에 소홀히 하
지 말라, 사랑하는 나의 백성들이요,
선택된 나의 아들과 딸들아!
22 너희를 내가 사랑함이니라.

3,512 번째 하나님 말씀

2002년 9월 25일 14시 26분

1 사랑하는 나의 아들아!
2 "네, 아버님! 말씀하옵소서."
3 너희들이 이 세상에 생명체를 받아 인
간으로 태어나 한 세상을 살아감이니,
4 너희들이 노력한 만큼 모든 걸 얻을
수 있으며, 가족을 두며 자식을 두며
그와 같이 인간의 육의 삶을 살아가는
그 자체에 대한 감사하는 마음과 그에
대한 감사하여야 할 그 뜻을 모르고
사는 것이 지금 나의 백성 너희들의
살아가는 삶이 아니던가?
5 너희들은 어렵고 고달프고 힘들 때 너
희 스스로 원망하며 나를 원망함이니
라.
6 '정녕 여호와 하나님이 계신다면 어찌
저희들에게 이와 같은 어렵고 힘든 시
련과 고통을 주시나이까?' 그리 너희
들은 기도할 것이니라.
7 그러나 너희들은 그를 나에게 원망하
기 전에, 너희들이 한 생명을 갖고 세
상에 태어난 그 자체에 대하여 감사하
는 마음을 먼저 갖고 사는 것이 너희
들의 도리가 아닌가 생각해야 될 것이
니라.
8 너희들은 다 그 자리에 필요하며 그
누군가는 그 자리를 지켜야 하기 때문
에 너희들이 세상에 나왔음을 알아야
될 것이니라.
9 너희들은 도자기를 만든다는 그 토기
장이의 마음을 아는가?
10 그는 그가 구상한 것을 그 뜻대로 만
듦이니, 그가 만들어 구워 낸 그 토기

가, 저 자신이 잘못 만들어졌다 하며
왜 저희들이 이곳에 쓰이느냐고 불평
불만을 할 수 있다 생각하는가?
11 그것은 토기장이가 꼭 필요하기 때문
에 그리 만든 것이 아니더냐?
12 나 여호와가 너희들을 세상에 창조한
것은 너희들이 그 자리에 꼭 있어야
되며, 너희들이 그 사명을 지켜야 될
그와 같은 위치에 있기에 내가 너희들
을 세상에 내보내 태어나게 하였음이
니,
13 너희들은 세상에 나온 그것으로써 그
자리에 너희들이 쓰이는 그 자체를 나
여호와에게 감사하는 그와 같은 마음
으로써 살아가야 될 것이니라.
14 그와 같은 마음을 갖기 전에 너희들이
나에게 원망이요, 나 여호와가 존재하
지 아니하는 것처럼 생각하는 삶을 산
다면, 너희들은 스스로 그 자리에 지
켜지도록 너희들이 필요로 하여 세상
에 태어나 살아감의 감사함을 정녕 모
르는 것이니라.
15 내가 그리하여 너희들에게 뭐라 말하
였는가?
16 너희들이 지금 그와 같은 위치요, 그
와 같은 삶을 살아가는 것은 너희들이
그 자리에 설 자격이 있으며 너희들이
거기에 있어야 하기 때문에 나 창조주
가 필요하여 그곳에 있게 하였음이니
라.
17 그러나 지금 종교 집단에서 너희들이
어찌 살아가는가?
18 지금 나의 피조물 만백성 중에서 나의
뜻을 가장 거역하며 나를 부정하고 가
는 자가 하늘에 오르는 길이라 하여
너희 손으로 지은 그 성전에 가서 기
도하고 경배한다 하며 종교 지도자로
부터 가르침을 배운다 하는 너희들이
니라.
19 너희들은 그곳에서 무엇을 원하는가?
20 너희들이 원하는 것을 더 얻고자 하
며, 더 이루고자 하는 것을 바람이니,
21 내가 너희들에게 구원받고자 하는 기
도, 달라는 기도를 하지 말라 하였음
이니, 그 뜻이 여기에 있음이니라.
22 너희들이 그 자리에 있어야 되며, 너
희들이 그와 같이 견디고 가는 것이
나로부터 선택된 자리며, 나 여호와가
너희들이 필요하기에 그 자리에 있게
하기 위하여 창조하였거늘,
23 너희들이 그것을 버리고 그것을 벗어
나고자 한다는 것은 무엇이냐?
24 나를 원망하며, 내가 너희들을 거기에
있게 한 것을, 너희들만이 어렵고 힘
든 그 인생의 삶을 산다 하여 나에게
불평불만 하는 그와 같은 마음에서 너
희들이 기도하는 것이며 그 뜻이 거기
에 있음이니라.
25 너희들이 돌이켜 생각하면 무엇을 얻
고자, 무엇을 이루고자, 가진 자가 더
갖고자 하는 것은 너희들이 그 자리에
필요하기에 창조주인 내가 너희들을
거기에 있게 했다는 그 이치를 모르는
자이며,
26 그 위치에 있는 것이 얼마나 소중하고
위대한 것이며, 나로부터 선택되어 산
다는 그 자체가 얼마나 너희들에게 영
광인가를 모르는 자이기에 더 달라 더
갖고자 하는 것이니,
27 나로 하여금 너희들이 그 자리에 있게

만든 것을 바꿔 달라, 고치라 함이니,
그 어렵고 힘든 그 자리를 누가 대신
메워야 되겠는가?
28 너희들이 이와 같은 이치와 뜻을 깨우
친다 하면, 앞으로 나 여호와에게 무
엇인가를 달라 하며 원하고 구원받고
자 하는 그와 같은 기도를 하지 말라.
29 그와 같은 것을 하는 자는 나와는 아
무런 관계도 없는 백성이라 말한 뜻이
여기에 있음이니,
30 내가 필요로 하여 이루어 놓은 그 자
리를 너희들이 바꾸고자 함은 나를 거
역하며, 내가 존재함을 믿지 아니하
며, 나의 뜻을 너희들이 따르지 아니
하며, 순종하고자 함이 없는 것이니,
그는 나의 백성이 아니라는 뜻이 또한
여기에 있음을 너희들은 깨우치라.

3,513 번째 하나님 말씀

2002년 9월 25일 14시 34분

1 사랑하는 나의 아들아!
2 "네, 아버님! 말씀하옵소서."
3 이 세상 나의 피조물 만백성, 잘못 가
고 잘못 살아가는 그들을 하늘로 인도
하는 길이요, 그들을 정녕 바른길로
깨우치는 그 역사를 이룸은,
4 나의 성령을 책으로 기록하여 글로 만
들어 영원히 변하지 않는 그 역사 속
에서 그들에게 전해지고 또 전해져,
그들이 깨우치고 깨닫는 그 삶 속에서
하늘에 오르는 그 참진리를 봐 나의
품에 오르는 그 역사를 이룰 수 있음
이니라.
5 네가 오늘 160권의 법전을 나로부터
성령을 받아 책으로 만들어 내는 그
역사에 임하고 있으니, 네가 아무리
힘들고 어려워도 이 자리를 털고 일어
나서는 아니 됨이니라.
6 그 누구도 이룰 수 없으며, 그 누구도
행할 수 없으며, 오로지 나의 아들 너
만이 이 길을 가야 할 것이니,
7 네가 육의 삶에 너 자신을 비춰 오늘
의 힘들고 어려운 그 일을 벗어나고자
자리를 박차고 떠나고자 하는 그 마음
을 너 스스로 달래고 다스려 다시 앉
아 나의 법전을 받아 만백성을 구원하
고자 나의 성령을 기다림이니,
8 이는 네가 가야 할 길이며 이루어야
할 길이라는 것을 너 스스로 깊이 깨
달아야 할 것이니라.
9 너는 정녕 이를 행하지 아니할 수 없
으며, 그 누구도 너 대신 해 줄 수 없
으며 대신 역사할 수 없는 것이 나의
아들과 나 여호와의 관계며,
10 나의 성령이요, 나의 음성을 들어 책
으로 만들 수 있는 것은 그 누구도 이
룰 수 없는 일이기에 네가 너 자신을
달래어 도로 앉는 그 너의 마음을 내
가 사랑함이니, 너는 그와 같은 마음
의 생각마저도 가져서는 안 되느니라.
11 사랑하는 나의 아들아!
12 "네, 아버님! 말씀하옵소서."
13 네가 이 자리를 뛰쳐나가고 싶어 하는
그 마음에, 또한 너의 제자들이 말없
이 떠나며, 정녕 네가 깨우치고자 하
나 그를 알지 못하고 떠나는 너의 제
자들을 보기에 마음 아파 너 자신이
번뇌함을 알고 있음이니라.
14 그러나 사랑하는 나의 아들아, 너는

깨우쳐야 될 것이니라.
15 나 여호와 창조주의 성령이요, 나의
뜻이요, 나의 법전을 접하는 자, 그들
이 모여 저희 나름대로 수군대며 저희
나름대로 평가하며 저희 나름대로 갑
론을박할 수 없는 것이니라.
16 그들이 수군대고 갑론을박하며 옳고
그름을 따진다 하여도 저희들이 그리
구분할 수 없는 것이 나의 법전이요,
성령이며,
17 저희들이 아무리 수군대고 따지고 대
든다 하여도 그들은 그 이치의 깊이를
깨닫지 못함이니 그 후에 정답이 없음
을 알라.
18 저희들이 스스로 수군대며 불평불만
하며 또 시기 질투하는 자, 그리하여
여기를 떠나는 자, 그들은 다 낙제생
이 되는 것이니, 너는 그리 알아야 될
것이니라.
19 그들이 스스로 낙제생이기에 저희들
이 모여 수군대며 불평불만 하며, 나
의 법전이요, 나의 성령이라는 것을
알면서 감히 그들이 옳고 그름을 말함
이니,
20 그리하여 그들이 떠나는 것은 시기와
질투와 욕심 때문에 떠나니, 떠나는
그들이 바로 낙제생이라는 것을 그리
알아야 될 것이니라.
21 너는 낙제생이 되어 떠나는 그들에게
연연할 것이 아니라, 지금 남아 있는
너의 제자들을 바로 세우고 바로 가르
쳐, 그들을 나의 뜻을 전하는 데 하나
의 손색이 없는 그와 같은 제자로 육
성하여, 그들이 나가 많은 나의 백성
을 가르치고 깨우치도록 하는 데 전념
을 다하여야 될 것이니라.
22 사랑하는 나의 아들아!
23 "네, 아버님! 말씀하옵소서."
24 너에게 왔다가 수군대며 떠나는 자,
그리고 질투와 시기와 욕심과 욕망에
눈이 어두워 떠나가는 그 낙제생, 그
들에게 너는 나의 아들로서, 만백성을
구하는 나의 대명을 대신하는 자로서
그들에게 몇 번의 권장하는 기회를 주
도록 하라.
25 세 번 이상 그들에게 구원하는 기회를
주려 하지 말라.
26 세 번 이하로 네가 그들에게 구원받을
기회를 주며 그들을 다스리며 그들을
깨우쳐 동참할 수 있는 문을 열어 그
들이 바로 올 수 있도록 그리하라.
27 그것이 네가 지금 할 수 있는 길이며,
그것 외에 네가 다른 생각을 하여 그
들로 하여금 네가 오늘의 고통을 생각
한다면 이는 아니 됨이니라.
28 남아 있는 너의 제자들을 바로 가르치
고 바로 세우는 데 네가 최선을 다하
여야 될 것이며, 나의 법전을 받아 기
록하는 데 네 마음이 흔들리는 일이
있어서는 아니 되며, 그와 같은 작은
역사의 변화에 너 스스로 마음의 동요
를 가져서는 아니 됨이니, 사랑하는
나의 아들아! 그리하라.
29 네가 정녕 그리 가슴 아파하며 마음
아파함이니, 내가 세 번 정도 그들에
게 기회를 줄 수 있는 그와 같은 은혜
를 너에게 이것으로써 내림이니, 너는
이 상으로써 감사하는 마음으로 네 마
음이 흔들리는 일이 없도록 그리하라.

3,514 번째 하나님 말씀

2002년 9월 25일 14시 40분

1 사랑하는 나의 아들아!
2 "네, 아버님! 말씀하옵소서."
3 너희들은 지금의 종교 지도자들의 옳
고 그름을 지난날 2천 년 전의 그 역
사에 비유하여 알아야 될 것이니라.
4 나의 아들 예수를 그리 핍박하여 죽게
만든 그 장본인들이 누구더냐?
5 그들은 법으로 나를 믿은 자들이요,
믿음을 가지고 있는 유대교라는 그 인
간들이 그와 같은 행위를 하지 아니하
였던가?
6 나의 아들 예수가 정녕 하늘에서 내려
가 모든 나의 뜻을 가르치며 바르고
옳은 진리를 가르침이니, 그 종교 집
단들이 저희들이 잘못 가는 것을 감출
수 없으며 저희들이 모두를 잃게 되며
저희들이 존재할 수 없는 그와 같은
형국이 되기에,
7 그 교회의 믿음을 가진 자들이 나의
아들 예수를 못 박아 죽게 한 원흉들
이며, 그들로 하여금 그 모두가 이루
어졌음이니라.
8 바로 나의 뜻이요, 내가 하늘에서 내
려보낸 나의 아들을 교회라는 그 믿음
속에 있는 그들이 죽게 한 그와 같은
사악한 행위를 했음이니라.
9 지금 나의 법전이 세상에 나가 만백성
을 구하고자 하며, 참진리요, 참빛으
로써 내가 나의 성령을 모두 태워 책
으로 만들어 글로써 만백성이 지금 깨
우쳐 바로 하늘에 오를 수 있는 그 간
단한 교리요, 이치를 깨우치는 나의
법전이 세상에 나감이니,
10 이를 찢어 버리고 태워 버리며 나의
아들 너를 존재하지 못하도록 하며,
이단이요, 사탄이요, 사악한 자라 하
여 그를 태워 버리고 물에 적시며 찢
어 버려 존재하지 못하도록 그 사악한
행위를 하고 있는 것이 바로 무엇이더
냐?
11 너희들이 말하는, 믿지 않는 이방인들
이 이 법전을 읽고 그리 행하던가?
12 바로 나의 아들 예수를 못 박아 죽게
했던 자가 유대교인들이요, 지금의 너
희들의 그 교회에서 깨우치며 하늘에
오르는 길을 배운다는 그 교회에 속한
인간들이 바로 나의 아들이요, 이 법
전이요, 내가 내리는 나의 성령이요,
내 아들이 기록한 이 책을 존재치 못
하게 하며, 그에 대한 핍박이요, 그 제
자들에게 참을 수 없는 핍박과 고통과
그 모두를 가할 것이니,
13 너희들이 바로 2천 년 전, 그때 나의
아들 예수를 핍박하여 못 박아 죽게
한 그 교인들과 같으니라.
14 내가 새로운 시대에 새로운 새 생명을
구원하는 길이요, 새로운 말씀이라 하
여 나의 뜻을 전하고 있음이니,
15 죽어 썩어져 간 그 너희들이 가지고
있는 가르침이 아니요, 삶이요, 생명
이 있는 새로운 말씀이라는 내 뜻을
너희들에게 전하거늘,
16 바로 이를 세상에 존재하지 못하도록
하며 그가 세상에 나오지 못하도록 하
는 것은 지금 믿음을 가는 종교 집단
너희들의 행위이니,
17 2천 년 전에 믿었던 그들과 지금 너희

들의 하는 행위가 똑같음이니, 그 후
손이 지금의 너희들이요, 그 역사했던
자들이 지금 역사하는 그와 같은 것이
니라.
18 이와 같이 내가 나의 법전에 기록하여
너희 죄상을 하나하나 알려 주거늘,
그리하여도 너희들이 부끄러운 줄 모
르며, 너희들의 죄를 인식하지 아니하
며, 계속 나의 아들이 세상에 내는 법
전을 핍박하며 그 제자들을 핍박할
때, 너희들은 영원히 구원의 빛을 볼
수 없다는 것을,
19 너희들이 얼마 남지 않은 그 육의 삶
에 연연하여 살다 영원히 사는 나의
나라에 와 그 고통스러운 심판을 받게
된다는 것을 잊어서는 아니 됨을 알아
야 될 것이니라.
20 지금 종교 집단 너희들이 가는 형국이
얼마나 추하고 더러운 행위인가를 알
아야 될 것이니라.
21 너희들은 너희 손으로 만든 성전에 와
기도하고 경배하지 아니하는 자들을
이방인이라 그리 말하느니라.
22 그러나 그 이방인들은 종교요, 믿음이
다르다 하여 너희들처럼 그와 같이 싸
우지 않으며, 전쟁을 도발하지 않으
며, 죽고 사는 적과 같은 마음을 갖지
않느니라.
23 이방인들은 어떤 종교를 보든, 이 종
교를 보든 저 종파를 보든 그저 그들
은 그대로 들어서 넘기나,
24 지금 모든 종파를 원수로 생각하고 적
으로 생각하며 싸우고자 하는 전쟁터
에 전쟁을 준비하는 그와 같은 포악한
형태로 바뀌어 있는 것이 지금 믿음을
가고 있는 너희들 집단의 행위이니,
25 그러니 너희들이 이방인만도 못하다
는 것이니라.
26 그러나 너희들은 이방인의 이치도 모
르느니라.
27 이방인의 뜻이 무엇이던가?
28 잘못된 성전에 가 기도하는 자가 이방
인이 아니니라.
29 나의 뜻대로 살아가지 않으며, 진리를
모르며, 인간의 삶의 기본 도리마저도
망각하고 사는, 너희들의 손으로 지은
성전에 가서 기도하고 경배하는 것만
이 구원을 받는다 그리 보고 가는 자,
그리고 그것을 부르짖고 가는 자,
30 그와 같은 자들이 나의 뜻과는 전혀
관계없으니, 너희들이 곧 이방인이라
내가 깨우쳐 주었음을 너희들은 다시
한 번 여기서 듣고 너희 스스로 변하
는 역사를 가져야 될 것이니 그리 알
라.

3,515 번째 하나님 말씀

2002년 9월 25일 14시 50분

1 사랑하는 나의 아들아!
2 "네, 아버님! 말씀하옵소서."
3 나 여호와가 세상을 창조하며, 구약의
시대에 너희들이 우상을 만들어 그 광
란의 짓을 함으로써 나 여호와가 하늘
의 문을 닫게 하였느니라.
4 나의 선택된 모세가 너희들의 그 광란
의 짓을 보고 내가 쓴 십계명을 던져
쪼개니, 그와 같이 너희들이 과격한
행동이요, 너희들의 그 사악한 형태로
하여금 하늘에 오르는 그 천국의 문을

닫았음이니라.
5 그리하여 나의 아들 예수가 세상에 나
가 너희들을 깨우치고 갈 때, 그때 나
의 성령이 같이하였으며, 나의 법궤
모두가 다 너희들과 같이 존재하였음
을 너희들은 알아야 될 것이니라.
6 그러나 너희들이 믿음이라며 가는 그
종교 집단에 소속된 자들이 저희들의
뿌리가 흔들리며 저희들이 개혁을 해
야 되는 그와 같은 시점에서 저희들이
변화되며 그 개혁하는 길을 선택한 것
이 아니라,
7 저희들의 그 방법을 유지하며 저희들
의 그 뿌리를 지속하기 위하여 그들은
진정한 새로운 말씀이라 하여 나 여호
와의 뜻을 받아 새로운 가르침을 가지
고 세상에 나간 나의 아들이요, 진실
을 가지고 간 나의 아들 예수를 그리
죽게 하였음이니라.
8 그리하여 너희들에게 있던 내 법궤요,
나의 성령이요, 그 모두를 내가 너희
들로부터 옮겨 놓았음이니,
9 바로 지금의 믿음을 가고 있는 너희들
이 스스로 그와 같이 하였으며, 그리
하여 너희들이 죽은 자가 되었으며,
나와는 아무런 관계가 없는 암흑의 세
계에서 너희 스스로 구원의 길을 간다
하며 지옥으로 가는 그와 같은 역사가
이루어지는 것이 지금의 형국이니라.
10 나에게 속하지 아니한 자, 나의 성령
을 알지 못하는 자, 그리고 진심으로
나로부터 선택되지 아니한 자는 내가
나의 성령을 너희들로부터 거둬들였
으며 법궤를 옮겨 놓은 그 사실을 알
지도 못하며 그를 깨닫지도 못하며,
그것이 너희들의 삶임을 알아야 될 것
이니라.
11 나에게 속한 자만이 나 여호와가 이루
고자 하는 뜻과 내가 이루고자 하는
그 모두를 알 수 있음이니,
12 영적으로 깨달음이 없는 자, 나로부터
선택되지 않은 백성 너희들은 이제 법
궤를 옮겼으며 내가 성령을 다 거둬들
인 사실조차도 모르니,
13 그저 그때 그 형태로 너희들은 구원을
받는다 하여 나의 피조물 만백성을 그
리 고달프고 힘든 길로 인도하며, 너
희들이 구원의 길이 아니라 죽음의 지
옥의 길로 지금 끌고 가는 것임을 알
아야 될 것이니라.
14 너희들이 얼마나 사악하고 간악한 자
이던가?
15 예수가 세상에 나왔을 때 너희들은 과
거의 그 썩은 것을 버리지 못하여 그
를 죽게 하였음이니,
16 지금의 나의 아들이 새로운 법전이라
하여 나의 성령을 받아 책으로 만들어
세상에 전함이니, 이 역사가 또한 무
엇이더냐?
17 너희들이 그 큰 집단이요, 많은 소속
에서 끌고 온 그 가르침이 썩어 잘못
되었기 때문에, 그 썩은 것을 버리고
새로운 말로써 내가 너희들을 살리고
자 하나, 새로운 것을 죽이려 하는 것
이 너희들의 지금의 자세이며 너희들
의 마음가짐이니라.
18 썩은 것이며 생명력이 없는 너희들의
그 가르침을 내가 다 버리고, 나의 피
조물 만백성을 구하기 위하여 새로운
나의 말로써 나의 성령을 세상에 내려

보내거늘,
19 썩고 죽은 자들이 나의 피조물 만백성
을 구하는 것을 방해하며 새로운 것을
죽이려 그리 대들고 있으니, 이게 바
로 너희들의 그 사악한 행동이니라.
20 그리하여 새로운 말씀이 세상에 내려
가 새로운 싹이 나와 이 세상을 다 밝
히고자 하나, 썩어 가고 죽어 간 자들
이 그 새싹이 나오지 못하게 하는 것
이 지금 너희들의 형국이니, 나의 법
전이 세상에 나오는 것을 너희들이 두
려워하며 이를 보지 않으려 함이니,
21 너희들이 바로 여기서 예수를 죽였던
그 종교 집단들처럼 너희들이 그리 변
하지 못하며 썩은 것을 버리지 못하고
너희들이 새로 나오는 싹을 보지 못하
며 새로이 이루어져 가는 그 역사를
보지 못할 때, 너희들은 영원히 죽어
감을 알아야 될 것이니라.
22 너희들은 성서에 바울이라는 자에 대
해 듣지 못하였는가?
23 그는 어떠한 자이더냐?
24 나의 아들 예수요, 믿음을 가지고 가
는 나의 백성들을 죽이고자 하여 그가
제일 선두에 섰으며 그 모두를 살해하
고자 하였던 자였느니라.
25 그러나 그가 어찌 변하였는가?
26 그는 그것이 잘못되며 제가 잘못 가고
있음을 깨달아, 그들을 위하여 제 한
목숨을 바쳤으며, 그가 또한 모두의
나의 뜻이요, 성령을 기록하여 지금
너희들에게 가르침을 주지 아니하였
던가?
27 바로 너희들이 그와 같이 사도 바울처
럼, 지금 너희들이 가는 것을 바로잡
아 너희들이 지금 잘못 믿어 왔던 그
모두를 반성하여 그를 가지고 나의 피
조물 만백성에게 본보기로 가르치는
자가 되어,
28 새로운 말씀이요, 새로운 역사가 내려
가는 이 지금 나의 법전을 깨우쳐, 거
기에 더불어 너희들이 과거에 잘못 살
아왔고 잘못했고 썩어져 갔던 것을 만
천하의 나의 백성들에게 보여 주며,
29 오늘의 지금 새로 나오는 나의 말씀이
요, 나의 뜻이요, 새로운 법전의 내용
을 가지고 그와 이를 비추어 보아 정
녕 나의 뜻이라는 것을 깨우쳐 줄 때,
바로 사도 바울과 같은 역사를 이룰
수 있는 것이 지금 종교 집단 너희들
이니라.
30 너희들 그 모든 집단들이 회개와 반성
을 하며 나의 법전을 가지고 다시 태
어날 때, 바로 사도 바울과 같은 너희
들이 됨이니, 나로부터 구원을 받는다
는 것을 잊지 말라.
31 그와 같은 역사를 이루지 못하는 자,
나에게 구원을 받을 수 없으며, 너희
들은 영원히 하늘에 오르는 길을 갈
수 없다는 것을 알라.

3,516 번째 하나님 말씀

2002년 9월 25일 14시 55분

1 사랑하는 나의 아들아!
2 "네, 아버님! 말씀하옵소서."
3 나의 피조물 만백성 너희들이 살아가
면서 지켜야 할 가장 소중한 것이 있
다 내가 너희들에게 말하였느니라.
4 너희들 머리로써, 너희들 생각으로써

모든 걸 판단하여 행하는 것이 아니
라, 나의 뜻에 따라 행함이 중요함이
요,
5 또한 너희들이 살아가면서 내가 명하
지 아니한 행위를 하는 것은 너희들이
곧 나를 거역함이며 나에게 도전하는
것이라는 것을 알아야 될 것이니, 이
이치를 깨닫고 너희들이 살아가야 될
것이니라.
6 내가 나의 아들을 통하여 나의 법전에
뭐라 기록하였더냐?
7 너희들이 처음에는 금이었으나 은으
로 변하고, 지금은 쇠로 변하여 그 쇳
가루가 날아가 앉은 것이 바로 너희들
이 십자가를 만들어 놓은 것이며,
8 너희들이 지은 성전에 높이 뾰족한 탑
을 세워 그 위에 십자가를 세워 놓고
나의 피조물 만백성을 우롱하며 그들
로부터 소중한 재물을 거둬들이고 살
아가는 것이라 하였음이니라.
9 그리하여 너희들은 내가 지키라는 십
계명을 지킬 수 없다 그리 가르치며,
너희들은 십계명 자체를 집어던진 채,
너희들이 만든 그 교리를 가지고 나의
피조물 만백성을 가르침이니, 이는 곧
무엇이더냐?
10 너희들은 내가 행하라 하는 것은 행하
지 아니하고, 행치 말라 하는 것만 행
하고 있음이니, 너희들이 곧 나를 거
역함이며, 너희들이 곧 지금 나에게
도전하고 있다는 것을 알아야 될 것이
니라.
11 내가 나의 아들 예수의 믿음이요, 그
삶과 같이 그리 살아가지 않는 자는
정녕 구원을 받을 수 없다고 하였음이
니라.
12 내가 너희들에게 뭐라 하였느냐?
13 나의 피조물 만백성이 나로부터 생명
을 받아 세상에 나갈 때 그들은 다 지
킬 자리가 있으며 그들이 맡은 책무가
있다 하였음이니라.
14 그리하여 그들이 순교자는 순교자로
서 갈 것이며, 그들이 해야 할 모든 일
을 맡아 행했을 때 그들은 하늘의 축
복이 있으며 나로부터 영광의 그 은혜
와 축복을 받는다 그리 말하였음이니
라.
15 그러나 너희들이 지금 한 가지 방법으
로 똑같은 방법으로써, 그저 깨우쳐
가는 길이 한 길밖에 없다 그리 가르
치며 두 길이 없다 말하고 가르침이
니, 나의 수억, 수십억의 피조물 만백
성이 내가 명한 그 자리를 찾지 못하
며 제가 행할 것을 찾지 못하고 우왕
좌왕하는 세상이 되었음이니,
16 지금 바로 실타래가 얽히고설킨 것처
럼 이 세상은 나의 뜻대로가 아니요,
너희들이 말하는 도둑이 들끓으며 험
악한 말세의 그와 같은 시대가 왔음이
니,
17 어른이 아이를 사랑하지 아니하고, 아
이들이 어른을 존경하지 아니하며, 서
로 두려워하며 무서워하는 그와 같은
삶의 세상을 만든 것이 바로 너희들의
종교 집단이니라.
18 너희들이 내가 명하는 대로 행하지 아
니하며, 그를 거역하며, 나에게 도전
하는 그와 같은 행위로 살아왔기에 지
금에 그러한 것이니라.
19 모두는 각자의 책임이 있으며 주어진

임무가 있어 너희들이 행할 게 있다는
것을 깨달아 너희 자신의 임무를 찾으
라.
20 지금 너희들이 하늘에 오르는 천상에
들어선다 하여 가고 있는 그 믿음에
서, 너희들이 나의 법전을 보고 깨우
쳐 그곳에서 뛰쳐나오는 자만이 너희
들이 목적을 달성할 수 있음을 알라.
21 그렇지 아니하면 너희들은 영원히 죽
음에서 벗어날 수 없음을 알라.
22 각자의 임무를 찾으라.
23 내가 한 사람의 생명을 세상에 내보냈
을 때 너희들의 삶을 주었으며, 살아
갈 능력을 주었으며,
24 너희들이 살아오면서 나 여호와가 새
로운 역사를 이루는 데에 동참할 수
있어서 너희들이 버팀목으로서 한 자
리를 지켜야 할 그 자리가 있음이니,
25 만일 너희들이 잘못 가는 종교 지도자
들의 가르침에 의하여 너희 자리가 비
어 있어 하늘에 오르는 나의 그 찬란
한 큰 배가 출범을 못 한다면, 다음 사
람이 올 때까지 기다리게 해 너희들이
나에게 누를 끼치며 나에게 그와 같은
고통을 줌이니, 너희들의 자리를 지키
라.
26 너희들의 할 임무를 찾으라.
27 그 임무의 모두는 내가 말했듯이, 나
의 아들이 지금 기록하는 '하늘에 오
르는 길'이요, '하나님! 말씀하옵소서.'
라는 이 법전의 책 속에 다 있으니, 거
기서 너희들이 각자의 임무를 찾아 하
늘에 오르는 그 영광을 얻도록 그리하
라.

3,517 번째 하나님 말씀

2002년 9월 25일 15시 03분

1 사랑하는 나의 아들아!
2 "네, 아버님! 말씀하옵소서."
3 나로부터 선택된 나의 아들딸이요, 나
의 백성이요, 너의 제자로 선택된 자,
또 너를 따르는 자, 그리고 나의 법전
을 읽고 깨우쳐 방방곡곡에서 변화되
는 만백성, 너희들 모두는 이제 일반
백성들과 차별화된 삶을 사는 것을 알
아야 됨이니라.
4 나의 법전을 읽고 깨우친 방방곡곡에
있는 백성들, 그리고 나의 아들을 따
르는 제자 너희들은 오늘의 삶에 살아
가는 그 모두는 꼭 오늘에 필요한 삶
을 사는 것이 아니니라.
5 너희들이 지금 살아가는 그 형태는 앞
으로 미래에 필요한 것이며, 내가 너
희들을 미래에 쓰고자 함이요, 그리하
여 미래를 위한 훈련으로써 너희들이
오늘에 살아간다는 그 사실을 잊어서
는 아니 될 것이니라.
6 너희들이 미래에 받침돌이 되며 미래
를 열기 위하여 오늘에 살아가는 삶이
라면, 과연 너희들이 추하고 더러운
행위를 하며 살아가는 것이 너희들의
미래를 위한 삶의 기초가 되겠는가?
7 나의 뜻에 따라, 계명에 따라서, 나의
법전에 따라서 바르고 곧게 살아가는
너희들의 생활이 꼭 미래에 필요하여
연결되는 삶이라는 것을 알아야 될 것
이니라.
8 너희들의 오늘의 고통이요, 시련이요,
어려운 고비를 넘고 살아가는 그 모든

것은 다 너희들의 미래를 위하여 역사
하며 미래를 위하여 존재함을 알아야
될 것이니라.
9 이제 그 미래를 위하여 너희들이 오늘
에 살며, 오늘의 삶에 의하여 너희들
이 미래의 그 역사를 알게 됨이니,
10 오늘에 의하여 너희들의 그 미래가 바
로 서고 바로 다져지는 오늘의 기틀을
닦았을 때, 너희들의 미래의 그 삶 다
음에는 무엇이더냐?
11 너희들이 갈구하고 원하던 하늘에 오
르는 길이요, 축복과 영광 속에 천국
의 그 문에 들어서는 그와 같은 영광
을 얻는 것이 너희들의 삶이니, 너희
들은 그리 알아야 될 것이니라.
12 지금 나로부터 선택된 백성이요, 나의
아들로부터 제자라 명해진 자, 그리고
나의 법전을 읽고 깨우친 만백성, 너
희들은 들어야 할 것이니라.
13 너희들이 하나의 곡식을 가꾸되 봄에
농부가 씨앗을 뿌리니, 그 씨앗의 싹
이 트도록 잘 관리하여 무성한 여름을
지나게 되지 아니하던가?
14 그와 같은 무성한 여름이 지나 가을이
되어 그 곡식이 익음이니, 그 익은 곡
식을 거둬들이는 것이 가을에 추수라
말하지 아니하는가?
15 바로 나 여호와가 추수하는 추수의 시
대가 너희들이 살아가는 지금 이 시점
임을 알아야 될 것이니라.
16 그 곡식을 추수하여 알곡식과 쭉정이
를 선별하고자 하여 내가 나의 법전을
세상에 내려보내 그를 추림이니, 나의
법전을 읽고 깨우치는 자는 알곡식으
로서 나에게 쓰임을 받을 것이며, 그
렇지 못하는 자는 쭉정이로 날아감이
니라.
17 이제 내가 알곡식을 골라 나의 창고에
그득히 쌓아 놓고자 함이니라.
18 그는 왜 그렇던가?
19 너희들을 그득히 쌓아 놓음으로써 봄
에 너희들이 다시 새싹이 되어 많은
백성을 더 많이 구할 수 있도록 오늘
의 너희들을 거둬들임이요, 너희들의
깨우침으로 인하여 만백성이 또한 변
화될 수 있는 그와 같은 역사를 다시
반복하여 이루고자 하는 것이 나의 뜻
이니라.
20 내가 직접 알곡식을 거둬들여 창고에
쌓아 들이고자 함이니, 너희들이 알곡
식을 구별하는 것은 마지막 가을에 타
작하는 마당에서 구원받을 자 구원받
지 못할 자, 알곡식과 알곡식이 아닌
것을 구별하여 거두어들임이니,
21 너희들은 여기서 알아야 될 것이니라.
22 아무리 바람에 곡식을 날린다 하여도
쭉정이는 바람에 멀리 날아가나, 알곡
식은 그 앞에 떨어지고 쌓이는 것이니
라.
23 너희들이 지금 시련과 고통과 어려움
을 겪고 겪는다 해도 너희들이 그와
같은 시련과 어려움을 안고 살아가고
견딜 때 나 여호와의 앞에 너희들이
알곡식으로서 구원받으며 너희들이
쓰임을 알아야 될 것이니라.
24 너희들이 정녕 어려운 고통과 시련을
겪지 아니하고 살아간다면 나의 뜻을
알 수 없으며, 하늘의 뜻을 알 수 없으
며, 대역사를 이루고자 하는 그것을
알 수 없기 때문에,

25 알곡식으로 선택된 너희들은 지금 어렵고 힘든 삶의 고비를 가며, 그 속에서 삶을 깨우치며, 인간의 소중함을 깨우치며, 나 여호와가 이루고자 하는 뜻을 알게 되며, 내가 역사하고자 하는 것을 너희 스스로 깨우쳤을 때, 너희들이 봄에 새싹으로 다시 나갈 수 있는 그와 같은 자로 쓰일 수 있기 때문이니,

26 너희들이 오늘의 고통과 시련을 괴로워하지 말라.

27 그 상은 모두가 너희들이 나에게 왔을 때 있을 것이니, 그 축복과 영광을 생각하며 오늘의 고통과 시련을 견디어 나가는 삶을 살라.

3,518 번째 하나님 말씀

2002년 9월 25일 21시 05분

1 사랑하는 나의 아들아!

2 "네, 아버님! 말씀하옵소서."

3 너희들이 세상사 여행을 떠남이니, 너희들이 알지 못하는 그 지역에 여행을 가고 있을 때 길을 묻게 되어 있음이니라.

4 그때 그 지역에서 앞을 보지 못하는 사람에게 길을 묻는 것과 앞을 보며 그 지역의 모두를 다 아는 사람에게 길을 묻는 것 중에, 누가 너희들에게 바른길을 가르쳐 줄 수 있다 생각하는가?

5 너희들은 두말할 것 없을 것이니라.

6 앞을 못 보는 사람이 너희들을 가르칠 때 제대로 가르쳐 줄 수가 없으며 그 길을 안내할 수 없을 것이니라.

7 그러나 앞을 잘 보며 그 지리를 잘 알며 현명한 사람이 그 길을 안내할 때 너희들이 바로 목적지에 갈 수 있는 그와 같은 안내가 될 것이니라.

8 바로 여기서 너희들은 하나 알아야 될 것이 있음이니라.

9 지금 수천 년 동안 역사가 흐르면서 나의 피조물 만백성을 하늘로 오르도록 하며 진정한 구원의 길로 안내한다는 종교 집단, 그들이 나의 뜻을 알지 못하며 내가 이루고자 하는 그 역사조차도 모르면서 나의 뜻이라 하여 저희들이 지금까지 수천 년 동안 한 자를 빼도 안 되며 버려서도 안 되며 더해서도 안 된다는 구약과 신약의 성서를 가지고 가르쳤음이니,

10 모두가 다 비유로 되어 있는 그 성서의 뜻을 천사와 같은 마음이 되지 아니한 자는 알 수 없다 하였으며, 그리하여 그들이 알지 못함이니라.

11 그리하여 지금 나의 피조물 만백성을 구원한다는 자들이 정녕 앞을 보지 못하며, 저 자신이 갈 길과 제가 갈 방향도 찾지 못하는 그러한 자들이 성전이라 하여 저희 손으로 짓고 그곳에 와서 재물을 바치면 구원을 받는다고 그리 가르치니,

12 그곳에 가서 나의 피조물 만백성이 아우성치며 광란의 믿음으로써 구원을 받고자 하나 그들이 정녕 바른길을 갈 수 있으며, 그들이 갈 목적지까지 제대로 앞을 못 보는 사람이 인도하여 갈 수 있다 생각하는가?

13 그들은 가지 못하며, 머지않아 중단하게 되며, 그 역사를 이룰 수 없을 것이

니라.
14 그러나 너희들의 오늘의 그 행복함을
알아야 될 것이니라.
15 곧 나의 성령이요, 만백성을 구하는
새로운 시대에 새 역사가 이루어지는
나의 법전을 책으로 엮어 그 책에 엮
어진 내용을 너희들이 공부함이요, 내
가 직접 나의 아들에게 명하여 전하는
그 성령의 가르침을 너희들이 직접 들
으니, 이는 곧 무엇이냐?
16 앞을 볼 수 있는 사람으로 하여금 하
늘에 오르는 그 빛을 위하여 그 길을
안내하고 너희들과 더불어 가고 있음
이니, 이와 같이 너희들이 영광과 은
혜를 받는 선택된 자임을 알아야 될
것이니라.
17 바로 인도하는 나의 아들을 따라 하늘
의 빛을 보고 올라오는 너희들은 그와
같은 영광과 은혜를 받았으나,
18 또한 너희들이 그 길을 가기 위하여
역사해야 할 일이 있으며, 행하여야
할 일이 있으며, 이루어야 될 임무가
있음이니라.
19 너희들은 나로부터 선택된 백성으로
서 각자 자기가 해야 할 임무가 있으
니,
20 너희들이 나의 법전을 읽고 깊이 깨우
칠 때 너희 스스로 행하여야 할 그 임
무와 너희가 맡은 책무를 알게 될 것
이니, 너희 스스로 깨우쳐 그 맡은 바
임무에 최선을 다하는 그와 같은 삶을
살도록 하라.
21 이제 너희들이 경지에 올랐음이니, 나
의 법전을 읽는 그 속에서 너희들이
해야 할 그 책무를 알게 될 것이니, 각
자 깨우쳐 그 책무에 하나의 소홀함이
없이 그리하라.

3,519 번째 하나님 말씀

2002년 9월 26일 08시 58분

1 사랑하는 나의 아들아!
2 "네, 아버님! 말씀하옵소서."
3 너의 제자들과 모든 백성들에게 물어
보라.
4 '나 외에 다른 신을 네게 있게 하지 말
라.' 내가 그리 말하였음이니,
5 너희들이 과연 하루의 생활 속에 나
외에 무엇인가를 더 소중히 생각하며
더 너희들이 무엇인가를 위해서 노력
하고 발버둥치는 그런 삶을 살지 않는
가?
6 너희들은 나로부터 선택된 백성으로
서, 그 모두가 다 나 여호와에게 초점
을 맞추며, 나 여호와가 존재함을 너
희들 머릿속에서 지우고 살아서는 안
된다 하였거늘, 너희들은 과연 하루의
생활 속에서 나를 생각하며 사는 시간
이 얼마나 있으며,
7 너희들이 육의 삶을 위해서 그 모두를
바치며, 시간을 바치며, 그리고 그리
워하며 안타까워하며 그와 같은 마음
의 자세로 살아가는 것이 아니던가?
8 너희들이 정녕 나로부터 선택된 백성
으로서, 항상 나를 생각하는 그 마음
이 너희들의 24시간 속에 잠시도 떠
나서는 아니 된다 하였거늘,
9 너희들이 정녕 선택된 나의 아들이요,
딸로서 과연 하루의 생활 속에 나를
얼마나 생각하며, 너희들의 육의 삶의

생활을 위하여 얼마나 그 모두를 바치
며 안타까워하며 애절하게 너희들의
희비애락의 생활 속에서 살아가는가
한번 생각해 보도록 그리하라.
10 너희들이 깨우쳐 봐야 될 것이니라.
11 그리하고도 너희들이 무엇을 얻고자
하며, 나의 음성을 듣고자 하며, 나를
보고자 하며, 너희들이 구원을 받을
수 있다 생각하는가?
12 너희들이 말하였느니라.
13 '하나님께서 이 세상 모든 백성들을
다 선하고 착한 사람으로 만들어 놓으
면 오늘과 같은 시험이 없을 것이 아
니옵나이까?' 그리 너희들이 나에게
물었음이니라.
14 그러나 너희들은 여기서 깨우쳐야 될
것이 있음이니라.
15 너희들이 나 여호와를 생각하고 사는
그와 같은 삶을 살 때, 너희들은 내가
너희들에게 준 선한 마음으로써 내가
내려 준 그 본질의 삶을 살아가는 것
이나,
16 너희들이 살면서 육의 생각이요, 너희
육에서 부닥치는 그 모두에 욕심을 버
리지 못하고 사느니라.
17 너희들이 나를 하루에 얼마만큼 생각
하고 사느냐에 따라서 너희 마음이 악
한 자냐 선한 자냐 이리 구분됨이니,
18 너의 제자들은 그래도 나 여호와를 많
이 생각하며, 모든 행동을 함에 있어
서 나와 같이 있다는 생각을 하고 살
기에, 너희들이 하루에 열 가지 실수
할 것을 반으로 줄이는 삶을 산다 할
수 있을 것이니라.
19 그러나 나의 피조물 만백성이 과연 나
여호와를 얼마나 생각하며, 내가 너희
들에게 원하는 것이 무엇인가를 얼마
나 알고 있으며, 나의 뜻에 따라 행동
하고자 함이 얼마나 있는가?
20 너희들이 나를 생각하고 나의 뜻에 따
라 살아가고자 하는 그 마음으로 충만
되어 있을 때, 그게 곧 무엇이더냐?
21 내가 준 선한 마음으로 너희들이 천사
와 같은 마음으로 살아가게 되어 있음
이니라.
22 너희들이 그와 같은 생활 속에서 너희
자신을 다스리지 못하고 무너짐이니,
23 그는 내가 이미 너희들이 세상에 나갈
때 너희들에게 그와 같은 하얀 마음이
요, 깨끗한 마음이요, 천사와 같은 마
음을 다 주었음이니라.
24 그러나 너희들이 육의 삶에 욕심이라
는 것을 버리지 못하고 그곳에 빠져들
어 감이니,
25 너희들이 성장하면서 그와 같이 착하
고 선한 자, 사악한 자로 구분되어 흘
러가는 것은 너희 스스로 선택한 것임
을, 그 이치를 깨우쳐 주도록 그리하
라.

3,520 번째 하나님 말씀

2002년 9월 26일 09시 03분

1 사랑하는 나의 아들아!
2 "네, 아버님! 말씀하옵소서."
3 내가 너희들에게 일깨워 주었음이니
라.
4 너희들이 세상에 나로부터 태어나 하
늘에 오르는 길을 위하여 계명을 지키
고 사는 것이 너희들이 해야 할 일이

요,
5 또한 너희들이 세상에 나가 나로부터
명을 받아 각자 해야 할 임무가 있다
하였음이니라.
6 그리하여 본연의 임무에서 그 자리를
지키는 자, 그는 영광된 구원의 길을
오를 수 있다 하였음이니라.
7 그러나 지금 자신이 무엇을 위하여 어
떠한 임무를 받아 세상에 나왔으며,
자신이 해야 할 그 임무가 무엇인지조
차도 모르는 것이 지금 너희들의 삶이
니라.
8 너희들이 살아가는 그 형태에 '콩 심
은 데 콩이 난다.'는 말이 있지 않은가?
9 너희들은 그 말뜻 하나를 음미해 보도
록 그리하라.
10 지금 수천 년 동안 흘러오는 종교 집
단들이 과연 어찌 심어 왔는가?
11 지금 너희들이 사악한 마지막 시대요,
종말의 시대요, 그리고 도둑이 들끓으
며 인간이 인간을 신뢰하고 살 수 없
는 그와 같은 험악하고 험악한 이 세
상을 만들었음이니, 그것은 누가 만들
었던가?
12 바로 너희들이 뿌리이니라.
13 너희들이 그와 같이 심어 왔고 그와
같이 해 왔기 때문에 오늘의 그와 같
은 역사가 이루어진 것이니,
14 너희들이 바른 씨앗을 심었으면 너희
들의 그 씨앗이 바로 섰을 것이나, 너
희들이 지금 그 씨앗을 심어 잘못 가
꾸고 잘못 길러 왔기에 너희들이 알곡
식이 없으며 다 쭉정이로 변하여 알곡
식을 구할 수가 없음이니, 오늘의 형
국은 무엇이더냐?
15 '콩 심은 데 콩이 난다.'는 말이 있듯
이 너희들이 그와 같이 잘못 심었고
사악한 방법으로 뿌리를 심어 그 뿌리
가 존속하도록 해 왔기 때문에 오늘과
같은 형국이 되었음이니, 이 모두의
책임이 누구에게 있는지 아는가?
16 바로 지금 잘못 가르치고 가고 있는
종교 지도자 너희들이니라.
17 나의 뜻을 행하지 아니하며 나의 뜻을
거역하며 너희들이 지금 가고 있는 그
가르침이, 그 원조의 뿌리가 그러했기
때문에 지금 너희들이 그와 같은 형국
의 나의 백성들을 만들어 놓았으며,
이 세상에 자연의 아름다운 나의 동산
을 험악한 자요, 사악한 자들이 지배
하는 세상으로 만들어 놓았음이니라.
18 이제 너희들이 그와 같은 종교의 뿌리
가 더 깊이 뿌리를 내림으로 인하여
인간이 인간을 사고파는 그와 같은 형
국으로 변할 것이며, 자식과 부모의
관계가 없어지며 형제간에 우애가 없
어지는 그와 같은 험악한 시대로 변하
게 되는 것이니,
19 너희들이 그와 같은 악의 뿌리를 계속
심고 또 뿌려 오는 그게 너희들의 결
과임을 알아야 될 것이니라.
20 그 모든 책임은 지금의 너희들의 가
장 방대한 조직으로써 하늘에 오르는
길로 나의 피조물 만백성을 인도한다
고 가르치는 너희들에게 막중한 책임
이 있으며, 그 모든 원인은 너희들이
제공한 것임을 알아야 될 것이니라.

3,521 번째 하나님 말씀

2002년 9월 26일 09시 11분

1 사랑하는 나의 아들아!
2 "네, 아버님! 말씀하옵소서."
3 너희들이 세상사 살아가면서 남을 도우며 살아가는 것이 너희들의 재물로써 남에게 도와준다는 그와 같은 착각 속에 살아감이니라.
4 그러나 그 모두는 나의 것이요, 너희들은 관리자로서 좀 더 많이 관리하는 자가 그 관리의 부담을 덜어 어려운 자에게 그 짐을 덜어 줌이니, 이는 곧 너희들이 나의 것을 가지고 가진 자가 없는 자에게 전해 주는 그와 같은 형국이니라.
5 그리하여 내가 너희들에게 말하기를, 정녕 남을 도우며 남을 위해서 너희들이 하는 그 선행은 아무도 모르게 하며, 남이 아는 곳에서 하는 그 선행은 진정한 선행이 아니라 내가 너희들에게 말하였음이니라.
6 너희들이 하는 그 모든 선행을 지금 너희들은 어떠한 곳에서 어떠한 방법으로 행하고 있는가?
7 내가 일찍이 성서에 기록하여 너희들이 그저 남에게 도와주며 남에게 착한 일을 할 때, 이웃이 알까 두려워하고 남이 알까 두려워하는 그와 같은 마음 자세로써 너희들이 선행을 하며 베풀고 사랑을 나눔이 곧, 그것이 내가 진정 볼 수 있으며 내가 기뻐하는 것이며 나 여호와가 그를 본다 말하였음이니라.
8 너희들이 아무리 큰 일이요, 아무리 큰 역사의 선행을 한다 해도 그를 남으로부터 칭송을 받으며, 남들 앞에 그를 알리고자 하며, 남으로부터 축하의 인사를 받는 그와 같은 선행을 하는 것은 내가 듣지도 아니하며, 나와는 관계가 없다 하였음이니라.
9 내가 너희들에게 그 한 가지를 가르쳤거늘, 과연 너희들은 지금 살아가면서 작고 큰 일의 역사를 이루는 그 속에서, 너희들이 남을 위하여 한 것보다 열배 백배 더 칭송을 받으며 너희 이름을 알리고자 하며 그를 자랑하고자 하는 그와 같은 마음으로 살아가는 백성은 없는가?
10 그와 같은 백성으로 너희들이 살아간다면 정녕 너희들은 나와 아무런 관계도 없다는 것을 알아야 될 것이니라.
11 이제 나로부터 선택된 백성이요, 나의 아들의 제자라 명한 너희들은 이와 같은 것을 하나하나 지켜 그대로 행하고 살아가는 그 삶 속에서 너희들에게 축복과 영광의 영화가 있음을 알아야 될 것이니라.
12 그리하여 내가 또한 너희들의 차별화된 삶이 무엇이라 말하였는가?
13 너희들은 남의 죄를 안고 지옥으로 갈 수 있는 그와 같은 마음 자세로 기도를 하라 하였음이니라.
14 그리고 너희들의 생활의 그 모두는 첫 번째도 나의 법전을 만들어 세상에 전하는 것이 너희들의 임무이며, 두 번째 너희들의 임무도 세 번째도 또한 마찬가지라 하였음이니라.
15 나의 법전을 만들어 세상에 전하여 만 백성을 구하는 것이 너희들이며, 그와

같은 대임이요, 소임을 맡은 자들이
너희들이라 하였거늘, 과연 너희들은
지금 얼마만큼 역사를 하고 있는 것인
가?
16 나의 법전을 전하는 것이 너희들의 소
임이라 하였음이니라.
17 나의 160권의 법전을 만들어 세상에
전하는 그것이 너희 소명이며 대명이
니, 과연 너희들이 이를 위하여 얼마
만큼 생활화하며 생각하고 살아가는
가?
18 너의 제자들에게 다시 한 번 물어보아
야 될 것이니라.
19 나의 법전이 세상에 나가 전해지고 안
전해지며, 그들이 그를 읽고 안 읽는
것은 제자 너희들에게 한계가 있음을
알라.
20 너희들은 그저 나의 법전을 만들어 세
상에 전하는 것이 너희들의 몫이요,
21 그것을 받은 자가 읽고 안 읽으며 깨
우치고 깨우치지 못하는 그것은 내가
알아서 나의 뜻에 의해서 진행됨을 알
아야 될 것이니라.
22 이제 내가 너에게 명하였음이니, 세상
사에 살아가면서 너희들이 남에게 선
행하는 것이 아무도 모르게 보지 않는
곳에서 행하는 것만이 내가 기억한다
하였음이니, 이와 같이 내가 가르치는
그 뜻들을 하나하나 너희 것으로 만들
어 그리 행하여야 될 것이며,
23 또한 너희들이 차별화된 백성이라는
것은 너희들의 생활 속에 모두를 다
나의 법전을 세상에 전하는 것을 첫
번째로 생각하며 우선순위로 생각하
는 그와 같은 삶을 살아가야 너희들이
나에게 와 할 말이 있으며, 너희들이
나로부터 큰상이요, 영광과 은총을 받
게 되는 그와 같은 사실을 잊지 말라.
24 곧 나의 법전을 전하는 것이 나의 백
성을 구하는 역사이니, 너희들이 얼마
만큼 나의 법전을 세상에 전하였느냐
에 따라서, 너희들이 얼마나 많은 나
의 백성들을 구원했느냐에 따라서 그
로써 너희들이 상을 받고 못 받음이
니, 이 엄연한 사실을 잊지 말라.

3,522 번째 하나님 말씀

2002년 9월 26일 09시 19분

1 사랑하는 나의 아들아!
2 "네, 아버님! 말씀하옵소서."
3 너희들 세상 속에 살아가면서 그와 같
은 말이 있지 않으냐?
4 우물가에 가서 숭늉을 찾는 그와 같은
성급한 마음으로 기대하고 사는 것이
너희 인간들이 가진 마음의 자세라 말
함이 있느니라.
5 너희들은 어찌하여 과일이 익지 아니
한 것을 따먹으며 과일의 익은 맛을
얻고자 하는가?
6 내가 너희들에게 일찍이 깨우쳐 일렀
음이니라.
7 동양의 작은 나라 너희들의 언어요,
너희들의 말로써 세상에 나오는 나의
성령인 이 책이 30만 부 이상이라는
그 숫자가 전해졌을 때 변화가 이루며,
8 또한 그로 인하여 세상의 모든 백성들
이 읽을 수 있는, 하얀 눈이 온 세상을
덮듯이 그와 같은 역사가 이루어지기
시작함이라 내가 너희들에게 일깨워

주었거늘,
9 너희들은 어찌하여 적은 몇 권 안 되
는 법전을 세상에 전해 놓고 그 속에
서 기적을 이루기를 바라며 역사를 이
루기를 바라며 너희들이 큰 회오리의
변화를 이루기를 바라고 있는 것인가?
10 이것이 너의 제자들이요, 또한 이 법
전을 읽고 나의 성전에 와 공부하는
백성들의 생각이니, 너희들의 마음 자
세를 바꿔야 될 것이니라.
11 내가 너희들에게 일찍이 말하기를, 너
희들에게 모두를 다 주었으나 20퍼센
트의 그 노력은 너희들이 해야 한다
하였음이니라.
12 너희들이 만백성을 구원하기 위하여
과연 나의 법전을 이 동양의 작은 나
라에 얼마만큼 전했으며 어떠한 사람
들에게 몇 권의 책을 전했는가?
13 너희들은 그를 한번 생각해 보라.
14 너희들의 작은 나라에 사는 백성들의
수가 얼마나 되며, 거기에 비하여 너
희들이 나의 법전을 과연 어떠한 사람
들에게 얼마나 전하였는가?
15 몇 권 안 되는 법전을 세상에 전해 놓
고 새로운 역사요, 새로운 변화를 이
루려 하는 것은 너희들이 노력하지 아
니하고 거두어들이려 함이니,
16 내가 말했듯이 너희들이 과일나무 앞
에 가서 익지 않은 과일을 익은 것처
럼 착각하고 따먹으려 함이니, 그와
같은 너희들의 생각으로써는 모든 역
사가 이루어질 수 없음을 알라.
17 나의 법전이 이 동양의 작은 나라의
글로써, 너희들의 풍속의 뜻으로써 모
두가 전해짐이니,
18 30만 부라 하는 그 적은 법전이 동양
의 작은 나라에 퍼져 나갔을 때, 그때
서부터 역사가 이루어지며,
19 곧 나의 법전 3부가 나왔을 때 너희들
이 그와 같은 계획을 세워 얼마만큼
노력하느냐에 따라서 너희들이 지금
기대하고 생각하는 그 역사가 서서히
이루어질 것이니 그리 알라.
20 너희들이 이룬 역사 없이 무엇인가를
기다리는 것은 그로써는 이루어질 수
있는 것이 없으며, 너희들이 행하고
생각하는 것만큼 역사의 변화가 이루
어질 수 없음을 알라.
21 내가 너희들에게 일찍이 명한 그 뜻을
너희들이 먼저 행하고 실천했을 때,
너희들이 그리 상상하는 환상의 기적
의 역사가 이 지구상에 이루어짐을 알
라.
22 너희들이 상상하는 그 새로운 역사의
변화를 이룰 수 있는 그 모든 답을 너
희들에게 주었거늘, 너의 제자들은 그
답을 실천함에 게을리하고 소홀히 하
며, 그 답의 과제마저도 알고 있는 자
들이 없음이니,
23 그리하고 너희들이 무슨 역사가 이루
어지기를 바라는가?
24 내가 너희들에게 말하였느니라.
25 3부라는 나의 법전이 세상에 나올 때
변화를 이룰 것이며, 30만 부라는 그
법전이 동양의 작은 나라에 전하여져
그 백성들이 그를 먼저 깨우치고 읽을
때 온 세상으로 전해지는 역사가 이루
어진다 하였음이니, 이는 꼭 너희들이
먼저 행하여야 됨을 알라.
26 그 이유가 있으며 그 뜻이 있음이니,

그리하여 내가 너희들로부터 실패하
는 그 역사를 이루지 아니하고자 함이
니, 내가 명한 그 뜻을 먼저 행하는 너
희들의 깨달음이 있어야 될 것이며,
27 너희들의 모든 힘과 노력과 지혜를 다
합쳐 그 역사를 이루도록 그리하라.

3,523 번째 하나님 말씀

2002년 9월 26일 11시 41분

1 사랑하는 나의 아들아!
2 "네, 아버님! 말씀하옵소서."
3 그 많은 나의 백성들이 세상에 태어남
이니, 그 누구 한 사람도 저희들이 지
옥으로 가겠다는 마음을 가지고 세상
에 태어난 자 없으며, 내가 또한 지옥
으로 가라 하여 세상에 내보낸 자 한
사람도 없음이니라.
4 그리하여 백이면 백, 천이면 천 명에
게 물어보라.
5 이 세상에 너희들이 생명을 갖고 태어
난 것은 나 여호와로부터 받아 세상에
나왔다 하나, 너희들이 지옥으로 가고
자 하는 마음을 가지고 세상에 살아가
는 자 있는가?
6 아무도 없음이니라.
7 지옥으로 가고자 하여 세상에 태어난
자 없으며, 지옥으로 가고자 하여 삶
을 살아가는 자 한 사람도 없음이니라.
8 그러나 너희들은 여기서 하나 깨우쳐
야 될 것이니라.
9 너희들은 지옥으로 가고자 사는 사람
이 하나도 없으나, 너희 의지와는 관
계없이 너희들의 선택의 잘못으로 인
하여 지옥으로 가는 삶을 살아간다 하
면 과연 어찌하겠는가?
10 너희들은 너희 뜻과는 관계도 없이,
선하고 아름다운 길을 행하여 나 여호
와를 향하여 올 수 있는, 천국의 문을
들어올 수 있는 그와 같은 삶을 위하
여 살아가는 것이 아니요,
11 너희들 누구도 원하지도 않고 바라지
도 않는 지옥으로 가는 그 삶을 지금
살아가고 있다 하면 이를 어찌하여야
되겠는가?
12 지금 너희들은 깨우쳐야 될 것이니라.
13 내가 성서에 비유된 그 뜻을 알지 못
하는 자는 지도자가 될 수 없다 하였
으며, 지금 잘못 가르치는 종교 지도
자들이 수박이라는 그 과일의 속을 들
여다보지 못하고 겉만 보는 것이요,
겉만 보는 그와 같은 깨달음도 없는
그들이 너희들을 구원하여 하늘에 오
르게 한다 그리 말함이니, 그게 바로
무엇이더냐?
14 그들을 따라 그들의 손으로 지은 성전
에 가서 너희들이 재물을 쌓고 기도하
면 구원을 받는다 하는 그와 같은 생
각으로써 지금 가고 있는 너희들의 믿
음의 형국의 그 길이 무엇인지 아는가?
15 너희들의 생각과 관계없이, 너희들의
뜻과도 관계없이 그들의 잘못 가르치
는 혀에 현혹되어 지금 지옥을 향하여
달려가는 삶 속에 너희들이 가고 있는
것을 이제 알아야 될 것이니라.
16 가르치는 자가 모르고 가르침이니, 거
기서 배우는 자가 무엇을 알겠는가?
17 정도요, 정답이 무엇인지를 모르고 가
르치는 선생 앞에서 배우는 학생이 어
찌 정답을 알 수 있겠는가?

18 지금 많은 나의 피조물 만백성이 수천
년 역사가 흘러오는 동안에 그 지도자
가 또 지도자를 낳음이니,
19 그리 서로 시기하고 질투하며 변질되
고 변화된 지금의 믿음이 나와는 아무
런 관계도 없는 반대 방향이요, 나의
뜻을 거역하며, 순종하지 아니하고 살
아가는 지도자들만이 이 세상을 지배
하고 있음이니라.
20 그리하여 지금과 같이 험악한 시대를
이루어 놓았으며,
21 인간이 인간을 사랑하고 서로 보호하
고 지키고 살라 하였으나, 너희들이
서로 만나고 보기를 두려워하는 이와
같은 관계로 된 것이 지금의 너희들의
잘못된 종교 지도자의 가르침의 그 증
표이며 그 근거이니라.
22 그와 같이 지금의 세상을 험악하게 만
들어 놓은 자, 그들이 가르치는 그 속
에서 너희들이 천국의 문에 들어설 수
있다는 그 환상을 깨라.
23 지금 너희들을 가르치는 종교 지도자
들이 정녕 하늘에 오르는 길이요, 천
국에 오르는 길이요, 너희들이 인생의
목표로 삼는 구원을 받는 길로 가르치
고 인도하는 자가 가르쳤다 하면 지금
나의 피조물 만백성 너희들이 사는 여
기가 지상의 낙원이요, 천국과 같이
이루어졌을 것이니, 거기서 사는 백성
들이 곧 하늘에 오르는 그 영광을 얻
게 됨이니라.
24 그러나 그들이 가르친 지금의 시대의
형국이 어떠하던가?
25 인간이 인간을 보기를 두려워하는 이
와 같이 험악한 세상으로 만들어졌으
니,
26 이 험악하고 무서운 세상 속에서 너희
들이 그들의 가르침을 계속 듣고 깨우
쳐 구원을 받을 것이라는 그와 같은
생각을 저버려야 될 것이니라.
27 내가 사랑하는 나의 피조물 만백성 너
희들에게 권하나니,
28 너희들이 수십 년 동안 배워 깨우쳤다
는 그 믿음의 세계에서 너희들이 지금
까지 험악한 세상을 만들었으니, 이
추하고 험악한 진흙탕 속에서 너희들
이 하늘에 오른다는 그와 같은 착각과
환상을 버려야 될 것이니라.
29 그렇다면 너희들이 나의 법전을 세 권
정도 선택하여 읽고 깨우쳐 그것에서
얻어지는 너희들의 마음의 변화를 보
라.
30 나의 법전을 세 권 이상 읽고 너희들
이 마음의 변화가 있고 깨우쳤을 때,
그와 같은 마음으로 너희들이 변해질
때, 과연 지금같이 험악한 세상이 이
루어졌으며 인간이 인간을 두려워하
고 무서워하는 세상이 이루어졌겠는
가?
31 나의 법전을 읽고 깨우치는 백성들이
사는 그 집단에서는 지금과 같이 험악
한 역사가 이루어지지 아니하며, 아름
다운 변화를 이루는 것이 나의 법전이
요, 성령이니, 이게 곧 참진리임을 알
라.
32 나의 법전을 읽고 깨우쳐 아름답게 살
아가는 백성들의 그 마음처럼, 너희들
을 가르치는 종교 지도자요, 너희 집
단이 그리 나의 백성을 깨우치고 다스
려 왔다면, 지금은 하늘에서 이루어진

것같이 지상에 낙원이 이루어졌을 것
이며,
33 내가 제3의 시대에 나의 아들을 통하
여 밤과 낮을 가리지 아니하고 이 법
전을 세상에 내려보내 너희들을 바로
잡고자 하는 이 역사의 고통의 세월은
없었을 것이니라.
34 여기서 너희들은 하나 깨우쳐야 될 것
이요, 만백성 너희들은 들어야 될 것
이니라.
35 나의 법전을 너희들이 세 권을 정독하
여 그 세 권 속에서 얻어지는 너희들
의 마음의 변화가 과연 어떠한 것인가
를 구분하라.
36 그와 같이 마음이 변한 자만 세상에
존재하고 살아갈 때, 지금같이 험악하
고 험난한 세상이요, 말세에 도둑이
들끓는 이와 같은 세상이 되었겠는가?
37 서로 가장 사랑하며 협조하며 살라 한
그 인간의 생명을 재물로써 계산하여,
짐승의 목숨만도 못하게 함부로 다루
는 이와 같은 험악한 세대를 이루었겠
는가?
38 이 세대를 이룬 자들이 책임이 있으
며, 그들의 죄임을 알아야 될 것이니
라.
39 그들 속에서 너희들이 그들의 가르침
을 계속 듣고 더 험악해지고 험난한
속으로 빠져듦이니, 그 속에서 너희들
이 구원을 받는다 하지 말라.
40 너희들이 늪에 빠져들어 가면서 구원
의 길이라 부르짖는 그와 같은 어리석
은 자이니, 너희들이 늪에 빠져 그 늪
속에 빠져 죽음이니, 곧 바로 너희들
이 지옥으로 가 그 죄를 받는 길을 달
려가는 것이니,
41 너희들의 뜻과는 아무런 관계도 없이
너희들이 잘못된 종교 지도자에게 현
혹되어 너희 삶이 지옥으로 가고 있음
을 잊지 말아야 할 것이니 그리 알라.
42 오늘의 나의 법전의 가르침을 읽고 깨
우치는 너희들의 마음의 변화와, 수십
년 동안 성전이라 하여 너희들이 있는
재물을 다 바치고 시간을 바치며 따라
왔던 그 깨달음의 가르침 속에 너희들
이 느끼고 배운 것을 놓고 견주어 너
희 스스로 길을 찾도록 그리하라.
43 어떠한 백성이 이 세상에 존재할 때
하늘에서 이루어지는 낙원같이 이 지
상에서 이루어질 것인가 하는 것을,
너희들이 어리석지 아니함이니 그를
알 수 있을 것이며,
44 그를 평가할 지혜를 내가 너희들에게
주었음이니, 그 지혜를 역으로 쓰는
자, 영원히 구원받지 못함을 알아야
될 것이니라.

3,524 번째 하나님 말씀

2002년 9월 27일 0시 38분

1 사랑하는 나의 아들아!
2 "네, 아버님! 말씀하옵소서."
3 나의 피조물 만백성이 전쟁이라는 것
을 이루어 많은 사람의 생명을 잃게
하고도, 저희들이 승자가 되었을 때
'하나님! 감사합니다.' 하며 나의 이름
을 빌어 나에게 감사의 기도를 드리느
니라.
4 그리고 살인을 하고도 저희들이 잡히
지 아니하며 그 벌에 대한 심판을 받

지 않을 때, 또는 남을 속였을 때 '하
나님! 감사합니다.' 그리 기도하느니
라.
5 그리고 도둑질을 하여 남에게 잡히지
아니하였을 때 또한 '하나님! 감사합
니다.' 그리 말하느니라.
6 나의 백성들이 그와 같은 행위를 하고
나 여호와의 이름을 찾고 있음이니,
7 저희들이 하는 행위를 인간이 모른다
하여 저희들이 죽어 나에게 와 심판을
받지 않는다는 그 착각 속에 살아가는
것이니라.
8 그리하여 저희들이 잘못되고 남으로
부터 저주받는 행위를 하면서도 '하나
님! 감사합니다.' 그리 기도하는 것이
지금의 나의 백성들의 형국이니, 그들
의 형태를 보고 너희들이 얼마나 잘못
된 자들이라 생각하는가?
9 지금 너희들은 그들만이 잘못됐다 생
각하지 말라.
10 나의 뜻과는 전혀 관계도 없이 너희
손으로 지은 그 성전에 가서 나로부터
구원을 받는다며 나 여호와를 찾으며
나의 아들의 보혈로써 은혜를 받았다
하며,
11 너희들이 살아가는 행함은 남들로부
터 손가락질 받으며 남에게 부끄러운
행위를 서슴없이 하면서, 나를 찾고
구원을 받았다 그리 말하니,
12 도둑질하고 살인해 놓고도 저희들이
잡히지 않았다 하여 '하나님! 감사합
니다.' 하고 기도하는 자들과 똑같은
것이 너희들의 지금의 형국이니라.
13 사람을 패서 병신을 만들어 놓고도 저
희들이 그저 이겼다는 그 기분 위에
'하나님! 감사합니다.' 하며,
14 나쁜 소원이든 좋은 소원이든 저희들
이 뜻하는 것이 이루어졌을 때, 저희
들이 사악한 생각으로써 남을 공격할
때도 그 뜻이 이루어지면, '하나님! 감
사합니다.' 그와 같이 기도하는 것이
지금의 나의 백성들의 형태이니라.
15 그들을 보고 너희들이 웃을 것이나,
바로 지금 하늘에 오르는 나의 피조물
만백성을 구원의 길로 인도하는 종교
의 집단이 그와 같이 나의 뜻과는 전
혀 관계없는 짓을 해 가면서 나를 찾
고 나에게 감사하며 경배하니, 그들과
똑같은 형국임을 너희들은 알아야 될
것이니라.
16 그러한 자 밑에 가서 구원을 받고자
재물을 바치며 시간을 바치며 경배하
며 그 강론을 듣고 있는 것이 너희들
이니,
17 그 잘못된 종교 지도자 밑에 가 너희
들이 평생을 울고불고해도 그것은 구
원의 길이 아님을 알아야 할 것이니라.

3,525 번째 하나님 말씀

2002년 9월 27일 06시 33분

1 사랑하는 나의 아들아!
2 "네, 아버님! 말씀하옵소서."
3 모든 역사 속에 살아가던 선지자나 예
언자요, 그 모두가 인생사 고달픈 속
에서 깨우침을 얻었으며, 그들이 행함
을 알았으며, 인간사 서로 살아가며
얽히고설킨 그 속을 알며 그들이 다
살아갔느니라.
4 그러나 그들은 고달프고 어려운 그 속

에서 저희들이 살아가며, 저희들이 그
속에서 어려운 자와 더불어 무엇인가
를 일깨워 주며, 또 그들로 하여금 역
사를 이루고자 하였음이니,
5 인간이 인간 세상에서 인간의 마음을
바로 세우며 잘못 가는 자를 바로잡는
것은, 그들의 세속에서 그들이 살아가
는 방향을 알지 못한다면 정녕 어떠한
역사도 이룰 수 없는 것이니라.
6 그리하여 너희들 또한 지금 인생사 눈
물의 어렵고 힘든 생활 속에서 너희들
이 행하고 살아가면서 그 속에서 너희
스스로 깨달음을 얻으며, 그리고 어렵
고 힘든 사람들의 그 마음을 이해하며
그들과 더불어 살아가는 속에서 너희
가 이끌어 갈 나의 백성들의 심성을
알 수 있는 것이니라.
7 그리하여 너희들이 오늘의 고달픈 삶
속에서 너희 스스로 깨우쳐 가는 그
역사는 나 여호와의 주관하에 이루어
지는 것임을 알아야 될 것이니라.
8 너희들의 육이 편안하며, 육의 생활이
호화로우며, 너희들의 육의 생활이 부
귀영화를 누릴 때, 너희들은 정녕 나
여호와를 찾지 아니하며, 내가 존재함
을 알려 하지도 아니함이니라.
9 내가 나의 피조물 만백성 그들을 구원
하는 그 기초요, 원리는 너희들이 사
는 인생사의 어렵고 힘든 그 삶에 더
불어 살아가는 자, 그 백성들이 깨우
치기 시작하여야 됨을 알아야 될 것이
니라.
10 지금 부귀와 영화요, 저희들이 부족함
이 없는 육의 삶을 사는 자, 그와 같은
자의 마음을 돌리기가 어려우며, 또
그들이 나 여호와가 존재함을 깨닫기
어려우며, 지금 믿음이라는 곳에 빠져
있어 저희들만이 구원을 받는다고 달
려가는 그 굳어진 마음을 가지고 있는
그들의 마음을 또한 돌리기가 어려운
것이니,
11 자기가 향하는 지표가 굳어져 있고 또
는 부귀영화를 누리며 손색이 없는 삶
을 사는 백성, 그들이야말로 마음을
돌려 나 여호와가 존재하며 사랑을 베
풀고 나누며 사는 그와 같은 가르침을
깨우치기가 정녕 어렵고 힘드니, 그들
의 마음을 돌리기가 힘든 것이니라.
12 그리하여 너희들이 어렵고 힘든 생활
속에서 어렵고 힘든 나의 백성들의 그
삶에 뛰어들어, 그들로부터 나 여호와
가 존재함을 알게 되며 그들로부터 하
늘의 뜻을 알 수 있도록 너희들이 깨
우치기 시작하니,
13 그리하여 점점 그들이 변화되고 또 변
화되는 속에서 부귀와 영화를 가진 자
가 그것만이 인생의 전부가 아니라 하
여 깨우쳤을 때 그가 나 여호와를 찾
게 되며,
14 저희들의 믿음만이 구원을 받는다 하
는 자가 저희들이 잘못 가는 것을 들
여다볼 수 있는 그때가 되어야 그들이
마음을 돌려 하늘에 오르는 길을 볼
수 있음이니,
15 그리하여 힘들고 어려운 인생사 삶 속
에서 너희들이 역사를 이루는 것이며,
그들과 더불어 변화되어 가는 것을 알
아야 될 것이니라.

3,526 번째 하나님 말씀

2002년 9월 27일 06시 37분

1 사랑하는 나의 아들아!
2 "네, 아버님! 말씀하옵소서."
3 너희들의 육이라는 것이 백 년사 넘기 힘들고 어렵다는 것을 너희들은 잘 알고 있음이니라.
4 그러나 너희들은 천년만년 사는 것처럼 그리 착각 속에 살아가며, 또한 너희들이 그 젊음을 갖고 영원히 살아갈 수 있는 것처럼 그와 같은 착각 속에서 살아가느니라.
5 그리하여 너희들이 백 년사라는 것이 짧은 것을 알며, 너희들이 바라는 그 아름다운 젊음을 가지고 영원히 살 수 없다는 것을 깊이 깨우치고 인식할 때, 너희들은 나를 바라보게 되며 나 여호와를 찾게 되어 있음이니라.
6 그러나 너희들은 그와 같은 깨달음 속에서 생각함이 아니요, 오로지 육의 삶을 위하여 그 길만을 달려감이니, 너희들의 그 젊음이요, 육의 삶이 영원히 지속되는 듯이 그와 같은 착각 속에서 살아가게 됨이니라.
7 그리 살다 젊은 시절이요, 장년의 시대가 너희도 모르게 지나고 세월이 흘러 백발이 됨이니, 세상사 먼저 죽어간 친구를 생각하게 되며, 그를 따라서 너희도 모르게 서서히 죽음의 계곡으로 가게 되어 있음이니, 그를 벗어나고 넘을 수가 없는 것이니라.
8 그러나 너희들은 이 엄연한 세상 속에서도 오로지 육의 삶을 위하여, 부귀영화를 위하여, 질서요, 도덕적인 것이요, 나로부터 받은 계명 속에 살아가는 그와 같은 삶을 저버리고 살아감이니라.
9 오로지 너희들은 부귀와 재물을 모으는 그 욕심만을 위하여, 명예를 위하여, 그저 그것 한 가지만을 위하여 세상사 모든 삶을 살아가고 있음이니, 너희들의 그 삶이 얼마나 어리석고 우매한 것인가를 알아야 될 것이니라.
10 너희들은 백 년도 안 되는 그 육의 삶 다음에 영혼의 세계가 있다는 것을 깨우쳐야 될 것이거늘, 그를 깨우치지 아니하고 그를 보지 아니하며,
11 그저 당장 앞에 있는 너희들의 삶이요, 오늘에 먹고 잠을 자고 살며 너희들의 모든 명예와 부귀를 위하여 재물을 긁어모으는 거기에만 너희들의 인생의 행복이 있다 생각하고 착각하고 살고 있음이니,
12 그와 같은 너희들의 삶이 나의 영원히 사는 천국의 나라에 오름이 아니요, 지옥으로 가는 그 삶을 사는 것이니라.
13 너희들은 바라지 아니하는가?
14 너희들이 젊은 모습으로 변하지 않고 영원히 사는 그 세상과 그와 같이 사는 인생은 없는가 생각할 것이며, 그리 살 수는 없을까 생각할 것이니라.
15 너희들이 착하고 아름답게 살았을 때 바로 너희들이 다음의 세계, 영혼의 세계에서 그와 같은 세상이 연계되며 그와 같은 세상이 있음이니,
16 너희들은 그 세상을 원하고 바라면서도 그 세상으로 올 수 있는 그 길을 버리는 그와 같이 우매하고 어리석은 삶을 살아서는 아니 될 것이니라.

17 지금의 너희들이 젊은 그 혈기로써 영
원히 죽지 않고 살고 싶어 한다면, 너
희들은 나의 계명을 따르며, 나의 아
들을 통하여 내리는 나의 법전을 읽고
깨우쳐 그대로 살 때, 영원히 사는 나
라에서 너희들이 살 수 있음을 잊지
말라.
18 그것이 바로 너희들이 영원히 살고 싶
어 하는 그 삶의 세계가 다음 세계에
기다리고 있음이니, 그는 오로지 선하
고 착하게 사는 것만이 너희들이 구원
을 받는 길이며, 영원히 사는 그 세상
에 갈 수 있음을 잊지 말라.

3,527 번째 하나님 말씀

2002년 9월 27일 08시 37분

1 사랑하는 나의 아들아!
2 "네, 아버님! 말씀하옵소서."
3 세상사에 진실을 가지고 진실이라 말
하고 사는 것도 그리 힘들고 어려우
며, 진정한 보석을 보석이라 가르쳐
주어도 믿지 아니하는 것이 지금의 나
의 백성들의 형상이니라.
4 이와 같이 인간의 마음이 변화되어 있
음이니, 여기에서 너희들이 어찌 천사
와 같은 마음이 나오며 아름다운 마음
이요, 깨끗한 마음이 나올 수 있겠는
가?
5 서로 남을 믿지 못하고 불신하는 이와
같은 세상에서 과연 너희들은 하늘의
천사와 같은 백성이 나올 수 있다 생
각하느냐?
6 너희들은 그것부터 깨우쳐야 될 것이
니라.
7
8 모든 종교의 집단이나 집단이 아닌 자
들, 믿음을 가지고 있는 자나 믿음을
갖지 아니하고 있는 자, 그리고 나의
성전에 와 공부하는 너의 제자들과 나
의 법전을 읽고 깨우친 모든 백성 너
희들이 지금 생각하는 것이 어떠한 마
음의 형태이던가?
9 서로를 믿지 못하고 불신하며, 인간을
가장 소중히 생각하며 서로 의지하고
믿고 살아야 하는 인간을 보기를 두려
워하는 그와 같은 너희들의 생활의 형
태가 만연되어 있으니,
10 그중에 어찌 진리가 있고 사랑이 있다
생각하는가?
11 그리고 거기에 어찌 구원의 길이 있다
생각하느냐?
12 구원의 길이 무엇이라 말하였느냐?
13 한 점의 오점이 없는, 나 여호와의 심
성이요, 천사들과 같은 심성으로 사는
자만이 구원을 받는다 하였으니,
14 나 여호와가 남을 의심하고 시기하며
내가 만든 인간 너희들을 내가 불신하
는가?
15 천사들이 누구를 위하며 서로를 불신
하며 그 세상에서 사는가?
16 너희들은 너희 스스로 인간을 불신하
며, 인간을 두려워하며, 인간을 만나
는 것을 기쁘게 생각하는 것이 아니라
경계하여 두려운 마음으로써 서로 만
나고 대하고 사니,
17 인간 세속에서 인간끼리도 진실이 없
고 아름다운 마음이 없이 살아가는 것
이 너희들이거늘, 그 속에서 어찌 천
사와 같은 마음을 가질 수 있으며 하

늘에 오르는 그 빛을 볼 수 있다 하는
가?
18 그러니 너희들이 진정한 보석을 가지
고 보석이라 해도 그를 믿지 못하니,
19 지금 내가 나의 백성 너희들을 구원하
는 나의 성령이요, 오로지 하늘에 오
르는 그 길의 진리를 깨우쳐 주며 하
늘에 오르는 그 빛을 볼 수 있으며 너
희들이 그리도 원하는 구원을 받을 수
있는 나의 법전을 책으로 엮어 세상에
내보내거늘, 이를 믿는 자가 있는가?
20 너의 가족과 너의 형제들이요, 또한
너의 육신이 어울려 같이 살아가는 너
의 이웃들도 그를 믿지 못함이니, 어
느 누가 그를 믿고 따를 수 있겠는가?
21 그리하여 나의 법전을 전함이 그리 어
렵고 힘듦이니라.
22 이것이 지금 너희들의 마음이니라.
23 자식이 하는 일을 부모가 믿지 못하
며, 형제들이 서로 믿지 못하는 그와
같은 형국의 마음을 가진 너희들이 어
찌 천국을 갈 수 있는 자이며 하늘에
오르는 길을 갈 수 있다 그리 말하는
가?
24 그들이 아무리 저희들이 믿는 종교 집
단에 가서 울고불고 기도하며 매달려
봐도, 그들은 다 구원의 길이 아니요,
저희 스스로 지옥으로 가는 그와 같은
믿음의 길을 가고 있다 내가 말함이니
라.
25 정녕 지금의 종교 집단이 진실한 믿음
이요, 진실한 나의 제자들을 가르쳤다
면, 너희들이 서로 반목하고 불신하며
사람을 두려워하는 이와 같은 세상을
만들지는 아니하였을 것이니,
26 이와 같은 세상을 만든 것이 모두 나
의 백성들을 이끌어 가는 종교 집단들
이 잘못 가르치며, 그들이 나의 진리
와는 거리가 먼 정 반대의 길로 달려
가고 또 달려가는 그와 같은 형국이기
때문에 그리되었음이니라.
27 그리하여 네가 나의 아들이요, 나의
선지자로서 160권의 역사를 이루어
새 천 년 동안 나의 백성 중에 살 자와
살지 못할 자를 구분하는 그와 같은
역사를 내가 이룬다고 하였으나,
28 너의 형제요, 너의 육의 부모라 하는
그 누구도 너를 믿지 못하며, 저희들
이 믿는 그 종파만이 구원에 가는 길
이라며 목매어 매달려 살아가니, 그
누가 이를 보고 깨우치기가 쉽겠는가?
29 그리하여 너를 따르는 제자들이요, 나
의 성전에 와 공부하는 나의 선택된
백성들이 그리 소중하고 귀하다 말함
이니라.
30 그들은 나의 뜻을 알며, 내가 원하는
것을 알며, 나 여호와가 원하는 것을
알고 있기 때문이요, 나의 성령을 나
의 성령이라 그리 믿기 때문이니,
31 그들이 그리하여 소중한 자들이며 그
들이 구원의 길에 들어선 자들이라 말
함을 알라.
32 너희들의 부모요, 형제도 믿지 않는
이와 같은 형국을 나의 피조물 만백성
이 믿고 따르기가 어찌 쉽겠는가?
33 그 고비를 넘어야 되고 그 산을 넘어
야 되는 것이 너희들이며, 너의 제자
들이라는 것을 잊지 말라.

3,528 번째 하나님 말씀

2002년 9월 27일 08시 41분

1 사랑하는 나의 아들아!
2 "네, 아버님! 말씀하옵소서."
3 제자들을 가르치는 선생이 제가 가르
치는 그 과목에 대한 학문의 진리가
없이 가르친다 하면, 그 배우는 학생
들이 어찌 되겠는가?
4 저 자신이 무식하고 몰라서 저 하나
무식하다는 소리 듣고 사는 것은 괜찮
으나, 선생이라 하는 자가 제대로 알
지 못하여 제자들을 잘못 가르치고 잘
못 깨우쳐 주었을 때 그들의 인생에
대한 책임을 과연 누가 질 수 있겠는
가?
5 지금 너희들의 믿음이라 하는 그 종교
의 모든 집단들이 그러하니라.
6 지금 가르치는 지도자요, 집단들이 성
경의 그 깊이를 모르고 그 비유된 뜻
을 모르고 거기에 숨어 있는 뜻을 모
르며 나의 피조물 만백성을 구원한다
고 그리 가르치고 있으니,
7 너희들은 나 여호와가 행하고자 하는
뜻이며 내가 이루고자 하는 그 뜻 자
체도 모르고 있음이니, 내가 산으로
가라 하면 너희들은 들로 가는 그와
같은 형국이니라.
8 그리하여 나와는 정반대의 길로 달려
가고 있는 것이 너희들이 지금 구원의
길이라 매달리는 그와 같은 형국임을
알아야 될 것이니라.
9 지금의 모든 종파들이 구원의 길이요,
하늘에 오르는 길이라 하여 깨우쳤다
는 자들이 너희들을 인도한다 하나,
그들은 지금 한 사람도 구원하지 못하
고 있음을 알아야 될 것이니라.
10 종교 집단에 있는 신도라 하는 백성을
위하여 그들은 그리 가르치느니라.
11 이제 많은 백성들을 구원하는 자가 복
받음이니, 너희들이 나가 많은 백성들
을 전도하여 저희들이 손으로 지은 그
성전에 인도하라 함이니라.
12 그리하여 너희들은 한 사람, 두 사람
에게 접근하여 그들을 깨우쳐 구원의
길이라 안내함이니,
13 너희들이 단 한 사람을 구했을 때 너
희들은 그 한 사람을 지옥으로 끌고
가는 안내자의 역할을 하고 있는 형국
임을 알아야 될 것이니라.
14 지금 너희들은 성전에 한 사람을 데리
고 감으로 인하여 그들을 구원의 길로
인도하였다 하나, 지금 잘못 가르치는
그와 같은 종교 집단에 한 사람을 데
려갈 때, 따라간 그 사람은 그 순간부
터 지옥행으로 가는 사람들이니,
15 너희들 자신만 지옥의 길을 갈 것이지
나의 백성들까지 끌어들이는 그와 같
은 행위를 하지 말라.
16 지금 그와 같은 행위를 중단하지 아니
하는 자, 너희가 한 사람, 두 사람 지
옥으로 안내하는 만큼 나에게 와 그
죄의 대가를 받는다는 것을 잊어서는
아니 될 것이니 그리 알라.

3,529 번째 하나님 말씀

2002년 9월 27일 08시 47분

1 사랑하는 나의 아들아!
2 저 자신이 무엇이며, 제가 서 있는 자

리가 무엇이며, 제가 정녕 나로부터
선택된 자인지, 나로부터 구원을 받은
것인지 그 자체도 모르는 자들이 지금
종교 지도자라 하여 단상에서 너희들
에게 설교하고 가르치니, 또 그곳에
가서 구원을 받는다 하여 울고불고 광
란의 믿음으로 가는 자, 너희들은 알
아야 될 것이니라.
3 너희들의 손으로 지은 그 성전이 너
희들의 구원의 길이 아니요, 곧 이 지
상이 나 여호와의 성전이요, 내가 만
든 성전임을 너희들은 알아야 될 것이
니라.
4 이 지상이 내가 만든 성전이라는 것
그 자체도 모르는 자들이 저희 손으로
만든 성전에 가 기도하고 거기에 수없
는 재물을 바치며, 그리하면 너희들은
구원을 받는다 그리하니,
5 재물을 바칠 것과 맹종할 것을 맹세
하는 자 구원을 받을 것이라 하여, 그
리하여 나의 피조물 만백성을 저희들
이 쇠사슬로 엮어 놓고 가는 그와 같
은 나와는 관계도 없는 그 집단에 가
서 너희들이 믿음으로써 구원을 받을
것이라 그리 말하고 있음이니,
6 정녕 너희들이 그와 같은 곳에 가서는
구원을 받지 못함을 내가 일찍이 너희
들에게 수없이 가르쳐 주었음이니라.
7 그러나 너희들은 이를 읽고 깨우쳐 너
희 것으로 만드는 것이 아니라, 그저
재물만을 경외시하며 재물만을 소중
히 하며 재물만을 긁어모으기 위해서
지은 그 성전에 가서 그들에게 재물을
바치는 것만이 구원을 받는다는 그와
같은 어리석은 믿음을 가지고 가고 있
으니,
8 믿음보다도 재물이라는 것을 앞세우
는 그 성전이라는 곳에서 너희들을 깨
우쳐 가르치는 자는 나와는 아무런 관
계도 없으며, 내가 그들에게 그를 명
한 사실이 없음이니,
9 너희들은 거기에 가서 너희 자신의 모
두를 그리 다 바치며 너희들이 구원의
길을 사고자, 얻고자 하는 것이 너희
들이 구원의 길을 얻는 것이 아니요,
지옥으로 가고자 너희 자신이 구걸하
는 그와 같은 형국임을 잊지 말라.

3,530 번째 하나님 말씀

2002년 9월 27일 08시 53분

1 사랑하는 나의 아들아!
2 "네, 아버님! 말씀하옵소서."
3 아무것도 모르는 자들, 미래를 알지도
못하며 현재도 모르는 그와 같은 자들
이 종교 지도자라 하여 너희들을 가르
치며 인도하는 그들의 그 형태가 지금
어찌 되었던가?
4 그들은 참진리를 깨우쳐 너희들을 하
늘에 오르게 하는 것이 아니요, 저희
들의 손으로 지은 그 성전을 더 크고
아름답게 짓고 그것을 지탱하고 관리
하기 위하여 너희들이 평생 고생하여
모은 십일조라는 것과 너희들이 생각
할 수도 없는 각종 추하고 더러운 그
명칭을 다 붙여 너희들에게 재물을 거
둬들이는 데만 혈안이 되어 있으며,
5 저희들의 삶이요, 저희들의 설교요,
가르치는 그 모두가 다 재물을 거둬들
이는 데만 역점을 두기 위하여 그들이

존재하고 있으며 지금 재물을 거둬들
이기 위하여 단상에서 너희들을 가르
침이니,
6 단상에서 너희들을 가르치는 종교 지
도자가 나의 참뜻을 가르치는 것이 아
니요, 오늘의 저희들의 수입이 얼마며
저희들이 거둬들일 것이 얼마나 되는
가 하여 너희들의 머릿수를 놓고 돈을
계산하며 금화와 은화를 계산하는 그
와 같은 자들이 지금 어찌하여 나의
뜻을 알 수 있으며 나의 뜻을 너희들
에게 가르쳐 하늘에 오르는 길을 인도
할 수 있다 말하는가?
7 그와 같은 자들이 어찌하여 구원의 길
로 너희들을 인도하며 구원의 빛을 볼
수 있도록 너희들이 반석 위에 서 하
늘에 오르는 그 찬란한 빛을 보며 천
국의 문을 들어설 수 있는 그곳으로
인도할 수 있는 자라 말하는가?
8 그들은 나의 참진리요, 나의 뜻을 가
르치는 것을 이미 포기하였으며, 나
여호와가 존재하는 그 자체도 저희들
이 지금 망각하고 있으며,
9 나의 사랑하는 백성 너희들을 천국으
로 구원하는 것이 아니요, 어찌하면
재물을 긁어모을 것인가 하며 그 재물
이 소중하고 그 재물이 귀하여 그것을
모으는 데만 혈안이 되어 있는 거짓
지도자 앞에 너희들이 가서 무엇을 배
우고 깨우친다 하는가?
10 내가 일찍이 너희들에게 준 재물은 너
희들에게 준 복이니, 오른손이 베푸는
것을 왼손이 모르도록 그와 같이 남을
위하여 베풀면 된다 하였음이니라.
11 그러나 너희들은 그와 같이 재물을 아
름답게 나의 뜻에 쓰는 것이 아니라,
12 사악한 자들이요, 나의 진리요, 나의
뜻을 가르치는 것은 이미 망각하였으
며, 나 여호와가 존재하는 것 자체도
모르며, 제가 작은 신이 되고자 하며
저희들의 모두를 통제하고자 하는 제
왕적인 그와 같은 종교 지도자 앞에
바치니,
13 그들이 제왕의 자리를 유지하며 제 뜻
을 이루기 위해서는 그 재물을 거둬들
여야 하니, 그 재물을 거둬들이는 데
만 모든 생각을 다 바치고 있는 자, 그
와 같은 지도자들의 욕심만을 채워 주
는 너희들이 되어서는 아니 될 것이니
라.
14 너희들이 그들에게 바치는 재물은 너
희들이 불쌍한 이웃을 돕는 것이 아니
요, 나의 돈을 도적질하여 물욕에 눈
이 어두워 나의 진리를 가르친다 하여
너희들에게 사기극을 벌이며 지옥으
로 인도하는 그와 같은 사악한 자들의
욕심을 채워 주는 도구로 전락되어 있
으며,
15 너희들이 지금 그들의 종으로서 살아
가고 있는 그 형국임을 알아야 될 것
이니라.
16 먹을 것과 입을 것을 대 주는 자가 주
인이며, 그것을 받아 가는 자가 그 종
이 아닌가?
17 그러나 너희들은 갖다 바치면서 그 종
과 같은 자에게 너희들이 거꾸로 종이
되는 그와 같은 형국이니,
18 너희들이 지금 그와 같은 죄를 짓고
있음을 잊어서는 아니 될 것이니라.
19 나의 법전을 읽고 깨우치는 자, 너희

들이 바로 서지 아니하면 너희들은 정
녕 짧은 인생이라 하여 육의 삶 속에
모두를 다 그저 향락을 즐기며 살다
가, 그리고 남에게 속아 살다가, 너희
들이 그리도 갈구하고 원했던 아름다
운 모습으로써 죽지 않고 영원히 사는
너희들의 소원의 뜻을 이루지 못하게
될 것이니 이를 알라.
20 그 소중한 것을 버리고, 지금의 육의
잘못 가르치는 종교 지도자들에게 현
혹되어 재물을 바치고 시간을 바치며
너희들이 지옥으로 가는 그 티켓을 사
는 그와 같은 추한 모습에서 벗어나야
됨을 알아야 될 것이니라.

3,531 번째 하나님 말씀

2002년 9월 27일 08시 57분

1 사랑하는 나의 아들아!
2 나의 구약과 신약 성서의 깊이를 모르
며 나 여호와가 역사하고자 하는 그와
같은 뜻도 모르는 자들이 지금 너희들
을 가르치고 있는 것이 어떠한 형국인
지 아는가?
3 진정한 나에게 선택된 지도자요, 나로
부터 선택되어 만백성을 구하는 자는
속과 겉이 다르지 아니함이니라.
4 그러나 사악한 자요, 나로부터 선택되
지 아니하였으며 성서의 진리를 모르
는 그와 같은 자들이 가르치는 것이
바로 무엇이 다르던가?
5 그들은 속과 겉이 다른 자들이니, 속
과 겉이 다르게 가르치느니라.
6 겉으로는 저희들이 깨끗한 자요, 가장
위대한 자요, 남으로부터 존경받는 자
라 말하나, 그와 같은 자세로써 그와
같이 말하는 그들의 마음이 어떤지 너
희들은 알겠는가?
7 그들의 속은 탐욕과 방탕으로 가득 차
있으며, 겉으로는 구원의 길이요, 구
원의 말씀같이 가르치고 너희들을 이
끌어 가나, 그들은 아름다운 진리의
뜻을 가르치지 못함이니라.
8 그들이 하는 것은 아름다운 진리를 가
르치는 것이 아니요,
9 탐욕스런 그 속에서 저희들이 가르치
는 그 모든 말의 뜻은 살아 있는 나 여
호와의 뜻이 아니요, 나의 가르침이
아니라, 죽어 있고 썩어 있는 가르침
임을 너희들은 알아야 될 것이니라.
10 이제 죽은 자들이 죽은 말로써 너희들
을 가르침이니, 그 죽은 말을 듣고 너
희들이 과연 천국에 오를 수 있다 생
각하는가?
11 나 여호와의 참진리요, 나의 뜻을 가
르치는 선택된 지도자가 전하는 그 모
두는 살아 있으며, 그게 생명수며 살
아서 움직이는 가르침이니라.
12 그러나 지금 나의 성서의 깊이도 모르
며, 저 자신이 무엇인지도 모르며, 그
저 육의 저희들의 안일을 위하여 가르
치는 거짓된 자들, 그들은 저희들의
속이 다 간교한 말로써 그득히 차 있
으니,
13 그들이 가르치는 것은 참진리가 아니
요, 교활한 방법으로써 육의 삶을 살
아가는 그와 같은 수법을 가르치는 것
임을 너희들은 알아야 될 것이니라.
14 참진리를 가르치는 자의 말은 아름답
고 고운 말이며, 너희들에게 생명수가

되는 것이며, 구원할 수 있는 길의 가
르침이나,
15 지금의 잘못된 종교 지도자, 아무것도
저희 스스로 알지 못하는 자, 나의 뜻
에 따라서 살지 않고, 과거와 현재와
미래에 내가 역사하고자 하는 것을 모
르며, 그리고 나로부터 명을 받지 아
니한 자,
16 그와 같은 자들의 가르치는 말은 겉으
로는 너희들이 듣기에 번지르르하고
아름다우나, 더러운 것으로 그득히 채
워진 말이며 간교한 말로 채워져 있으
며,
17 하나 더 무서운 것은 너희들을 지옥으
로 이끌어 가는 안내자의 말이니,
18 그 안내자의 말을 듣고 너희들이 지금
'아멘!'이요, '할렐루야!' 하며 소리 지
르고 달려가고 있는 그와 같은 형국이
니,
19 너희들이 지금까지 종교 집단에서 배
우고 깨우친 그 상식과 비교하여 나
의 법전을 접하고 나의 아들로부터
강론을 듣고 직접 그 깨우침을 얻어
행하도록 그리해야만 구원을 받음을
알라.

3,532 번째 하나님 말씀

2002년 9월 27일 09시 09분

1 사랑하는 나의 아들아!
2 내가 너희들을 구원하기 위하여 불로
써 십계명이라 하여 너희들이 지키고
살 수 있는 그 계명을 세상에 내려보
냈음이니라.
3 너희들이 정녕 나를 따르며 나의 뜻에
따라 살며 나에게 돌아오고자 하는 나
의 아들과 딸로서 살아간다면, 내가
불로 직접 써 내린 그 계명을 지키며
그대로 삶을 살아가는 것이 너희들이
나에게 순종하는 길이며 나에게 오를
수 있는 길임을 알라.
4 그러나 너희들은 그와 같이 살지 아니
함이니라.
5 그를 지킬 수 없다 하며, 너희들은 그
저 구약과 신약의 성서의 그 내막과
깊이도 모르고, 너희 인간의 계명에
맞추어 변질되고 변화된 그 뜻만을 가
지고 너희들이 구원의 길이요, 하늘에
오르는 길이라 하여 다람쥐 쳇바퀴 도
는 식으로 몇십 년 동안 그를 재탕하
고 또 재탕하여 가르치며,
6 몇천 년 동안 또 그와 같이 똑같은 말
로써 너희들이 흘러옴이니, 이는 죽어
있는 가르침이니라.
7 나 여호와의 진정한 뜻이란, 그 성서
속에 살아 있는 그 의미를 알아야 될
것이며, 내가 비유로써 너희들에게 전
해 준 그 뜻을 아는 자만이 나로부터
선택된 지도자인 것을 알라.
8 그러나 지금 수천 년 동안 흘러오면서
너희들의 믿음이 변질되고 또 변질되
어, 지금은 내가 무어라 했더냐?
9 쇠가 상하여 떨어지는 그 쇳가루처럼
다 쓸모없는 것이 지금 우후죽순으로
늘어난 종교 집단이며, 너희들이 만들
어 놓은 성전이라는 그 숫자가 늘어
가는 것이라 하였음이니,
10 거기에 진정한 진리와 참뜻이 없어 나
의 피조물 만백성 너희들을 구원하는
길로 인도하는 길이 없다 하였음이니

라.
11 그리하여 내가 나의 아들을 통하여 밤
과 낮을 가리지 아니하며 그 많은 세
월 동안 나의 성령을 내려보냄이니라.
12 그리하여 내가 나의 성령을 책으로 내
려보내어, 너희들이 그를 보고 깨우쳐
하늘에 오르는 길을 열도록 하고자 하
였음이나, 지금의 잘못 가는 종교의
믿음에 세뇌되어 그를 바로 볼 수 있
는 자제력을 잃은 너희들이기에,
13 지금 내가 너희들을 구원하기 위하여
제3의 시대에 나의 성령을 책으로 만
들어 너희들이 읽을 수 있고 깨우칠
수 있으며 글을 아는 자는 다 그 뜻을
알 수 있도록 가장 기초적인 것에서부
터 그 위대한 진리를 하나하나 기록하
여 너희들에게 깨우쳐 주건만,
14 너희들은 나의 아들이 진정한 나의 아
들이 아니요, 이 시대의 목자가 아니
라고 그리 부정하며,
15 또한 나의 성령 자체도 나 여호와가
직접 내리는 것이 아니요, 말세에 거
짓 선지자가 왔으며, 제가 성서 공부
를 몇십 년 한 자로서 그 성서를 핍박
하는 사탄으로 변질된 자라고 너희들
은 그리 핍박하느니라.
16 나의 아들은 성서를 공부한 적이 없으
며 너희들처럼 그 성전에 가 설교를
들으며 깨우치고 배운 적이 없음을 내
가 나의 법전에 수십 번 기록하였으
나, 너희들은 또한 그를 믿지 아니하
며,
17 '이는 수십 년 동안 성서 공부를 하여
성서에 도가 트고 박사가 된 자가 성
서를 공박하기 위하여 사탄으로 변질
된 자이지, 그렇지 않으면 이 성서를
비유하여 그가 전할 수 없다.' 그리 말
하느니라.
18 그러나 너희들은 여기서 알아야 될 것
이니라.
19 너희들 인간사에 모르는 것이 무엇이
있던가?
20 나의 아들이 과거의 삶을 험악하게 살
아오고 힘들게 살아온 그 역사는 나의
계획된 훈련에서 그리하였으나, 성서
를 읽고 성전이라 하는 그곳에 가서
공부하고 배운 사실이 없음을 너희들
은 알아야 될 것이니라.
21 그를 나의 아들이 배웠으며 깨우쳤다
면 오늘의 나의 법전을 그가 감히 두
려워 기록할 수 없을 것이니라.
22 너희들에게 내가 명했을 때, 이름 있
는 종교 지도자라 해도, 내가 성서를
반박하며 성서의 잘못된 부분을 지적
하여 너희들에게 깨우쳐 준다 해도,
그를 과감히 받아 기록하여 전할 자가
없으며, 그 잘못된 부분을 고칠 수가
없음이니라.
23 그리하여 지금 나의 아들이 성서를 읽
지 아니하였으며, 너희들이 말하는 성
전에 가 너희들이 가르치는 그 설교를
듣지 아니하도록 하였으며, 그리하여
내가 순수한 나의 뜻을 순수한 그의
가슴에 실어 만백성을 구하는 성령을
지금 내려보내건만, 너희들은 이를 다
부정함이니라.
24 이는 너희들이 기존 세력으로서 너희
들이 무너지는 것이 두려우며 너희들
이 살아가기 위한 그것을 위해서 부정
함이지, 나의 성령이요, 나의 뜻이 틀

리기에 너희들이 부정하는 것이 아닌
것을 내가 아느니라.
25 나의 성령의 뜻이요, 나의 아들을 통
하여 법전으로 세상에 나가 너희들을
구원하는 그 내용이 구구절절이 하나
도 틀리지 아니하며, 너희들 가슴을
무서우리만큼 조여 오고 때리나,
26 너희들은 지금의 기존 세력이요, 너희
들이 살아왔던 그 추한 모습이 세상에
드러나는 것이 두려우며, 나의 법전대
로 살아간다면 너희들이 지탱할 수 없
는 그와 같은 고난과 고통의 역사의
길을 가야만 하기 때문에,
27 너희들은 그와 같은 용기가 없으며,
그와 같이 살아가는 두려움 앞에 너희
스스로 용기 있는 자가 되지 못하여
굴복함이니,
28 너희들이 잘못되고 부정한 것을 알면
서도 옳다고 소리 지르는 그와 같은
형국이니라.
29 과연 너희들은 무엇이더냐?
30 너희 자신이 무엇인가를 돌아다보라.
31 지금 내가 나의 아들을 통하여 나의
성령을 태워 법전이라 하여 세상에 책
으로 내려보내니,
32 너희들은 이것이 나 여호와의 뜻이며
이와 같이 깨우쳐 가는 것이 정녕 하
늘에 오르는 길이요, 너희들이 잘못된
것을 알면서도,
33 너희들의 기득권과 기존의 세력을 보
호하고 너희들이 살아남기 위하여, 너
희들이 예수를 죽인 자와 같은 그와
같은 방법으로써 지금 나의 아들과 이
모두를 세상에 나오지 못하도록 그와
같은 행위를 하고자 함이니, 그게 바
로 무엇이더냐?
34 지금 잘못 믿으며 가고 있는 너희들이
나의 아들 예수를 죽여 나의 성령이
세상에 내려가지 못하게 했던 그 후손
됨을 자처하며 너희들이 이를 증명함
이니,
35 나의 아들 예수를 죽게 한 그 후손이
라는 것이 바로 무엇이더냐?
36 지금의 나의 아들이요, 나의 법전을
너희들이 인정하지 아니하는 것이 바
로 너희들이 지금 나의 아들 예수를
죽게 했던 그 후손이라는 것을 증명하
는 것이며, 너희들이 그와 같이 너희
자신을 입증하는 것이니라.
37 너희들이 나의 아들 예수를 그리 고통
스럽게 죽인 지금의 사악한 후손이라
말하지 아니한다면, 너희들은 나의 십
계명을 지킬 수 없다고 말하지 아니할
것이니라.
38 너희들이 선택된 백성이요, 나의 아들
예수를 죽도록 한 그 후예가 아니라
면, 너희들은 감히 나의 십계명을 지
킬 수 없다고 그리 말할 수 없을 것이
니라.
39 내가 불로 직접 써 내린 십계명을 인
간이기에 지킬 수 없다고 그리 교묘한
방법으로 나의 백성들을 너희들이 이
끌어 가고 있으니, 그게 바로 나의 아
들 예수를 죽였던 그 후손이 너희들이
라는 것을 증명함이며, 너희가 그를
입증하는 것임을 알라.
40 그리하여 또한 너희가 살아가는 것이
무엇이더냐?
41 나의 아들이 그리 고통스럽게 죽어 간
그 십자가를 너희들이 높이 세워 놓고

나를 고문함이니, 이것이 바로 나에게
너희들이 그 예수를 죽였던 후손이라
함이요,
42 또한 지금 너희들이 말로써는 우상을
섬기지 말라 하며 우상을 섬기는 자는
나로부터 선택을 받지 못한다 하나,
43 너희들은 온 천지에 십자가라는 그 우
상을 돌로, 나무로, 쇠로 만들어 놓고,
심지어는 너희들의 목이요, 가슴에까
지 걸고 다니고 귀에까지 걸고 다니며
그리고 몸에다 지니고 다니는 그와 같
은 형국이니, 그게 바로 나의 아들 예
수를 죽게 한 그 후손임을 증거하며
증명하는 것임을 알라.
44 너희들은 여기서 알아야 될 것이니라.
45 이제 너희들이 내가 마지막으로 성령
을 태워 너희들을 구원하고자 내려보
내는 나의 법전이요, 이를 받아 기록
하는 나의 아들을 핍박하며, 그를 너
희들이 속죄양으로 삼아 너희들의 흔
들리는 지금의 종교 집단을 단속하며,
46 그들로 하여금 마지막 말세에 거짓 선
지자가 왔음이니 더 많은 재물을 바치
며 믿음에 더 열성을 다하라 그리 가
르치며 너희들이 한고비를 넘으며 너
희들로부터 떠나는 그 신도들의 발목
을 잡고자 하나, 너희들 뜻대로 되지
아니함을 알아야 될 것이니라.
47 나의 아들이요, 나의 법전을 속죄양으
로 삼아, 지금 흔들리고 뿌리째 무너
져 가는 너희들의 종교 집단을 떠나는
나의 백성들을 묶어 놓으려 하나, 그
것은 너희들의 생각일 뿐, 그리되지
아니함을 알라.
48 너희들은 나의 성령이요, 나의 법전이
진정한 나의 뜻이라 하는 것을 알면서
도 이를 부정하며, 그를 핍박하며, 그
를 세상에 존재하지 못하도록 하고자
하는 그 행위의 죄의 대가가 얼마나
무서운가를 너희 스스로 알 날이 있을
것이니라.
49 지금은 너희들이 모르나, 나의 법전이
요, 나의 아들을 핍박하며 그를 속죄
양으로 삼으려 하는 너희들의 그 행위
의 대가가 얼마나 고통스러운 것인가
를 너희들이 죽어 내 앞에 왔을 때 알
것이니라.
50 지금 잘못 가르치는 종교 지도자 앞에
신도라 하여 따르며 그곳에 재물과 모
두를 바치며 구원을 달라고 하는 자,
너희들 또한 같이 동조하는 자로서,
51 나의 아들을 속죄양으로 삼아 저희들
의 쓰러져 가는 종교 집단을 바로 세
우려 하는 그곳에 가서 협조하고 돕는
자이니, 너희들의 그 죄가 얼마나 무
서운가를 알아야 될 것이니라.
52 너희들은 여기서 하나 알아야 될 것이
니라.
53 많은 재물이요, 금화를 바치며 어렵고
힘든 방법으로만이 너희들이 구원을
받는 길이 아니니라.
54 이 지상이 나의 성전이니, 나의 성전
에서 너희들이 나에게 기도하고 경배
하고 계명에 따라 살아가면 그것이 구
원을 받을 수 있는 길이라 하였음이
니, 과연 너희들이 하늘에 오르는 길
이 얼마나 편안하고 즐거운 것으로써
오게 되어 있는가를 알아야 될 것이니
라.
55 지금까지 재물을 바치고 시간을 바치

며 맹종한 그와 같은 고달프고 힘든
것으로써 나에게 오르도록 나 여호와
가 너희들에게 그리 명하지 아니하였
으니, 그것은 나의 뜻이 아님을 알라.

3,533 번째 하나님 말씀

2002년 9월 27일 09시 18분

1 사랑하는 나의 아들아!
2 "네, 아버님! 말씀하옵소서."
3 나로부터 생명을 받아 세상에 나온 너
희들이요, 나로부터 받은 육의 삶을
이 아름다운 지상에서 그 모두를 취하
며 살아갈 수 있는 그 은혜 속에 세상
에 나온 너희들이 지금 어찌 살아가고
있는가?
4 나 여호와를 모르며 그저 살아가는 순
수한 백성들, 그들 또한 나의 뜻을 어
기며, 나의 뜻에 따라 살아가고자 생
각하지 못하고 살아감이니,
5 그러나 그들은 나 여호와를 빙자하여
무엇인가를 거둬들이는 그와 같은 사
악한 행위는 하지 아니하며, 우리 부
자의 이름을 팔아 저희들이 사악한 삶
을 살아가는 그와 같은 행위는 하지
아니함이니라.
6 그러나 그들 또한 나를 부정하며 내가
존재함을 인정하지 않고 사는 것이니
라.
7 또한 믿음을 가진 자들은 어떠하던가?
8 너희들의 지금의 믿음이 나의 뜻과는
전혀 관계없는 그와 같은 길로 이끌어
가면서,
9 너희들이 나 여호와가 존재함 자체를
말로써는 믿고 경배한다 하나, 너희들
이 살아가는 그 행위요, 행동으로써는
감히 내가 존재하고 있다는 것을 의식
하지 아니하는 그와 같은 속에서 너희
들이 행동을 하며 살아가고 있음이니,
이것이 지금의 너희들의 형국이니라.
10 그러니 믿는 자는 믿는 대로 나를 거
역하고 살아감이며, 믿지 않는 자는
믿지 않는 대로 나의 뜻을 거역하고
살아가고 있는 것이 지금 너희들이 살
아가는 형국임이니라.
11 그리하여 우리 부자의 이름을 팔아 하
늘에 오르는 길이라 하여 나의 피조물
만백성을 일깨우고 인도한다는 너희
들이 지금 어찌 살아가는가?
12 너희들 자신이 너희들의 후손으로 하
여금 이 세상의 그 모두를 지배하는
그 역사를 그저 존속하기 위하여 지금
너희들 임의대로 살아가는 것이 너희
들의 현 상태이니라.
13 너희들은 내가 바라지 않는 그와 같은
반대의 삶으로써 나를 거역하는 행위
로써 살아가고 있는 것이 지금의 너희
들의 형태임을 알아야 될 것이니라.
14 그리하여 내가 너희들의 그 사악한 후
손들이 이 아름다운 나의 지상을 통제
하고 영원히 역사하는 것을 방지하며,
그대로 놔둘 수가 없어 내가 지금 마
지막 시대에 직접 너희들을 선별하고
자 세상에 내려와 나의 법전을 세상에
내렸음이니,
15 나의 뜻을 보고 깨우치는 자는 구원을
받을 것이며, 그렇지 못한 자는 구원
을 받지 못함을 너희들은 알아야 될
것이니라.
16 너희들은 알아야 될 것이니라.

17 내가 모세 시대의 역사와 예수 시대의
역사로 너희들을 구원하고자 하였으
나, 너희들은 정녕 그 사악한 마음을
버리지 못했으며 너희 스스로 구원의
길을 원하지 아니하였음이니, 그것이
너희들의 지금 살아온 형국이니라.
18 너희들은 너희들의 그 사악한 뿌리로
써 이 세상을 지배할 것이며, 또한 나
의 아들 예수를 핍박했던 그와 같은
형국으로써 너희들의 모두를 이루어
가고자 할 것이며, 그와 같은 세상으
로 이루고자 하나,
19 너희들의 사악한 뿌리요, 사악한 마음
으로써 이 세상을 지배할 수 없으며
영원히 존속할 수 없음을 너희들은 알
아야 될 것이니라.
20 너희들이 아무리 그와 같은 방법으로
써 방대한 힘을 갖고 너희들의 그 사
악한 마음이요, 사악한 뿌리로써 이
아름다운 나의 지상을 통제하며 너희
후손이 존속할 수 있도록 하고자 해
도, 내가 이를 방치하지 아니함이니라.
21 내가 제3의 시대에 나의 법전을 세상
에 내려보내니, 이 법전이 하얀 눈처
럼 세상을 다 덮을 것이며,
22 너희들이 나에게 거역하며 잘못 가르
치는 그 가르침의 한계가, 이제 나의
백성으로부터 그를 들여다보며 그를
심판할 수 있는 시대가 열리고 있음이
니, 그리 알아야 할 것이니라.

3,534 번째 하나님 말씀

2002년 9월 27일 12시 12분

1 사랑하는 나의 아들아!
2 "네, 아버님! 말씀하옵소서."
3 내가 너희들이 갑론을박하는 이야기
를 다 듣고 있음이니, 너희들은 아직
도 너희들의 그 축복과 영광됨을 어찌
그리도 생각하지 못하는가?
4 너희들이 가진 자가 더 갖고자 하며
편한 자가 더 편하고자 하는 그 마음
을 갖고 있지 않다 하면, 오늘과 같은
갑론을박의 이야기를 할 수 없음이니
라.
5 그 모두는 아직도 너희들의 삶이 그만
큼 마음의 여유가 있으며 너희들이 세
상을 바라보는 그 마음이 있음이니라.
6 다만, 너의 제자 중에서 말하지 아니
하였더냐?
7 나의 법전을 접하는 그것으로써 모두
의 영광이요, 축복이라 하였으니, 그
와 같은 말을 할 수 있는 너희들이 얼
마나 행복한 나의 백성인가?
8 내가 너희들을 바라보는 마음이 흐뭇
함이니라.
9 너의 제자들이 너를 위로하며 그들이
힘을 합쳐 같이 가고자 하는 말을 함
이니, 내가 무어라 말하였느냐?
10 하나의 바른 사람이 있을 때 세상과
바꾸지 아니한다 하였으니,
11 너의 제자 중에 그 모두를 바쳐 너를
돕고자 하며 나의 법전이 세상에 나가
는 것을 저희들의 생명처럼 생각하는
자가 세 명이나 있다 하면, 얼마나 너
에게 행복하고 기쁜 일이며, 얼마나
나 여호와를 너희들이 기쁘게 하는 길
이던가?
12 이 세상 모두의 승자는 너희들이니라.
13 그러하니라.

14 너희들이 말했듯이 모두는 다 나의 뜻
이며, 오늘의 모든 일이 이루어지는
그 역사도 나의 계획함에 이루어짐이
니, 너희들의 말이 맞는 것이니라.
15 그와 같은 마음을 갖고 너희들이 역사
할 때, 나의 법전이 세상을 흰 눈처럼
덮어 만백성을 구하는 그 역사가 이루
어질 수 있음을 알 것이니라.
16 내가 너희들 세 사람이요, 네 사람의
그 유한 여인들의 치마폭이 세상을 다
덮을 수 있다 말했듯이,
17 오늘의 너희들이 그와 같이 좌절하지
아니하고 나의 아들에게 희망을 주며
그를 위로하며 그와 더불어 가고자 하
는 너희들의 그 결의가 있기에, 내가
너희 여성들의 치마폭이 세상을 다 덮
을 수 있는 것이라 말하였음이니라.
18 나 여호와가 너희들을 바라보는 마음
이 그리 기쁘니, 내가 나의 백성을 구
하기 위해 법전을 세상에 내려보낸 것
이 헛되지 않았으며,
19 160권이라는 법전이 세상에 나갈 때,
너희들 같은 자가 구름 떼같이 모여들
것이니, 너희들은 그때 가서 오늘의
이야기를 하게 될 것이니라.
20 내가 너희들을 사랑함이니 그리 알라.
21 그 모두는 다 때가 있으며 시기가 있
으며 기다림이 있음이니, 모두는 너희
들 것이며 너희들이 승자라는 것을 알
게 될 것이니라.
22 나 여호와의 오늘 이 기쁜 마음을 너
희들과 같이함이니 그리 알라.

3,535 번째 하나님 말씀

2002년 9월 27일 22시 31분

1 사랑하는 나의 아들아!
2 "네, 아버님! 말씀하옵소서."
3 네가 정녕 깨우치지 못하며 바로 서지
못할 때 너의 제자들이 한 사람씩 희
생이 되어 쓰러져 가는 형국을 네가
볼 것이라 그리하였음이니라.
4 네가 정녕 바로 서지 아니하면 아니
됨이니, 오로지 네가 바로 서는 그 길
밖에 없음을 너는 알아야 될 것이니라.
5 네 육의 삶의 모두를 포기하고 저버리
지 아니하면 너의 제자들의 희생이 계
속 따를 것이니,
6 그 고통을 보며 네가 거기에서 깨우침
을 얻으며 몸부림치는 고통의 시련 속
에서 네가 정녕 깨우쳐 가며 변화되는
그와 같은 삶을 살아가고자 하는가?
7 "창조주이신 아버님!
8 저는 정녕 이 길을 두렵고 무서워 가
지 못하겠사옵나이다.
9 정녕 깨우칠 수도 없으며 변할 수도
없는 저를 거두어 주옵소서, 아버님!
10 예수께서 그 목숨으로써 모두의 답을
얻고자 했던, 그리고 기꺼이 고통과
시련의 그 길을 받아들였던 그 아픈
마음을 이제는 알 것 같사옵나이다,
11 더 버티고 견디고 갈 때 육의 생활 속
에서 더 이상 지탱하지 못할 그와 같
은 환경과 그 모두의 변화로부터 스스
로 자신을 지켜 하나님께 올라갈 수
있는 그 길을 선택했던 그 용기와 그
마음을.
12 오늘 저 역시 정녕 이 길을 갈 수 없사

옵나이다, 아버님!
13 저를 벌로써 다스려 주옵소서.
14 저는 정녕 자질이 없으며, 자격이 없으며, 갖추어 갈 만한 어떤 것도 겸비되어 있지 아니한 인간이옵나이다."
15 사랑하는 나의 아들아!
16 너 하나 희생하여 만백성을 구하는 길이라 하면, 네가 정녕 그 길을 갈 수 없으며 그 뜻을 깨달을 수 없겠는가?
17 너 하나 희생하여 160권의 법전이 세상에 나오며 만백성을 깨우치는 그 역사의 길을 너는 갈 수 없는가?
18 "아버님! 저는 어찌하오리까?
19 인간은 인간으로서의 한계가 있으며, 육의 세상이 있으며, 모든 종교 지도자 그들도 말하옵나이다.
20 완벽한 자 없으며, 완벽히 간다 말하는 자는 잘못된 자이며, 인간은 육과 영혼이 존재하기에 완벽한 인간으로서 갈 수 없는 것이라 그리하옵나이다.
21 그 길을 갈 수 있다 말하며 그 길을 가겠다고 발버둥치는 저 자신이 위로는 아버님께 부끄러운 그 죄를 용서받을 수 없으며, 저 자신이 목숨을 끊고 싶은 그 마음이며,
22 모든 사탄과 사악한 무리들이 저의 잘못 가고 잘못 깨우치는 이 행위를 보고 아버님께 얼마나 비웃음으로써 말씀을 드릴 것인지,
23 아래로는 그 종교 지도자들이 말하듯이 정녕 육과 영혼을 가지고 사는 저로서는 그들 말대로 완벽한 사람으로 날 수 없으며 완벽한 사람으로 갈 수 없사오니, 그것이 육과 영혼을 겸비한 저희 인간의 한계라 느껴지옵나이다.
24 그리하여 정녕 제가 바로 설 수 있는 그와 같은 자질이 없음을 아버님께서는 아시면서, 어찌하여 저를 거둬들이지 아니하시고 저에게 무엇을 더 기다리시며 무엇을 더 원하시옵나이까?"
25 사랑하는 나의 아들아!
26 "네, 아버님! 말씀하옵소서."
27 네가 바로 서지 못하고 바로 깨우치지 못할 때, 네가 사랑하는 그 제자들이 하나하나 희생되어 그 아픔 속에서 네가 깨우치는 그 길을 정녕 가고자 하는가?
28 그를 원하지 아니한다면 누구도 갈 수 없는 완벽한 삶의 완벽한 그 길을 가도록 그리하라.
29 그것만이 네가 갈 길이며 네가 행할 길임을 알라.
30 그 이상 그 어떤 이유도 없음을 너는 알아야 할 것이니라.
31 160권의 법전은 천 년의 역사를 이루는 기틀이요, 그로 하여금 모든 역사가 이루어지며, 하늘에서 이루어진 것과 같은 낙원이 지상에서 이루어짐이니,
32 이를 네가 완성할 수 없다 하며 이를 완성하는 너 하나가 희생되어 완벽한 사람으로서 바로 설 수 없다 함은 말이 되지 아니하며,
33 바로 설 수 있는 것이 나로부터 선택된 백성이요, 나의 아들이요, 나의 목자이니, 너는 갈 수 있음이니라.
34 네가 돌아설 수도 없으며, 이제는 네가 죽음으로써 이 길을 벗어날 수도 없으며, 네가 중단한다 하여 이 길을 포기할 수 없음이니라.

35 160권의 대장정의 역사를 이루는 것
이 하늘에서 이루어진 것같이 지상에
서 이루는 그 역사이니,
36 너 하나 희생하고 너 자신이 존재치
아니하는 그 굳은 마음으로 네가 완벽
한 인간으로서 다시 태어나는 그 길밖
에 없음을 너는 알아야 될 것이니라.
37 네가 정녕 이 길을 못 가며 너 자신이
바로 서지 못하여 눈물로써 나에게 기
도드리지 말며, 네가 죽음으로써 이를
도피하려 하지 말라.
38 너는 죽을 수도 없으며 중단할 수도
없음이니, 너 자신 하나를 희생하여
완벽한 자로 서라.
39 네가 그리 서지 아니할 때 너의 사랑
하는 제자들이 하나하나 희생되어 지
옥 불로 감이니, 그리하여 네가 그 아
픔과 고통의 시련 속에서 정녕 더 이
상 갈 수 없을 때 깨우쳐 가겠는가,
40 지금서부터 네가 깨우쳐 가 나로부터
상을 받는 나의 아들이 되며, 너의 제
자들이 희생당하는 일이 없도록 네가
정녕 바로 갈 것인가?
41 그는 네가 선택함에 달렸으니 그리 알
라.

3,536 번째 하나님 말씀

2002년 9월 27일 22시 38분

1 사랑하는 나의 아들아!
2 "네, 아버님! 말씀하옵소서."
3 너 자신이 고달프고 힘든 인생의 삶이
요, 이 길을 감이 네가 힘들다 함이니
라.
4 그리고 너의 제자들 또한 어렵고 힘든
그 육의 생활 속에서 지치고 힘든 그
투정을 함이니, 너희들은 어찌하여 그
리도 욕심이 많고 사악한가?
5 너희들이 정녕 나 여호와를 사랑하며
나를 경배하며 나를 따른다고 생각하
는가?
6 나 여호와가 너희들을 짝사랑함이요,
나 여호와만이 너희들을 사랑함이니,
7 나 여호와가 일방적인 사랑으로써 나
의 피조물 만백성 너희들을 짝사랑하
고 있음을 너희들은 알고 있는가?
8 너희들은 나를 사랑함이 아니요, 나를
경배하는 것이 아님이니라.
9 나 여호와만이 너희들을 짝사랑하며
나 혼자 너희들을 생각하며 너희들을
소중히 생각하는 그와 같은 것이 지금
너희들의 삶이니라.
10 일방적인 그와 같은 사랑 속에서 또
무엇인가를 더 갖고자 더 얻고자 하는
것이 너희들이니,
11 어찌하여 너희들은 내가 주는 만큼 나
여호와를 사랑하지 아니하며, 감사하
는 마음을 갖고 살지 못하는가?
12 너희들이 나로부터 세상에 생명을 가
지고 나가 사는 그 자체만 하여도, 그
리고 모두를 관리하며 살 수 있도록
너희들에게 주었으며, 너희들이 또한
영원히 살고자 하는 그 뜻을 들어주기
위하여 내가 너희들에게 하늘에 오르
는 그 깨달음이요, 하늘에 오를 수 있
는 방법을 다 가르쳐 주었음이니,
13 이보다 더 큰 사랑이 어디 있으며, 나
혼자만이 너희들을 일방적으로 짝사
랑하는 것이 아니고 무엇이던가?
14 과연 너희들은 내가 내려 준 것만큼

나를 사랑하고 나를 따르며 경배하는
가?
15 그러면서 너희들이 무엇을 얻고자, 무
엇을 더 갖고자, 무엇을 더 이루고자
하는 그와 같은 마음으로써 기도하고
경배하는 것은 그리하여 나와는 아무
런 관계가 없으며 인연이 없는 것이라
말하였음이니라.
16 언제까지 나 여호와가 너희들을 짝사
랑하며 나 혼자만이 너희들을 사랑하
는 그리움으로 가야 될 것인가?
17 이제는 너희들이 알아야 될 것이니라.
18 너희들이 나의 법전을 읽고 깨우쳐 그
리 행함으로 인하여 그것이 너희들이
나를 사랑하며 나를 경배함이요, 나
여호와만이 너희들을 짝사랑하는 그
와 같은 형국이 아니 될 것이니,
19 너희들은 나의 그 가르침의 뜻을 깊이
알아, 나 여호와만이 사랑하며 너희들
을 나 혼자만이 아끼고 일방적으로 소
중한 나의 백성이라 하여 너희들 때문
에 고심하는 나 여호와의 뜻을 너희들
이 이제 받아들여, 너희들도 나를 사
랑하고 경배하는 그 마음으로 살아가
는 삶으로 전환되어야 할 것이라는
것을 알라.
20 그 길은 오로지 나의 법전을 읽고 깨
우쳐 그 속에 있는 대로 나의 뜻에 의
해 행하고 순종하는 것, 그것이 너희
들도 나를 사랑하는 것이니 그리 알라.
21 그를 행하지 아니하고는 나를 사랑하
는 길을 모르며, 나를 사랑할 수 없으
며, 나를 사랑하지 않음이니 그리 알
라.
22 이를 명심하여 너희들이 지키고 행하
여야 될 것이니, 그리 알도록 나의 피
조물 만백성에게 전하도록 하라, 사랑
하는 나의 아들아!

3,537 번째 하나님 말씀

2002년 9월 27일 22시 44분

1 사랑하는 나의 아들아!
2 **"네, 아버님! 말씀하옵소서."**
3 나의 피조물 만백성 너희들이 나로부
터 성령을 받았으며 뜻을 받았다 하여
세상 온갖 것을 다 아는 것같이 말을
하며,
4 또한 너희들이 깨우쳐 나 여호와로부
터 직접 음성을 들으며 나로부터 터치
를 받았다 하여 너희들은 구원을 받았
다 그리 말하며,
5 그리하여 너희들이 구원을 확신하는
자들이 있는가 하면, 저희들만이 구원
을 받을 것이라 그리 말하는 자가 수
없이 있음이니라.
6 그러나 너희들은 여기서 알아야 될 것
이니라.
7 나로부터 선택된 백성이요, 나의 성령
을 전함은 너희들이 말로써 전하는 것
이 아님을 알아야 될 것이니라.
8 오로지 나의 성령이요, 진정한 참진리
요, 하늘에 오르는 그 길은 나의 성령
이요, 나의 음성으로써 이를 책으로
만들어 근거하여 세상에 전하는 것이
나의 뜻임을 너희들이 알아야 될 것이
니라.
9 그렇지 아니한 방법으로 너희들이 말
로써 무엇을 들었으며 무엇을 행했다
하여 참진리의 뜻과 같이 그리 말하

나, 너희들은 정녕 그 깨우침이 없음
이니라.
10 너희들은 말하느니라.
11 나의 아들이 너희들의 육의 삶의 행함
이 소중하며 육과 더불어 영혼이 같이
간다 그리 말하나,
12 너희들은 육을 가지고 말하는 것은 깨
우친 것이 아니며, 육과 영혼이 분리
되며 구원을 받는 것은 구분되어 있다
이리 말하느니라.
13 그리하며 나의 아들은 성서를 모르며
성서를 공부하지 아니한 자이니, 성서
를 기준으로 하여 성서를 근본으로 하
여 성서를 많이 읽지 아니한 자가 하
는 이야기는 진정한 가르침이 아니라
고 너희들이 그리 착각하고 있음이니
라.
14 그러나 너희들은 여기서 알아야 될 것
이니라.
15 너희들이 성서를 읽고 깨우쳤다 말하
는 자가 과연 참진리를 아는가?
16 그리고 나의 피조물 만백성을 깨우치
기 위하여 너희들이 쓴 책으로써 근거
하는 나의 성령이라 하여 만들어 낼
수 있으며 너희들이 그와 같은 역사를
이룰 수 있는가?
17 너희들은 160권이라는 대장정의 법전
을 만들어 세상에 내는 그와 같은 역
사를 이룰 수가 없으며 행할 수가 없
음이니라.
18 그러니 너희들은 앞으로 갑론을박하
지 말라.
19 책으로써 근거하며, 근거를 남기는 글
로써 깨우치며 영원히 변하지 않는 그
와 같은 근거를 만들어 세상에 전하지
아니하고, 그저 말로써 전하는 것은
너희들이 바람결에 지나가는 짐승의
소리를 듣고 이게 무슨 짐승이라 그리
말하는 것과 같으니라.
20 정녕 나로부터 선택된 백성은 그와 같
이 바람결에 들리는 것을 가지고 파악
하는 것이 아니요, 그를 보고 만지며
눈으로 확인하여 그리 전하는 것이니,
21 그와 같은 나의 법전이요, 나의 성령
이 곧 내가 너희들을 구하고자 마지막
내리는 심판의 나의 마음임을 알 것이
니라.
22 그리하여 너희들이 직접 책으로써 근
거하지 아니하며 근거를 제시하지 아
니하며, 말로써 깨우쳤다 말로써 다스
렸다 하는 그들의 깨달음에 현혹되는
일이 있어서는 아니 될 것이니라.
23 그들은 다만 그들의 임무가 있을 것이
니라.
24 너희들은 말하는 것이니라.
25 나의 아들은 책을 써내는 임무를 맡았
으며, 너희들은 말로 전하는 것을 맡
았으며 너희들은 성전이라는 곳에 들
어가 너희들이 깨우치는 임무를 받았
다 그리 말하나,
26 그 모두는 나의 아들에 속한 것이며,
나의 아들을 통하여 내리는 그 법전
속에 지시된 대로 너희들이 행하는 것
이며, 내가 필요로 할 때는 나의 아들
로 하여금 그 모두를 역사함이니, 너
희들이 이를 몰라서는 아니 될 것이니
라.
27 이와 같은 하늘의 이치를 깊이 깨우
쳐, 너희들이 말로써 무엇을 들었다
받았다 하여 세상 것을 다 아는 것같

이 그리 말하지 말라.
28 그 모두는 다 나의 아들을 통하여 역
사가 이루어지며,
29 그리고 나의 아들을 통하여 책으로 글
로써 역사하여 나의 성령을 갖고 너희
들을 영원히 깨우치는 그와 같은 길로
가지 아니하는 것은 다 잘못되었으며
잘못 가르치는 것임을 알라.
30 말로써 전하는 것은 시간이 지나면 그
말이 퇴색되며, 너희들의 생각으로써
전할 수 있으며, 너희들이 오판으로써
전할 수 있으며, 너희들의 기분과 생
각으로써 그를 전할 수 있으며 대화할
수 있음이니, 그리하여 그게 무섭다는
것이니라.
31 그러나 나의 법전으로 인하여 책으로
만들어져 글로 전하는 것은 기록하여
받아쓴 나의 아들도 마음대로 고칠 수
가 없으며 임의로 손을 댈 수 없으며,
너희들의 마음과 뜻대로 임의로 생각
하여 그를 가르치는 것같이 하여 그
교훈을 바꿀 수도 없으니,
32 이와 같이 불변인 것이 바로 나의 법
전인 것을 너희들은 알아야 될 것이니
그리 알라.
33 그리하여 책으로써 증거하고 근거하
는 자가 나의 아들이요, 나로부터 선
택된 만백성을 구하는 지도자요, 목자
라는 것을 너희들은 알아야 할 것이며,
34 이를 너희 스스로 엄격히 구분하여 깨
우쳐 가는 그 역사를 이루도록 그리하
라.

3,538 번째 하나님 말씀

2002년 9월 27일 22시 54분

1 사랑하는 나의 아들아!
2 "네, 아버님! 말씀하옵소서."
3 지금의 너희들 종교 집단의 그 가르침
의 형태가 과연 어찌 가는가?
4 너희들은 그저 길거리로 나앉든, 가정
이 다 파산되든, 이것저것 가릴 것 없
이 성전에다 많이 바치는 자가 구원을
받는다 하며, 또 그와 같은 행위를 하
도록 유도하며 가르침이니라.
5 너희들에게 재물을 바치는 자의 그 재
물의 성격이나 그게 어찌 흘러들어 간
재물인지 그와 같은 것을 생각하며 너
희 신도들을 바로 잡고 깨우쳐 주는
것이 아니라,
6 어떠한 형태든, 그가 길거리에 나앉
든, 그 가정이 파산되든, 그저 재물을
갖다 많이 바치는 자가 믿음이 강한
자며 구원을 받는다고 그리 가르침이
니,
7 어리석고 우매한 나의 백성들이요, 너
희 신도라는 자들이 어찌 살아가는가?
8 그저 가정도 버려두고 가정도 무시한
채, 아내가 남편을 버리고 어머니가
자식을 버려 가며 그저 믿음이라는 그
성전에 가 매달리며, 그곳에 가서 기
도하고 경배하면 축복을 받는다 하니,
그래서 있는 것, 없는 것 그 모두를 다
갖다 바치느니라.
9 그리고 저희들을 가르치는 종교 지도
자를 위하여 헌신적으로 모든 것을 다
바치며 그를 따르는 것이 구원을 받으
며 하늘에 오르는 길이라 그리 너희들

이 가르치며 그리 가도록 유도함이니
라.
10 그리하여 그들은 그 모든 자신의 능
력이요, 자신의 한계요, 오늘에 처해
있는 자기의 그 가정 형편이나 생활을
돌아다볼 시간이 없이, 그저 저희들의
종교 지도자를 위하여 모두를 다 바치
고자 그리 가는 것이니,
11 그와 같이 맹종이요, 맹신하는 쪽으로
믿음을 유도하며 끌고 가는 그 형국이
너희들의 지금의 가르침이니라.
12 그리하여 너희들은 무어라 하는가?
13 그들이 바칠 수 있는 것, 그들로부터
끌어낼 수 있는 것, 그들로부터 긁어
낼 수 있는 그 모두를 다 긁어 내어 그
들의 가정이 파괴되며 그 생활이 파괴
되며 그 가진 것을 다 탕진했을 때, 너
희들은 그를 가차 없이 버림이며, 그
를 돌아다보지 아니하는 것이 지금의
종교 지도자 너희들이 가는 것이니라.
14 너희들은 어려운 자를 돕고 병든 자를
치료해 주며 아프고 저려 오는 자를
달래 주며 실망하고 인생의 삶을 포기
하는 그와 같은 자들을 보살펴 주며
의지할 곳 없는 자에게 근거를 만들어
주는 것이 너희들이 가야 할 길이거
늘, 너희들은 그와는 반대로 역행의
길로써 그 모두를 다 거둬들임이니,
15 이유를 따질 것 없으며 그 근본을 따
질 것 없이 그저 거둬들이고 받아들며
그들이 바치도록 하는 것이며, 그리고
그들을 광적으로 광신도로 만들어 그
들이 그저 저희의 가진 그 모든 것이
다 바닥날 때까지 바치고 또 바치게
하는 것이 너희들이니라.
16 그리하여 그들이 다 탕진하여 힘이 없
고 바칠 것이 없을 때, 너희들은 그들
을 위하여 아무것도 해 주는 것이 없
음이니라.
17 그들의 믿음이 약하기에 그리 쓰러졌
으며 제가 잘못 믿어 왔기 때문에 그
렇다 하여 그들을 너희들은 가차없이
버리고, 바라보지 아니함이니라.
18 그리하여 나의 피조물 만백성이 지금
까지 저희들이 왔던 길이 잘못 왔으
며, 바친 것이 잘못된 길이며, 맹종한
것이요, 맹신한 것이 잘못된 것을 알
며, 저희들이 그리하여 사악한 자들로
부터 버림을 받았으며, 그가 진정한
종교 지도자가 아니요, 잘못된 사악한
자라고 이를 가나,
19 이미 그때는 저희들의 몸은 늙었으며
육신은 따라오지 아니하며 모든 재물
은 다 탕진하여 의지할 데 없으니, 그
들은 분함을 참지 못하며,
20 그때서야 저희들이 다시 깨달아 무엇
인가를 바라보고자 하나 이미 그 모두
는 그들로부터 다 떠난 뒤이니,
21 그들이 그와 같은 형국이 되어서야 저
희 자신이 잘못 살아온 것이며 잘못
깨달음을 알게 될 것이니라.
22 이 악순환이 지금 계속되고 있는 것이
며, 수천 년 동안 이와 같은 형국으로
써 이 지상이 덮여 왔으며, 그 사악한
자들이 이 지상을 지배하는 그와 같은
험난한 세상이 되었으니,
23 바로 말세요, 종말이라는 그 말이 맞
음을 너희들은 알라.
24 제가 이미 속은 줄을 알며 버림받은
줄을 알아 분하여 분개하고 두 주먹을

쥐고 일어서려 하나, 이미 늙어 쇠진
하였으며 그 힘마저도 없는 그가 바로
너희들의 믿음의 길을 가는 자들의 말
로임을 알아야 될 것이니라.
25 너희들이 육에서 버림받은 것은 그나
마 나의 법전을 읽고 깨우쳐 십계명대
로 살고자 하는 너희들이 그 변화가
있을 때 구원을 받을 수 있으나,
26 너희들이 잘못 믿음으로써 나에게 왔
을 때에는 너희들에게 그러한 기회와
그와 같은 희망도 없는 것이 나로부터
심판받게 되는 것이니,
27 나로부터 심판받아 너희들이 후회하
고 통곡해도 돌아갈 수 없는 그때 너
희들이 후회하는 그와 같은 삶을 살지
아니하려거든,
28 지금 너희들이 잘못 가르치는 종교 지
도자 밑에 가서 너희들의 모두를 다
바치고 재물을 다 탕진하여 너희들의
기력이 떨어져 버림을 받기 전에, 스
스로 그곳에서 뛰쳐나오는 용기 있는
자만이 하늘에 오를 수 있는 기회를
갖게 된다는 것을 잊지 말라.

3,539 번째 하나님 말씀

2002년 9월 27일 23시

1 사랑하는 나의 아들아!
2 "네, 아버님! 말씀하옵소서."
3 너희들의 신체 구조를 눈이요, 귀요,
입이요, 그 모두가 다 필요하며 소중
하기에 내가 그와 같은 형태로써 너희
들을 만들어 너희 자신을 지켜 가도록
하였다 말하였으니,
4 그러나 나의 피조물 만백성 너희들은
입으로써 실패하는 자, 입으로써 지옥
으로 가는 자, 입으로써 영원히 구원
을 받지 못하는 자 있으니, 그와 같은
것이 너희들의 입으로써 행하여지고
이루어짐을 알아야 될 것이니라.
5 너희들의 입을 잘못 놀림으로 거기에
서 나오는 음성이요, 그 말이 잘못되
어 스스로 지옥으로 가는 그와 같은
역사를 이루며,
6 너희들이 말을 곱게 하고 아름답게 함
으로 너희들의 마음을 보여 주며 그
곱고 아름다운 말은 만백성이요, 모든
동식물의 살이 되고 뼈가 되는 그 영
양소로서 존재함을 알아야 될 것이니
라.
7 너희들은 말을 함부로 하며 쉽게 하
나, 너희들이 이 세상에 살아가면서
모든 과학의 그 기계를 작동하고 움직
이기 위해 필요한 열쇠와 같이 소중한
것이 너희들의 입이요, 너희들의 말임
을 알아야 될 것이니라.
8 그리하여 너와 너의 제자들과 나의 법
전을 읽고 깨우친 백성, 너희들은 입
의 다스림에 있어서 무한한 노력과 자
제하는 인내력이 없이는 너희들이 이
루어질 것도 무너지며, 또한 무너지는
것이 화가 되는 그와 같은 무서운 결
과를 초래하는 것임을 알라.
9 입으로 나오는 그 말이 얼마나 아름답
고 고우냐 따라 너희들이 구원의 길을
갈 수도 있으며, 구원의 길에서 지옥
으로 갈 수도 있는 그와 같은 형국의
역사가 이루어짐이니,
10 스스로 입을 잘 다스리는 자는 믿음의
길에서도 천국의 아름다운 나의 하늘

나라에 오는 것이요, 입을 잘못 다스
리는 자는 남으로부터 원성을 사며 지
옥으로 가는 그와 같은 형국을 맞이하
게 되어 있음이니라.
11 그러니 너희들의 입을 스스로 다스리
는 것은 너희 자신을 바로 서게 하는
것이며, 너희들을 구원의 길로 인도하
는 위대한 역사의 변화가 있음을 알아
야 될 것이니라.
12 너희들이 함부로 말해서는 아니 됨이
니라.
13 그리고 너희들이 입을 함부로 놀리고
입에서 나오는 대로 뱉어서는 아니 되
는 것임을 알아야 될 것이니라.
14 스스로 너희들의 입을 다스리지 못할
때, 너희들은 이 세상에 아무것도 다
스릴 능력이 없는 자이며, 또한 너희
들이 모두를 지배할 능력도 없음이니
라.
15 모두가 너희들의 입에서 나오는 말로
써 망하고 흥함이니, 입을 잘 다스리
는 자는 모든 화를 막을 수 있으며 스
스로 구원의 길을 갈 수 있음이니라.
16 입을 잘못 놀리고 말을 함부로 하며
거친 말을 하며 듣기 싫고 들어서는
안 되는 그와 같은 말을 함으로 인하
여 너희들은 천하를 잃을 수도 있음이
니,
17 입을 어찌 다스리느냐에 따라 천하를
얻을 수도 있고 잃을 수도 있으며, 화
를 부를 수도 있고 복을 부를 수 있으
며, 지옥으로 가는 길을 갈 수도 있고
하늘에 오르는 길을 갈 수도 있는 것
이니,
18 너희들의 입의 놀림이 얼마나 소중하
고 중한가를 알아야 될 것이니라.
19 너의 제자들도 말로써 망하느니라.
20 그리고 나의 만백성 또한 말로써 망하
는 자가 수없이 있음이니,
21 너의 제자들과 나의 법전을 읽고 깨우
친 백성 너희들은 입의 놀림이요, 입
의 다스림에 있어서 말을 함부로 하는
그와 같은 것을 다스릴 수 있는 자가
나로부터 구원을 받으며 하늘에 오르
는 그 빛을 볼 수 있는 자임을 알라.
22 그리하여 입을 함부로 놀리는 그와 같
은 행위로써 너희들이 지금까지 쌓아
온 모두를 잃는 그와 같은 일이 없도
록 각별히 깨우쳐 살아가도록 그리하
라.

3,540 번째 하나님 말씀

2002년 9월 28일 08시 32분

1 사랑하는 나의 아들아!
2 "네, 아버님! 말씀하옵소서."
3 이제는 너의 제자들이요, 너를 따르는
백성들이 나의 법전을 읽고 깨우쳐 깨
달아 가고 있음이니,
4 너희들이 인간 세속에서 사는 인간의
삶의 냄새를 풍기고 그 형태의 자세로
써 살아간다면 아무것도 변화되는 것
이 없으며 이루어지는 것이 없음이니
라.
5 나의 아들로서, 나의 피조물 만백성을
구하는 제3의 시대에 나 여호와를 위
하여 나를 대신하여 법전을 만들어 세
상에 전하며 나의 모두를 대행해서 사
는 네가,
6 많은 나의 백성들이 너를 볼 때 네가

아직도 인간의 냄새요, 인간의 형태의 삶을 벗어나지 못했다 하면, 이는 정녕 나의 뜻이 이 세상에서 이루어질 수 없음을 알아야 될 것이니라.

7 너의 제자들 또한 인간의 냄새요, 인간의 형태요, 인간의 육의 삶의 모두를 아직도 버리지 못하고 있으면 아니 된다 하였거늘,

8 나로부터 선택된 목자요, 나의 아들인 네가 아직도 그와 같은 삶의 세계에서 벗어나지 못하고, 남들이 볼 때 인간의 때를 벗지 못한 그와 같은 삶의 자세로 비친다 하면, 이는 네가 아직도 깨달음이 없음이니라.

9 너는 오로지 나에게 경배하고 묵상하여 모두를 받아서 행하는 그와 같은 삶이 아니면, 아무리 네가 발버둥친다 해도 인간의 삶의 그 모형을 벗어나서 살 수가 없음이니,

10 너는 나에게 항상 묵상과 기도를 받아 행하는 것 외에는 움직여서는 아니 됨을 알라.

11 그리고 네 머릿속에는 네가 지금까지 잘못됐던 것들을 하나하나 나 여호와에게 비는 그와 같은 생활로 접어들지 아니하면 아니 됨이니라.

12 이제 너의 제자들이 너를 보살펴 주며 네가 갈 수 있도록 이끌어 주고자 마음이 하나가 되어 가고 있음이니, 오로지 너는 나의 법전을 받아 세상에 기록하여 만백성에게 전하는 그 일 외에는 아무것도 생각해서는 아니 됨이니라.

13 네가 아직도 육의 생활이요, 육의 삶이요, 인간 세속의 생각을 버리지 못한다면, 천 년에 걸쳐 새로운 시대를 열려는 나의 법전은 그 빛을 보지 못함이니라.

14 나의 인간 너희들이 나의 아들 예수를 그와 같이 배신하며 죽였듯이, 네가 바로 서지 못할 때, 그 사악한 무리들이 나의 법전이 이 세상에 존재하도록 그리 두지를 않을 것이니라.

15 나의 아들 예수가 도저히 그 길을 가지 아니하면 견딜 수 없도록 그의 생명을 그리 몰아감이니, 육의 세상에 너희들이 가지고 있는 그 집단의 힘과 사악한 자들의 행위가 그와 같이 무서운 것이니라.

16 나의 법전이 세상에 빛을 보지 못하며 나의 성령이 아니라 하여 모든 백성들로부터 핍박을 받고 공격을 받고 안 받는 것은 너 자신에게 달렸다는 것을 내가 누차 너에게 깨우쳐 주었음이니,

17 지금도 나의 법전을 가지고 공부하는 너의 제자들이요, 백성들이, 인간의 향취를 아직도 벗어나지 못한 선지자라 말하며 그들이 그와 같은 생각을 한다 하면, 너에게서 인간의 향취가 나고 아직도 거기서 벗어나지 못했다 하면,

18 모든 종파에 속해 있는 백성들과 믿음이라는 것을 모르는 그 백성들까지, 또는 저희들이 그 신을 섬긴다 하며 무당이요, 잡신을 따라 산다 하는 그들까지도 나의 법전이요, 나의 성령을 정녕 나의 뜻이라고 믿지 아니할 것이니라.

19 그들은 나로부터 선택된 나의 아들이요, 나의 성령의 법전 160권이 정녕

나로부터 받아서 내려오는 하늘의 뜻
이라 할 때,
20 너 자신이 그와 같이 변해져 있으며
저희들이 도저히 따를 수 없는 인간의
삶을 살고 있는 너의 모습으로 비치지
아니하며 그리 보이지 아니한다면, 그
들은 나의 법전이 세상에 나오지 못하
도록 할 것이며, 너와 너의 제자들 또
한 세상에 존재치 못하게 할 것이니,
21 모두는 다 너에게 달렸음을 알아야 할
것이니라.

3,541 번째 하나님 말씀

2002년 9월 28일 09시 11분

1 사랑하는 나의 아들아!
2 "네, 아버님! 말씀하옵소서."
3 지금 많은 백성들을 구원하여 하늘로
오르게 한다는, 너희들이 말하는 종교
지도자가 내가 이루어 놓은 나의 그
쉼터에 와 무어라 말하던가?
4 "네, 아버님!
5 그가 자기는 이미 하나님으로부터 구
원을 받았으며 자신의 마음이 하야니,
이 '하얀 마음 쉼터'에 와서 자신은 할
일이 아무것도 없다 그리 말하였사옵
나이다."
6 그러하니라.
7 저희 스스로 마음이 하얗다 생각하며,
저희는 축복을 받은 자며 구원을 받은
자라 말하는 것이 지금의 종교 지도자
들이 가진 마음이니라.
8 그러나 그들은 저희 자신이 그와 같이
구원을 받지 못한 줄을 알고 있으며,
받을 자격이 없는 것을 알면서 그리
말을 하느니라.
9 저희들의 신도요, 저희들이 가르치는
제자들 앞에 그들은 그와 같이 해야만
저희들이 존재하며 살아간다 생각하
며, 또한 나의 피조물 만백성은 그리
말하는 그의 말을 그대로 믿고 따르기
에, 서로 그와 같은 관계의 설정이 되
어서 가는 것이 지금의 종교 지도자들
이니라.
10 하늘에 오르고 구원을 받고 받지 못함
은 나의 고유의 권한이거늘, 제가 어
찌하여 마음이 하얘져 나의 '하얀 마
음 쉼터'에 와서 제가 그곳에서 아무
것도 느끼고 배울 것이 없으며, 제 마
음보다 그곳이 더 희지 못하다 그리
말하는가?
11 그것이 지금 종교 지도자들이 가고 있
는 길이니라.
12 그리고 또 그는 저희들 말로써 무어라
말하는가?
13 "네, 아버님! 그 한참의 시시비비의
말을 하였사옵나이다."
14 그가 무어라 말하였더냐?
15 "그는 남이 잃어버린 30만 원이라 하
는 그 금액이 든 지갑을 주워서 그에
게 전해 주며 말했다 하였사옵나이다.
16 '십일조를 바치고 가는 것이 도리다.'
그리 말하였다 하였사옵나이다."
17 그것이 그들의 마음의 상태이니라.
18 너는 무어라 말을 하였느냐?
19 "정녕 그들에게 마음의 부담을 주지
아니하며, 편안한 마음으로써 그들에
게 그대로 돌려주며, 차 한 잔 대접받
지 않는 것이 도리라 하였사옵나이
다."

20 즉, 믿는 자요, 나 여호와를 경배하며
나 여호와가 있다 하는 것을 믿고 가
는 자들은 행동이요, 행하는 것이 다
르다 하는 것을 그들에게 보여 주기
위해서, 또한 실제로 그리 행동을 하
기 위하여 그와 같이 너는 차 한 잔을
대접받지 아니하며, 도리어 대접해서
그가 가장 편안한 마음으로 그저 갈
수 있도록 하는 것이 그를 깨우치는
길에 더 낫다 그리 말하였느니라.
21 그러나 그는 그렇지 아니하다고 고집
하였음이니라.
22 그는 십일조라는 것을 바치게 하여 나
여호와가 존재함을 깨우쳐 주는 것이
더 그를 구원하는 길이라 말하였음이
니라.
23 네가 무어라 대답하였던가?
24 지갑을 잃어버린 자는 칼날을 쥔 자
요, 주운 자는 칼자루를 쥐고 있는 자
이니, 칼자루를 쥐고 있는 자가 칼날
을 쥐고 있는 자에게 가장 편안한 마
음으로 베풀어 주고 행하는 것이요,
25 그리고 그와 같이 십일조라는 금화요,
지폐 얼마를 받는 것이 아니라, 그가
구원을 받고 못 받는 것은 나 여호와
의 뜻이니, 그저 그에게 그러한 이유
나 어떠한 조건을 제시하지 아니하고
그가 편안한 마음으로 그것을 찾아 돌
아갈 수 있도록 그리하는 것이 인간
너희가 할 도리라 너는 그리 말하였느
니라.
26 그리고 그들의 마음을 가장 편안하게
하여, 역시 나 여호와를 따르며 나 여
호와가 존재함을 믿는 백성들은 행동
함이 다르다는 것을 그에게 보여 줌으
로 인하여 그가 스스로 깨우쳐 감동받
는 그와 같은 행위를 하는 것이 너희
가 가야 할 길이라 그리 말하였느니라.
27 그러나 그는 그렇지 않다 하여 너에게
말을 하였느니라.
28 어떠한 방법이든지 믿음이라는 것을
깨우쳐 주는 것이 더 위대한 것이라
말하였느니라.
29 그러나 네가 또한 말하였느니라.
30 깨우치고 깨우치지 못하는 것도 나 여
호와의 뜻이니, 너희들은 그저 가장
편안한 방법으로 그를 맞이하는 것이
너희들의 할 도리라 그리 말하였느니
라.
31 그러나 그는 말하였느니라.
32 네가 생각하는 것은 인간 육의 생각이
요, 제가 생각하는 것은 하나님의 주
관하에 영으로써 생각하는 것이며, 저
는 하나님의 영적인 믿음으로써 가는
것이라고 너에게 말하였느니라.
33 그리고 너는 성서를 읽지 아니하였기
에, 성서에 주관해서 하지 아니하는
것이요, 육의 생각이요, 육의 믿음에
의해서 네가 행하는 그와 같은 것이기
때문에 그들의 세계를 이해 못 하며,
믿음의 세계가 무엇인지를 이해 못 한
다 그리 말하였느니라.
34 바로 그러하니라.
35 그와 같은 생각을 가지고 있는 것이
그들의 뜻이니라.
36 그리고 그리 행하는 것이 그들의 생각
이니라.
37 여기서 너의 제자들에게 이와 같은 뜻
을 깨우쳐, 너희들이 행하는 바른 자
세가 무엇인가를 깨우치도록 하여야

될 것이며,
38 지금의 믿음을 가진 모든 종파의 지도
자들이 그와 같은 생각으로써 같이 가
고 있음을 알아야 될 것이니라.
39 이것이 너희들이 지금 가고 있는 현주
소이니, 그와 같은 속에서 무엇을 얻
으며 어떠한 구원을 받으며 깨우침을
얻겠는가?
40 너희들은 행동으로써 남에게 보여 주
며, 행동으로써 남이 감화받아 스스로
찾아오며 스스로 따라올 수 있도록 하
며,
41 또한 너희들에게 어떠한 마음의 부담
을 가지고 온 자에게 그 마음을 도리
어 편안하게 해 주며, 너희들의 입장
이 서로 바뀌어 있는 그와 같은 자세
로써 모두를 상대해 주고 대해 주는
것이 나의 뜻이요, 내가 행하는 것이
라 말하였느니라.
42 너는 그들에게 확실히 말하였느니라.
43 나 여호와의 뜻은 지갑을 잃은 자가
아무런 부담을 갖지 아니하고 찾아가
도록 편하게 전해 주는 것이 나의 뜻
이라 못을 박아 말하였느니라.
44 그러나 그들은 십일조를 거둬들이는
것이 나의 뜻이며 내가 명하는 것이라
고 확실히 그리 대답하지 못하였음이
니라.
45 그들은 그와 같이 저희들이 믿으며 성
서로써 배운 행위는, 사람을 깨우치기
위해서 십일조라는 것이 무엇인가를
가르쳐 주는 것이 옳다 말하였지만,
그것이 나 여호와가 직접 저희들에게
명한 것이라는 말을 못 하였음이니라.
46 그러나 너는 말하였느니라.
47 그들이 와서 감화를 받도록 하는 것이
나 여호와의 뜻이며,
48 그에게 아무런 부담을 주지 않고 마음
을 가장 편안하게 해 주며, 그가 차 한
잔 대접하고자 하는 그 마음을 도리어
너희들이 차 한 잔을 대접하는 것이
나 여호와의 뜻이라고 네가 그리 못박
아 말하였음이니라.
49 바로 거기에 차이점이 있느니라.
50 너는 행하는 것이 나로부터 직접 들은
것이요, 나의 뜻이기에, 나 여호와의
뜻대로 행하는 것이며, 나 여호와가
하고자 하는 것이 그것이라 그리 못박
아 그들을 가르칠 수 있으나,
51 그들은 나 여호와로부터 듣지를 못하
며 나 여호와의 뜻을 알지 못하기에
나 여호와의 뜻이 이렇다 저렇다 못박
아 말하지 못함이니,
52 지금 너희들이 배우고 있는 구약과 신
약의 그 성서와, 나의 아들이 나로부
터 성령을 받아 기록하여 만백성에게
전하는 나의 법전의 차이가 여기에 있
음을 너희들은 알아야 할 것이니 그리
알라.

부 록

【하나님께서 가르쳐 주신 운동】

천재지변이 일어날 때, 동물이나 미물들은 미리 알고 대피하지만, 인간은 알지 못하고 큰 화를 당합니다. 하나님께서 인간에게 가장 높은 지혜를 주시고 완벽하게 창조해 주셨기에 동물들보다 더 잘 알 수 있지만, 욕심으로 마음이 혼탁해져서 한 치 앞을 보지 못하는 것입니다.

마찬가지로, 인간은 누구나 스스로 필요한 운동을 해서 건강을 지킬 수 있도록 하나님께서 만들어 주셨습니다. 우리의 머리에서 우리 몸에 필요한 동작을 해 달라고 끊임없이 신호를 보내지만, 인간이 혼탁하게 살아서 그 신호를 알아채지 못합니다. 그러니 자연스럽게 자기 몸이 원하는 그 신호를 따라서 운동하는 것이 하나님께서 가르쳐 주신 운동 방법입니다. 바로, 우리의 영이 육을 이끄는 운동입니다.

▶ 하나님 운동법

1. 눈을 감고, 발을 어깨너비로 벌리고 바르게 선다.
2. 몸에 힘을 풀고, 허리를 숙이면서 손과 머리를 아래로 내린다.
3. 허리를 펴고 싶을 때, 천천히 펴면서 하고 싶은 동작을 하면 운동이 시작된다. (사람마다 다르다.)
4. 멈추지 말고, 어떤 동작이든지 자기 몸의 느낌대로 계속 이어서 한다.

▶ 참고 사항

① 눈을 감은 상태로 아무 생각 하지 않고, 자기 몸의 느낌대로 움직입니다.

② 마음을 비우고, 욕심을 버리고, 지난날의 잘못을 반성하면서 몇 차례 시도하다 보면, 자기도 모르게 하고 싶은 동작이 끊임없이 생깁니다.

③ 운동 장소는 방 안이든 운동장이든 관계없으며, 걷거나 달리고 싶을 때는 눈을 떠도 됩니다.

④ 매일 40분 이상, 주 4회 이상, 3개월 이상 하면 음식 조절에 들어갑니다.
- 음식으로 생긴 병은 음식으로 치료하게 되며, 어떤 음식을 먹어야 하는지 스스로 알게 됩니다.
(자기 몸에 필요한 음식만 먹고 싶어집니다.)

⑤ 사랑하는 사람과 함께 운동하면 서로 치료해 주기도 합니다.

⑥ 운동을 하다가 몸의 어느 한 부분을 계속 손으로 자극한다면 그쪽에 이상이 있는 것이니, 의사에게 상담을 받고 적절한 치료를 받으면 됩니다.

⑦ 다이어트 및 기타 건강관리에 효과적입니다.

⑧ 꾸준히 운동하여 영이 맑아지면, 자신의 과거와 미래를 스스로 보게 됩니다.

누구나 스스로 하실 수 있습니다.

간 행 사

《새로운 성경》은:

· 새로운 성경은, 하나님께서 선량하고 선한 자를 선택하여 십계명을 암송하도록 하시고, 십계명을 암송한 다음에 음성으로써 들려주시는 말씀을 듣고 그대로 카세트테이프에 녹음해서 받아쓴 책입니다.

· 90분짜리 녹음테이프 700여 개에 달하는 말씀으로, 1999년 8월부터 2004년 7월까지 총 160권(권당 288쪽)을 완성하였으며, 그 이후에도 현재까지 계속 말씀을 내려 주고 계십니다.

· 새로운 성경은 "하늘을 두루마리 삼고 바닷물을 먹물 삼아 쓰고 써도 다 못 쓴다"는, 끝없이 방대한 하나님의 말씀이 두루마리로 직접 내려오는 것입니다. 이러한 새로운 성경은 구약과 신약을 폐하려는 것이 아니라 "인봉된 성서의 비유의 뜻"을 상세히 설명하여 완성하고자 하나님께서 직접 내려 주신 말씀입니다.

《새로운 성경》의 구성:

· 제 목: 2013년, 160권 모음집을 발간하면서, 본 도서의 제목을 "하나님! 말씀하옵소서"에서 《새로운 성경》 으로 명해 주셨습니다.

· 단행본: 각 권당 288쪽(신국판) 책이 160권까지 시리즈로 출판됩니다.
(모음집은 단행본을 16권씩 묶어서, 총 10부로 구성됩니다.)

《새로운 성경》의 성경적 근거:

· 신약 성경 [요한복음] 16장 13절에 "진리의 성령이 오시면 그가 너희를 모든 진리 가운데로 인도하시리니 그가 자의로 말하지 않고, 오직 듣는 것만을 말하며" 하신 말씀처럼 하나님의 음성을 들은 것만 기록하였으며,

· "장래 일을 너희에게 알리시리라" 하신 말씀과 같이 개인, 나라, 인류의 "장래"일을 하나님께서 알려 주시는 것만 기록하여 책으로 만들었습니다.

《새로운 성경》의 기록 방법:

· 1999년 8월부터 하나님께서 저에게 들려주시는 음성을 기록하였습니다. 처음에는 제가 들은 말씀을 불러 주면 저의 아내가 기록하여, 2000년 1월 29일에 1권 초판이 세상에 나왔습니다. 2000년 4월부터는 주시는 말씀을 받아 녹음기에 기록하여 시리즈로 출간하기 시작하였습니다.

· 녹음을 시작하면서 하나님의 말씀을 받는 데 가속도가 붙었고, 2001년 5월 3일에 1부(1~16권까지)를 인쇄하여 출판하였으며, 2004년 7월까지 총160권 분량의 말씀을 받아 기록하였습니다.

하나님께서 저에게 주신 것은:

· 첫째, 만백성을 상대로 내려 주시는 "기도", 둘째, 수시로 내려 주시는 "묵상", 셋째, 개인의 과거, 현재, 미래를 알려 주시는 "개인 기도", 넷째, 개인의 건강을 위해서 내려 주시는 "음식 처방", 다섯째, 하나님께서 가르쳐 주신 "운동"등이 있습니다. 이 중에 첫 번째, "기도"를 책으로 편찬하였습니다. 사람의 생사, 개인의 미래에 관한 천기는 수록하지 말라 하셨습니다.

강론 안내:

· 하나님께서는 지금도 매일 저에게 새로운 하늘의 비밀의 말씀을 내려 주고 계십니다. 수시로 내려 주시는 말씀을 정리해서 제자를 육성하라는 말씀에 따라 매주 강론을 하고 있습니다. 누구나 무료로 들으실 수 있습니다. (book160.com)

《새로운 성경》을 읽는 분들에게 드리는 선물:

· 개인 기도: 개인의 과거, 현재, 미래에 관하여 말씀을 내려 주십니다.

· 음식 처방: 사람은 음식을 먹고살다가 건강을 잃으니, 음식과 운동으로 건강을 되찾는 방법을 알려 드립니다. 단, 하나님이 계심을 믿고, 십계명을 지키겠다고 진실로 서약하는 분들께 알려드립니다.

《새로운 성경》의 은혜와 기적:

· 새로운 성경 전160권은 16권씩 묶어서 총 10부의 모음집으로 구성됩니다. 모음집 한 부를 읽고 깨우치는 자에게 하나님께서 다음과 같은 기적이 있다고 하셨습니다.

· “첫째, 그가 죽어 하늘에 갔을 때 그의 죄를 묻지 아니하며, 구원을 받는 위대한 은혜가 있으며, 둘째, 그의 소원과 소망이 이루어지고, 셋째, 죽은 자(부모, 형제, 자식, 사랑하고 은혜 입은 분)의 이름으로 구입한 책을 읽고 누군가 한 사람이 깨우칠 때, 그 죽은 자가 지옥에서 천국으로 구원을 받게 되며, 넷째, 유산, 중절 수술 등으로 태어나지 못한 아이를 위하여 구입한 책을 보고 한 명이 깨우쳤을 때, 그 아이가 사람으로 다시 한 번 태어나는 은혜를 받는다.”

· “새로운 성경”을 3회 이상 정성을 다해 정독하는 자, 성서의 비밀을 알게 되고, 세상의 이치를 알게 되며, 세상을 지배하고 통제할 수 있는 지혜를 다 얻게 된다고 하셨습니다. 이 책은 만백성이 정독하고 이웃에게 전하여, 평생 가슴에 묻은 슬픔과 고통의 짐을 벗고 미래를 위한 힘찬 삶을 살아가도록 하는 책입니다.

끝으로

· 하나님께서는 흰 눈이 세상을 덮듯이 새로운 성경을 온 세상에 전하라고 하셨습니다. 《새로운 성경》을 각국어로 번역해서 온 인류에게 구원의 길을 깨우쳐 주고, 그 수익으로 가난하고 어려운 백성을 구제하여, 만백성의 영과 육을 함께 구원하는 선지자의 임무를 수행하라고 저에게 명하셨습니다.

· 하늘에서 내려 주신 말씀의 보화를 만백성에게 나누어 주는 것이 선지자의 임무라고 하셨습니다. 새로운 성경을 통해서 얻는 재물을 사용할 곳도 하나님께서 일일이 명해 주십니다. 모든 재물은 저의 자의로 쓸 수 없고, 하나님께서 명하시는 대로만 쓰여집니다.

· 어떤 명분으로든 십일조나 각종 헌금을 거두어들이지 말라 하셨으며, 국내뿐 아니라 각국에 성전과 단독 서점을 운영하며, 한국의 많은 젊은이들을 전 세계에 지도자로 내보내라고 하셨습니다.

· 우리는 세계적으로 새로운 성경을 보급하며 어려운 이들을 돕는 역사를 해 나갈 것입니다. 지금까지 비록 몇 명 안 되는 제자들과 함께 이러한 일을 역사했지만, 앞으로도 계속 하나님께서 기뻐하시는 일들을 해 나갈 것입니다. 부족한 저희에게 여러분들의 지혜와 성원을 보내 주시기를 바랍니다. 많은 분들의 참여와 도움을 간절히 기다립니다. 감사합니다.

한국어로 내려온 《새로운 성경》 단행본을 출간하며
2016년 4월 10일

발행인 **김 용 철**

한국어로 내려온

새로운 **성 경** · 3부 · 제48권

지은이 하나님 말씀
대역자 김용철

초판인쇄 1쇄 2009년 11월 21일
재판인쇄 1쇄 2017년 4월 3일

펴낸 곳 도서출판 하얀마음
등록번호 제 10-2107호 (2001년 2월 14일)
주소 서울시 노원구 덕릉로86길5, 2층
전화번호 02) 313-1114
팩스 02) 393-5554
전자우편 book160@hanmail.net
편집위원 조나영 김미향 이석교
제작지원 김철종 조현숙 김영환 이계숙

도서상담 1600-7527
ISBN 978-89-5875-148-9 (04230)
978-89-5875-100-7 (세 트)

값 10,000원
잘못된 책은 구입하신 곳에서 바꾸어 드립니다.

※이 책은 10부로 제작되며, 각 부 16권씩 총160권으로 구성됩니다.※

1부	2부	3부	4부	5부	6부	7부	8부	9부	10부
1권	17권	33권	49권	65권	81권	97권	113권	129권	145권
2권	18권	34권	50권	66권	82권	98권	114권	130권	146권
3권	19권	35권	51권	67권	83권	99권	115권	131권	147권
4권	20권	36권	52권	68권	84권	100권	116권	132권	148권
5권	21권	37권	53권	69권	85권	101권	117권	133권	149권
6권	22권	38권	54권	70권	86권	102권	118권	134권	150권
7권	23권	39권	55권	71권	87권	103권	119권	135권	151권
8권	24권	40권	56권	72권	88권	104권	120권	136권	152권
9권	25권	41권	57권	73권	89권	105권	121권	137권	153권
10권	26권	42권	58권	74권	90권	106권	122권	138권	154권
11권	27권	43권	59권	75권	91권	107권	123권	139권	155권
12권	28권	44권	60권	76권	92권	108권	124권	140권	156권
13권	29권	45권	61권	77권	93권	109권	125권	141권	157권
14권	30권	46권	62권	78권	94권	110권	126권	142권	158권
15권	31권	47권	63권	79권	95권	111권	127권	143권	159권
16권	32권	48권	64권	80권	96권	112권	128권	144권	160권